처음 읽는 바다 세계사

바다에서 건져 올린 위대한 인류의 역사

처음 읽는
바다 세계사

헬렌 M. 로즈와도스키 지음 | 오수원 옮김

현대
지성

대니얼에게

목차

바다의 수면: 끝없이 넓고 아무런 자취도 남기지 않는 탁한 공간.

인간과 바다

그대들의 기념비는 어디 있는가? 그대들의 전투는? 순교자들은?

그대 종족의 기억은 어디 있는가? 귀하들이여,

모든 것은 잿빛 창공인 바다에 잠겨 있다. 바다.

바다는 모든 것을 가둬버렸다. 따라서 바다는 역사다.

— 데릭 월컷Derek Walcott,

〈바다는 역사다〉(1979)

지구라는 행성의 대표적 특징은 드넓은 바다다. 바다는 인류 역사에서 늘 멀찌감치 비켜 서 있었다. 역사를 기록한 이들이 자신도 모르는 새 거의 모든 과거 이야기 속에 육지 편향적인 선입견을 심어 놓았기 때문이다. 마른 땅인 육지는 누구나 당연시하는 규범이자 표준이다. 완전히 습하지도 건조하지도 않은 습지와 늪, 바다에 떠 있는 암초, 해안은 물론이고 해안에 사는 인간조차 그곳에 산다는 이유 때문에 예로부터 주변인 또는 예외적인 존재 취급을 받아왔다. 바다는 늘 육지 기반의 나라와 사건의 주변부로 등장한다. 바다 자체에서 일어났던 사건을 놓고 이야기할 때조차 대개 바다를 육지처럼 평평하고 깊이가 없는 이차원 공간처럼 묘사한다. 이제 바다를 인류 역사의 중심에 놓을 시기가 도래했다. 바다의 역사로 육지의 역사를 대체하자는 뜻이 아니다. 다른 중요한 역사에 바다 자체의 고유한 역사를 더할 시기가 왔다는 뜻이다. 바다를 바라보는 관점을 바꾼다면 과거를 보는 시각이 풍성해질 뿐 아니라, 바다의 문제가 더욱 부각되고 있는 현대 세계 역시 풍성해질 것이다.

내가 이 책을 쓴 목적은 바다의 역사를 개괄하기 위해서다. 바다의 자연사에서 출발하여 바다와 인간의 관계, 해수면뿐 아니라 심해까지 포괄하는 역사다. 인류는 식량자원과 수송에서 시작하여 신화와 문화 등 수많은 이유로 바다를 이용해 왔다. 세월이 흐르면서 과학, 통신, 잠수함 전쟁, 자원 채취와 오락 등 바다의 새로운 용도가 등장했다. 해전, 수송과 밀수, 고래잡이와 어획 등 전통적인 쓰임새 또한 사라지지 않았다. 바다는 인간의 활동 반경을 넓히거나 좁혔지만 인간 또한 바다에 영향을 끼쳤다. 그 방식은 때로 아주 극적이었다.

오늘날 바다를 보는 이들은 굽이치는 해수면을 보고 그 짠내를 맡으면서 옛 시절의 뱃사람이나 해안가 사람들이 보던 바다와 현재 자신이 보고 있는 바다가 다르지 않으리라 생각할지 모른다. 선박, 뛰어오르는 고래들, 심지어 폭풍우조차 바다에는 아무 흔적도 남기지 않는 데다 수면 아래의 차이는 더더욱 드러나지 않기 때문이다. 하지만 바다 또한 육지 못지않게 자연 및 역사의 변화에 영향을 받는다. 육지의 역사가 인간과 밀접한 연관을 맺고 있듯 바다의 역사 역시 마찬가지다. 바다의 역사는 눈에 띄지 않게 숨어 있는 듯 보이고, 인간은 바다와 아무런 연관도 없어 보일 수 있겠지만 실제로 바다는 인간과 뗄 수 없는 관계를 맺고 있다.

이 책에서 제시하려는 바다의 역사는 확정적인 성격의 역사가 아니다. 나는 그저 해양사의 한 가지 모델, 하나의 출발점을 제시하고자 한다. 이후의 다른 저자들이 더 포괄적이고 완결된 바다의 역사를 제공할 수 있도록 마중물 역할을 하는 것이 나의 바람이다. 따라서 이 책에서 나는 특정 연안을 따라가는 일부 해역이나 해수면, 또는 생산성 높은 어장뿐만이 아닌 바다 전체를 포괄하는 이야기를 전할 것이다. 드넓은 바다는 지구상 사용 가능한 환경의 99퍼센트 이상을 생명체에게 제공한다. 인간은 (최소한 현재까지는) 소위 바다라는 식민지를 완전히 장악하지 못했고 특정 해역을 더 중요하게 여기기는 하지만 풍부한 상상력과 생기 넘치는 활동으로 바다 전 구역을 이용하고 있다. 나는 앞으로 바다를 따라 진행되었던 역사의 갈림길들을 제시할 것이다. 지구 전체를 이어주는 단일한 바다의 출현, 지구 생애사에 맞추어 함께 변화를 겪는 바다의 지질학적 역사를 거쳐 전 세계에 흩어져 있는 인류 공동체들이 경험한 바다와 연안 해역의 다양한 역사까지 개괄하고자 한다. 15세기, 유럽인들이 전 세계 바다가 하나로 이어져 있다는 사실을 발견한 이후, 이제 다시 바다를 지구 전체, 전 세계의 관점에서 조망할 수 있게 된 셈이다. 이 책에서 하려는 것이 바로 이러한 조망이다. 이후의 역사도 다수와 개별 바다를 연구하는 가운데, 물리적 지리와 해양생태계, 지정학과 경제학, 그리고 사회 및 문화적 개념들을 사용함으로써 특정한 바다를 낱낱이 규명할 수 있기를 바란다.

이 책에서 전할 바다 이야기는 총 세 갈래의 논의를 한데 엮은 것이다. 첫째, 심해를 포함한 바다와 인간의 관계에 대한 긴 이야기는 진화의 장구한 시간대를 거슬러 올라가 수천 년 전과 현재 그리고 미래까지 뻗어 있다. 바다는 얼핏 몰역사적인 공간처럼 보이지만 사실은 다른 공간 못지않게 역사가 깊이 각인되어 있는 곳이다. 둘째, 인간과 바다의 관계는 연원이 매우 깊지만 시간이 지날수록 더욱 더 밀접해졌고 산업화 및 세계화의 진전으로 인해 오늘날에는 그 어느 때보다 더 각별해졌다. 대개 바다와 육지를 전혀 다른 공간으로 생각하지만, 이런 점에서 바다는 육지를 닮아 있다. 이 책은 바다를 인간의 활동과 동떨어져 있고 거기에 영향을 받지 않는 공간으로 보는 통상적인 문화적 시각과 정반대 방향을 따른다.

셋째, 일과 놀이, 과학 연구 그리고 바다를 이용하겠다는 인간의 야심을 통해 집대성된 바다에 대한 지식은 흔적 하나 남기지 않는 광대한 바다와 인간의 관계를 매개하는 데 중심 역할을 수행해왔다. 이 지식을 통해 인류는 해양자원을 이용하고, 바다를 통제하고, 제국의 국력을 확대하고, 다양한 활동을 용이하게 할 수 있는 무대로 바다를 개조할 수 있었다. 요컨대 바다에 대한 지식은 인간과 그가 속한 바다 간의 관계를 강화하고 거기에 생기를 불어넣었다. 바다의 역사를 쓰려면 누가, 어떻게, 그리고 왜 바다에 대한 지식을 창조하고 이용했는지에 관한 질문을 꼭 던져야 한다는 것이 나의 생각이다.

1장과 2장은 이 책에서 제시할 바다의 역사 중 가장 긴 시간대를 다룬다. 지구의 자연사에서 바다가 얼마나 광대한 공간을 차지하는지 주로 이야기할 셈이다. 1장 '길고 긴 바다 이야기'는 40억 년 전에 시작된 이야기다. 지구가 형성되어 진화하는 동안 바다가 어떻게 형성되고 변하는지를 이야기하다 보면 바다 중심의 시각으로 논의를 할 수밖에 없다. 바다 중심의 논의에서는 육지에서 그토록 중요하게 다루어진 공룡이, 연체동물이 지배했던 '굴의 시대Age of Oysters'를 스쳐가듯이 잠시 등장한다. 인간은 지구의 자연사와 동떨어져 존재하지 않는다. 오히려 자연사의 일부로 등장하며, 초창기 유원인類猿人, hominid과 호모 사피엔스가 바다를 중심으로 했던 활동은 인간 종이 진화하는 데 중요한 역할을 했을 것이다. 2장인 '상상 속 바다'는 1장에서 시작된 인간과 바다의 긴 이야기를 이어가는 가운데, 문화권마다 바다를 다루는 시각이 달랐다는 점을 제시한다. 일부 문화권은 바다를 자신의 세계 및 영토의 일부로 파악했던 반면 또 다른 문화권은 바다를 의식적으로 멀리했다. 15세기 이전까지 바다는 지엽적으로만, 혹은 기껏해야 다가갈 수 있는 해저분지basin1 구역까지만 알려져 있었다. 전문 교역상과 선원들은 가까운 해저분지까지는 가 보았지만 바다가 세계 전체의 특성이라는 지식은 전무했다.

광장히 오랜 세월 동안 바다를 끼고 바다와 함께 살았던 인류는 15세기가 되어서야 바다에 대한 새로운 지식을 형성하기 시작했고, 이때부터 19세기까지 집대성된 신지식은 바다에 대한 인간의 이용과 인식에 혁신적인 선례를 남겼다. 이것이 3장과 4장에서 다룰 주제다. 3장인 '바다는 하나로 이어져 있다'가 소개하는 바, 유럽 열강의 '지리상의 발견' 시대가 되어서야 비로소 유럽인이 알고 있는 지구상 모든 육지 간의 항로가 개척되었고, 바다의 자유라는 원칙의 토대도 형성되었다. 세계를 가로지르던 교역망은 제국주의의 토대를 제공했고, 제국주의 논리는 해양자원의 개발, 특히 대구 어업을 강력하게 발전시켰다. 항해와 전쟁과 어업을 통해 형성된 해양 지식은 과학혁명과 함께 확장을 거듭하면서 근대 과학자들이 발견한 지식을 포함하게 되었고 이들의 발견으로 바다의 집약적

---

1 일명 해분海盆. 대양저의 기저부에 있는 광대한 분지 지형. 주위가 호상열도나 해령으로 둘러싸여 있으며, 수심 3,000~5,000m에 위치하는 원형 또는 타원형의 지형이다.

이용이 가능해졌다. 오랫동안 일부 선원과 어부들에게 국한되었던 심해 탐색은 19세기가 되어서야 본격적으로 시작되었다. 4장 '모든 바다를 헤아리다'에서 이러한 변화를 다룰 것이다. 바다의 이용 양상은 완전히 변했다. 인간이 이용하지 않았던 멀고 먼 공해公海, open sea까지 이용 영역이 크게 확장되었다. 이제 바다는 과학의 영역, 대양을 횡단하는 통신 케이블을 위한 산업 환경, 그리고 바다에 매료된 세대와 호흡을 같이 하는 문화적 대상으로 변모했다.

바다의 새로운 쓰임새가 급증하면서, 전통적인 해양 활동이 급격히 집약적 성격을 띠게 된 점이 20세기 해양사의 특징이다. 5장과 6장의 주제다. 5장인 '산업과 바다'는 산업화에 따라 전통적인 해양 활동이 집약적으로 바뀌게 되는 과정을 다룬다. 어장이 확장되면서 사람들은 바다자원이 잡히던 종래의 장소에서 멀리 떨어진 바다자원을 알게 되었다. 증기와 철의 도입으로 산업 발전 및 일상생활의 속도가 급격히 빨라졌고, 육지뿐 아니라 바다 또한 이러한 속도에 영향을 받았다. 제1차 세계대전 때 시작된 잠수함 전쟁은 심해가 세계의 지정학과 얽히는 계기가 되었다. 제2차 세계대전은 수중전과 수륙양용작전, 바다 기반의 항공술을 지원하기 위한 유례없는 과학적 해양 탐구의 현장이었다. 전쟁 이후 바다는 과학 및 기술을 기반으로 한 경제 발전의 전도유망한 영역으로 등장했다. 6장의 '무한한 바닷속 세상을 꿈꾸다'에서 밝히듯 발명가와 사업가 및 관료들은 미국 서부의 미개척지를 뜻하는 '프런티어'라는 비유를 바다에 적용해 바다 기반 산업의 성장 잠재력에 대한 낙관론을 펼쳤다. 해양자원 소유권을 주장하는 쟁탈전은 수백 년 동안 지속된 공해의 자유 관련 합의를 잠식하는 결과를 낳았다. 배타적 경제수역Exclusive Economic Zone 개념의 확대는 바다를 무한한 미개척지로 보는 허구에 종언을 고했지만 바다의 집약적 이용을 크게 막아내지는 못했다.

마지막 7장과 에필로그에서 제시하는 바다를 보는 새로운 시각은 전쟁 이후, 바다에 대한 오락적인 접근에 기원이 있다. 7장인 '다가가기 쉬운 바다'에서 설명하듯, 스쿠버다이빙 기술은 잠수부와 석유산업 노동자, 과학자, 아마추어 다이버와 영화감독 등 각계각층의 사람들에게 수중 영역을 동등하게 열어놓는 결과를 초래했다. 1970년대 발생했던 대형 고래에 대한 관심과 주요 석유 유출 사고가 제기하는 위협에 대한 우려는 바다를 향한 관심을 증대시켰다. 하지만 이러한 우려는 바다 자체에 대한 염려로까지 이어지지는 않고, 연안지역과 카리스마 넘치는 소수의 연안 거주민에 대한 관심에서 그쳤다. 영화와 오락을 통해 대중의 눈에 더 쉽게 띄게 된 바다는 견고한 미개척지에서 취약하기 이를 데 없는 환경으로 인식되기에 이르렀다. 바다를 보는 문화적 시각에 변화가 일어난 것이다. 하지만 지구상에 존재하는 바다 전체에 대한 관심이 견인력을 얻은 것은 최근 들어서 생긴 일이다. 이 책의 에필로그는 바다 전체를 둘러싼 문제를 다루고 있다. 우리를 둘러싸고 있는 바다 전체에 대한 관심과 경각심은 남획과 기후변화, 인간의 개입이 바다를 변질시킨 정도가 얼마나 심했는지에 관한 때늦은 자각으로 이어졌다.

　지금이야말로 바다의 역사를 써야 할 시기다. 최근에 발전한 많은 분야의 학문이 바다를 연구할 수 있는 전도유망한 토대를 놓으면서 심해를 포함한 바다라는 영역이 과거와 현재 얼마나 과소평가되었는지, 얼마나 큰 중요성을 갖고 있는지가 밝혀졌다. 바다가 가진 시간을 초월하는 영원성은 근본적인 모순을 유발한다. 이 때문에 인간은 바다를 역동적 변화의 공간으로 보는 새로운 관점을 쉽게 받아들이지 못한다. 인문학은 예로부터 바다에서 일했던 사람들의 지식뿐 아니라 상상력을 통해서도 우리가 바다를 알고 있음을 일깨워준다. 속을 알 수 없는 바다는 우리가 그 표면에 자신의 두려움과 욕망을 되비추고 있음을 새삼 깨닫게 해 준다. 따라서 바다와의 생물학적 상호작용이나 화학 반응 못지않게 중요한 것이 인간이라는 주제인 셈이다. 오늘날의 쟁점은 과학적, 기술적 해결책을 요하는 듯 보이지만 인문학에도 중요한 역할은 여전히 남아 있다. 장구한 시간대를 불러들이고, 인간과 지구 전체가 맺고 있는 깊은 유대감을 입증해주는 바다 중심적 시각은 과거에 대한 완전히 새로운 이해를 우리에게 제시해 줄 것이다. 인간과 바다 간에 형성된 연계성은 인간과 바다 모두를 변화시켰고 둘의 운명을 하나로 엮어 놓았다. 인류의 미래는 바다를 역사 밖에 존재하는 영역이 아니라 역사의 일부로 인정하는 시각에 달려있다.

1장 길고 긴 바다 이야기

모든 바다의 이야기는 진실이다.

—바다의 이야기를 전하는
다양한 사람들

시인과 보통 사람 모두 바다에 대한 애정을 표현하지만 바다는 받은 사랑을 되돌려주지 않는다. 바다는 그저 거기 있을 뿐이다. 물론 그저 있기만 하는 것은 아니다. 바다는 호모 사피엔스가 진화하기 오래전부터 이미 존재해 왔다. 바다를 시간을 초월한 영원하고 항구적인 공간으로 보는 대체적 시각과 반대로, 오히려 바다는 시간의 흐름에 따라 급격한 변화를 겪어 왔다. 지구 탄생 이래 40억 년이라는 오랜 기간 동안 바다는 생명을 돌보고 생명의 다양성을 키우는 데 있어 주도적인 역할을 수행해 왔다. 풍성한 생명의 산물인 인간은 처음에는 진화를 통해 바다와 관계를 맺었다. 따라서 바다의 자연사는 인간과 바다가 일구어 온 오랜 인연에 대한 이야기의 첫 장을 담당한다.

액체인 물은 우리의 푸르른 지구를 태양계 다른 모든 행성과 구분 지어 주는 특징이기 때문에, 바다의 형성은 우리의 긴 이야기에서 첫 장, 혹은 프롤로그로 등장한다. 분자 형태로 붙어 있던 우주 속 먼지 입자에서 형성된 물은 초창기 지구의 암석에 갇히게 된다. 이 시기 기온 상승으로 암석이 녹으면서 표면으로 나온 물은 수증기로 발산되었을 테고, 물을 가두어둘 대기가 전혀 없는 상태였기 때문에 지구에서 멀리 떨어져 나갔을 것이다. 지구뿐만 아니라 혜성과 소행성도 물을 함유하고 있었다. 소행성은 그 물을 지구로 운반했는데 지구의 기온이 떨어지고 대기가 형성되면서 물이 지구에 머물게 된 것으로 보인다. 냉각과 비, 소행성의 폭발로 인한 밀도 높은 수증기의 형성, 그리고 냉각으로 인한 비가 여러 차례 되풀이되었을 것이다.

이러한 과정을 거쳐 약 40억 년 전에 바다가 나타났다. 행성 자체가 형태를 띠기 시작한 지 5억 년밖에 지나지 않았을 때였다. 처음엔 바다가 지구 표면의 대부분을 덮고 있었다. 침수된 암석에서 녹은 광물과, 화산 및 간헐온천에서 방출된 기체가 바다로 들어가 지구화학 주기를 가동시켰고, 이 주기 덕에 바다의 화학성분은 10억 년 동안 일정하게 유지되었다.

육지가 등장하기 한참 전, 원시바다에서 암석이 형성되었다. 암석은 38억 년 전 생명체가 진화해 광합성 능력을 획득했다는 증거를 제공한다. 그린란드Greenland 남부에서 발견된 이수아 퇴적암 Isua sediments은 고대 해저에서 형성된 암석으로 지구 내부가 아니라 지구 표면에서 형성된 가장 오래되었다고 알려진 암석이다. 실제 박테리아의 미화석微化石[1]은 35억 년 전의 암석에서 발견되었다. 가장 오래된 화석은 에이펙스 처트Apex Chert라는 이름의 호주 서부 암반층에서 발견되었다. 탄소가 풍부하게 함유되어 있는 이 암회색 암석은 화산 근처의 물길을 따라 쌓였고 화산의 용암은 해저로 흘러넘쳐 화석을 지금의 자리에 가두어 놓았다. 실처럼 가늘고 긴 열 한 가지 종류의 미생물 중 일부는 과학이 알지 못하던 것, 또 일부

---

1 육안으로 볼 수 없는 작은 화석.

는 살아 있는 남세균cyanobacteria2과 비슷한 것들로서 바다 환경이 지구 역사의 초창기부터 이미 다양한 생명체의 숙주였음을 드러낸다.

39억 년 전까지 지구는 우주 물질의 폭격에 시달리고 있었고, 불과 6500만 년 전에 소행성이 지구로 충돌하면서 공룡의 시대가 끝장났다. 지구 역사 초창기에 등장했던 생명체는 무엇이건 쉽게 파괴되었을 테니 지구상에는 생명체가 생겨나기 시작한 사건들이 무수히 많이 발생했을 것이다. 그러나 오늘날 지구상의 모든 생명체는 화학적으로 거의 동일하므로 이들의 뿌리는 동일한 부모의 세포 계통에서 온 것으로 추정된다. 그렇다면 지구가 변화를 거듭하던 시기의 어느 한 상서로운 순간, 특정 생명체가 출현했고 그 생명체가 지구 전체를 장악하는 세력이 되었을 법하다. 반면 생명체가 발생하기 전에 일어났던 진화는 일부 소행성상에서도 이루어졌을 확률이 높으므로, 이는 생명 발생에 물이 중요했음을 드러내는 방증이라고 할 수 있다.

무생물에서 생물로의 진화는 과학의 가장 오래된 수수께끼 중 하나로 남아 있지만 한 가지 확실한 사실은, 고대의 바다가 이 태고의 드라마에서 주요 지원자 역할을 수행했다는 점이다. 가장 저명한 진화의 대변자 찰스 다윈Charles Darwin은 영국의 식물학자 조지프 후커Joseph Hooker에게 유기 분자가 살아 있는 유기체를 만들어냈을 만한 조건에 대해 이야기하면서, 그의 유명한 '따뜻하고 작은

2 광합성 독립영양으로 생장하는 세균.

연못' 가설에서 언급한 현재의 지구와 다른 특징을 가진 수중 환경의 중요성을 인정했다. 다윈의 추정은 오늘날 과학자들이 제시하는 가설과 비슷했다. 유기화합물이 풍부한 호수 인근의 작은 늪지대, 호수, (비 온 후의) 물웅덩이, 지하수 그리고 바다가 대기 중에 노출되고 전기에 자극을 받으면서 아미노산, 당 그리고 생명체의 다른 구성체를 생산해냈을 것이라는 추정이다.

바다가 생명의 요람으로 기능했다는 점을 오늘날에는 다들 확신하지만, 바다의 어떤 구역에서 이 중대한 혁신이 일어났는지는 분명치 않다. 후보는 많다. 심해 환경은 우주의 융단 폭격을 피하게 해 줄 은신처를 제공했을 것이다. 해저나 해저 인근 구역에는 암석에서 녹아내린 제1철ferrous iron이 존재했을 것이다. 제1철은 유기화합물 합성의 필수적인 촉매제다. 1977년에 해저에서 심해 열수구가 발견되면서 새로운 가능성이 열렸다. 생명체가 뜨거운 물과 기체를 방출하는 심해 열수구 근처에서 진화했다는 가설이 나온 것이다. 열수구는 유기물 합성에 필요한 탄소의 원천으로 기능했을 것이고, 이 열수구들은 약 1000만 년마다 바다 전체의 부피에 맞먹는 부피의 물을 휘저어 놓으면서 바다의 화학물질 구조를 조절했을 것이다.

30억 년 넘는 세월 동안 지구상의 생명체는 단세포나 세포집합으로 이루어져 있었고 이들은 미생물 매트를 형성해 해저를 덮고 있었다. 일부 박테리아가 광합성 능력을 발전시키고 나서야 지구의 대기 중에 산소가 생겨났다. 대기 중에 산소가 축적되고 최종적으로 산소가 바다 전체를 순환하게 되면서, 유독한 산소 속에서도 생존 및 번성이 가능했던 다세포 유기체의 무대가 마련되었다. 5억 4000만여 년 전에 시작된 캄브리아기의 화석들은 — 물론 그 이전의 화석도 발견은 되었지만 — 생명체가 지구 전체로 마구 퍼져 나갔음을 입증한다. 물론 그들은 전부 바다 생명체였다.

여러 지질학 시기에 걸쳐 놀라울 정도로 다양한 생명체를 포용했던 바다의 역할은 우리의 긴 이야기에서 다음으로 주목해야 할 주제이다. 캄브리아기 대폭발Cambrian explosion이라는 이름에 걸맞게 이 시기에는 생명체가 급증하여 오늘날의 분류집단 중 많은 것들의 첫 대표 주자가 태어났다.

초창기에는 절지동물인 삼엽충trilobites이 전 지구로 퍼져 나갔다. 장갑을 두른 듯 외골격으로 덮인 이 동물은 2억 7000만 년이 넘는 세월 동안 따스하고 얕은 바다에 모여 살면서 포식자로, 죽은 동물을 먹는 청소부동물로, 그리고 플랑크톤을 먹는 존재로 다양한 생태공간을 채웠다. 또 다른 생명체인 조류, 무척추동물, 극피동물, 그리고 연체동물이 형성되었지만 아직 척추동물, 육상식물과 동물은 나타나지 않았다. 바다 인근의 육지는 비교적 메말라 있었다. 민물에는 아직 생명체가 존재하지 않았다.

특이할 정도로 화석이 잘 보존되어 있는 덕에 캄브리아기 생명체에 대해서는 몸의 딱딱한 껍질과 속의 부드러운 부위까지 많은 사실이 알려져 있다. 1909년, 캐나다 로키산맥의 버제스Burgess 혈암지대에서 화석을 발견한 고생물학자 찰스 월컷Charles Walcott은 여러 해 동안 여름마다 이곳에서 수천 개의 표본을 수집했다. 수십 년 후 과학자들은 그가 수집한 표본 중에서 다양하고 낯선 동물군을 발견했고, 버제스 혈암은 진화 연구의 자원으로 이름을 날리게 되었다. 스티븐 제이 굴드Stephen Jay Gould는 1989년 저서 『원더풀 라이프Wonderful Life』(궁리, 2018)에서 캄브리아기에 오늘날보다 더 다양한 형태의 생명체가 있었다고 주장했고, 고유한 계보를 가진 생명체 중 많은 것들이 멸종했기 때문에 이 시기가 진화상의 궁지를 나타낸다는 입장을 제시했다.

또한 캄브리아기의 찬란한 화석 기록은 바다의 밑바닥인 해저가 영구적으로 변화했음을 보여준다. 얕은 바닷속 식량 경쟁이 심화되면서 포식자를 피하고 먹이를 찾기 위한 해저 퇴적층 이용이 급속히 발달했다. 천공동물burrowing animals3은 처음에 해저를 뒤덮고 있는 미생물 매트를 먹이이자 보호막으로 이용했다. 수직으로 굴을 파는 이 동물들은 매트를 부숨으로써 해저의 위쪽 층을 더 부드럽고 축축하게 만들기 시작했다. 이들의 작용으로 산소가 해저 표면 아래로 뚫고 들어갈 수 있었고, 해저 환경은 돌이킬 수 없을 정도로 바뀌었다. 이에 대한 반작용으로 미생물 매트에 의존하던 유기체들이 멸종했고 새로운 환경 조건에 적응한 새로운 종들

---

3 목재·암석·산호·조개껍데기 등의 고형물에 구멍을 뚫고 그 속에서 생활하는 동물의 총칭.

이 그 자리를 메웠다. 미래의 고생물학자들에게는 불행한 일이지만 해저 환경의 급격한 변화는 버제스 혈암처럼 화석을 기막히게 보존했던 조건의 종말을 의미했다.

캄브리아기 이후의 생명체는 급격한 변화를 겪은 해저보다는 안정적이고 얕은 해양 환경에서 번성했다. 약 5억 년 전 최초의 척추동물이 출현했다. 턱이 없고 두 개의 지느러미에 원시 등뼈와 머리, 꼬리가 달린 뱀장어처럼 생긴 동물이다. 수영이 불가능했던 이 동물은 아마 해저의 진흙 위에서 뒹굴며 여과섭식filter feeding**4**을 통해 작은 먹이 입자를 흡수하면서 살았을 것이다. (5억 4300만 년 전부터 2억 4800만 년 전까지인) 고생대Paleozoic era 동안 최소한 두 강綱의 무악류jawless fish**5**가 진화와 분기를 거치다가 거의 멸종했다. 이 시기에 출현했던 다른 어류강은 오늘날에도 남아 있다. 현재 바다에 사는 칠성장어lamprey와 먹장어hagfish들은 시체식scavenging에서 여과섭식까지 광범위한 생활양식을 진화시켜왔다. 이들의 분류학상의 지위는 논란의 대상이나 이들이 고대의 무악류강에서 유래했을 가능성은 여전히 있다.

상어와 가오리, 홍어를 비롯한 연골어류cartilaginous fish는 뼈가 아닌 연골로 만들어진 골격을 갖고 있고, 부레와 허파가 없다는 점에서 다른 경골어류와 다르다. 이들은 공룡보다 약 2억 년 먼저 생

---

4 특화된 여과 구조를 가지고 물을 통과시켜 물속의 음식 입자나 부유 물질을 걸러 먹는 것.
5 고생대 전기의 초기 어류로서 위, 아래 양 턱이 발달하지 않은 척추동물.

겨났고 지금도 살아남아 우리를 매료시키고 있다. 상어는 4억 년 전에 나타났고 그 이후의 석탄기Carboniferous period에 널리 퍼졌다. 일부 상어종은 주요 멸종을 초래하고 다른 해양생명체를 끝장냈던 바다의 거대한 변화를 뚫고 살아남았다. 현대에 남아 있는 상어는 공룡이 돌아다니던 시절 바다를 처음 헤엄쳤지만 공룡이 멸종한 후에도 살아남아 오늘날 지구상에서 가장 오래된 동물로 꼽히고 있다.

현재에도 흔히 볼 수 있는 경골어류에는 양서류로 진화한 종種도 포함되어 있다. 양서류는 고생대 말기나 되어서야 겨우 육상으로 올라갔다. 고대와 현대의 양서류는 모두 물과 밀접한 연관을 맺고 있다. 이들은 수중 유충기를 갖고 있었기 때문에 알을 낳고 성체의 피부 습도를 유지하기 위해 습한 환경이 필요했다. 파충류는 바다와 이어진 끈을 끊어버리는 특징을 진화시켰다. 딱딱한 껍질을 가진 알과, 습기를 머금고 있는 비늘 달린 건조한 살갗은 파충류와 조류, 그리고 포유류를 내륙에 이어 세계로 뻗어 나가 온갖 환경에 살 수 있게 해주었다.

해저가 확산되면서 초대륙 판게아Pangaea가 별개의 대륙들로 찢어졌고 갈라진 땅덩어리들은 지금의 위치를 향해 이동하기 시작했다. 그 이후 더 작은 분할로 바다와 접한 육지가 더욱 늘어났다. 아프리카와 유라시아 대륙 사이에 바다가 생겨났고, 이 바다는 1893년에 오스트리아의 지질학자 에두아르트 쥐스Eduard Suess에 의해 테티스해Tethys Ocean라는 이름으로 불리게 되었다. 테티스라는 이름은 고대 그리스 바다의 신 오케아노스의 자매이자 배우자의 이름에서 유래했다. 테티스해는 대륙 이동에 의해 없어질 때까지 2억 5000만 년 동안 존재했고, 오늘날에는 중동과 서아프리카 연안, 남미 동부에 석유 매장지의 형태로 존재하면서 세계 원유의 60-70퍼센트를 함유하고 있다. 스위스 알프스산맥의 암석들은 과거에 이 사라진 바다의 서쪽 끝에 있었고, 백악기 말에는 오늘날의 북아프리카 사하라사막과 북미의 중서부 평원의 광대한 일부 지역까지 뒤덮을 만큼 넓었다. 해수면은 테티스해의 해저가 융기하면서 높아졌고, 결국 이 해수면 상승의 절정기 때는 지구의 82퍼센트가 바닷물로 뒤덮였다.

파충류의 시대인 중생대Mesozoic era에는 두 건의 멸종 사건이 포진해 있었다. 지구 역사상 존재했던 가장 큰 규모의 멸종은 2억 5200만 년 전에 발생했고, 이 사건으로 육상종의 70퍼센트와, 성공적으로 살아남았던 삼엽충을 비롯하여 해상종의 90퍼센트가 지구상에서 사라졌다. 새로운 생명체가 퍼졌고 공룡은 1억 3500만 년 동안 지구를 다스렸다. 학교에 다니는 아이들도 공룡의 시대는 잘 알지만 지질학상 이 시대가 엄밀히 말해 – 물론 매력은 훨씬 덜하지만 – '굴의 시대Age of Oysters'였다는 것을 아는 사람은 거의 없다.

당시의 해양 먹이사슬은 지금과 마찬가지로 식물성 플랑크톤에 의존했다. 이들은 햇빛을 양분으로 바꾸고 동물성 플랑크톤에게 양분을 제공하는 1차 생산자다. 코콜리드coccolith, 규조류, 고공충, 방산충 등을 포함한 새로운 종류의 미세식물과 원생동물이 이

때 출현했다. 이들은 모두 껍데기나 외각을 만들었고 오늘날 흔히 발견되는 다양한 형태의 해저 퇴적물이나 백악질을 만드는 데 일조했다. 연체동물, 특히 조개류와 달팽이류가 퍼져 나갔다. 해저 퇴적층에 굴穴을 파 중생대 바다의 수많은 포식자를 피해 살아남을 수 있던 종류가 그러했다. 그러나 굴의 단단한 껍질은 대개 게와 바닷가재의 강력한 집게발을 충분히 피하지 못했고, 불가사리의 흡착식 발은 조개류의 껍질을 비집어 열만큼 셌다. 연체동물은 해저 위쪽에 사는 포식자 또한 피하지 못했다. 해상 파충류 중에는 판치류 placodont가 넓은 이빨을 이용하여 굴과 삿갓조개의 껍질을 부숴버렸다. 일부 상어와 가오리, 심지어 특정 어류종은 연체류 중 많은

앙리 드 라 베슈Henry de la Beche의 〈태곳적 도싯의 풍경Duria Antiquior〉(1830).
지질학적으로 오래된 연대를 그린 최초의 그림.

종의 외각을 분쇄해 쌍각류bivalve와 완족류brachiopod 등 특정한 종들의 완전한 멸종을 초래했던 듯하다.

난투극이 벌어지는 요란한 해저 위 망망대해에는 두족류cephalopod가 살고 있었다. 오늘날의 오징어, 문어와 나우틸로이드nautiloid6만 속한 분류군이다. 나선형 껍질을 가진 암모나이트가 급속한 진화를 거쳐 바다 전체로 퍼져 나갔다. 대부분 헤엄을 잘 쳤고, 먹이를 찌르고 분쇄할 수 있는 턱을 가진 무시무시한 포식자였다. 수중 다양한 깊이에서 자유롭게 떠다니는 것들도 있었다. 암모나이트는 크기가 25센트 동전만 한 것부터 무려 2미터나 되는 것들까지 다양했고 생태계의 많은 곳에 서식했다. 여러 곳에 풍부하게 존재했던 덕에 이들은 탁월한 지표화석index fossil이 되었고, 지질학자들은 암모나이트가 발견된 암석층의 연대를 측정할 수 있게 되었다. 한편 암모나이트는 아름다운 외관 때문에 수집가들의 애장품이 되기도 했다.

하지만 가장 큰 암모나이트도 바다에 함께 살았던 해양 육식 파충류에 비하면 난쟁이에 불과했다. 19세기에 어룡인 플레시오사우루스plesiosaurs나 이크티오사우루스icthyosaurs의 거대 화석이 발견되어 대중을 매료시켰고 유명한 과학자들은 바다괴물이 아직 존재할 수도 있을 수 있다는 것을 진지하게 고려했다. 이크티오사우루스는 형태상 돌고래와 비슷하다는 점 때문에 수렴진화convergent evolution7

6 고생대의 오징어화석.
7 계통적으로 다른 조상에서 유래한 생물 간 또는 분자 간에 유사한 기능 또는

대중문학에는 대개 위의 그림과 같은 삽화가 들어 있었다. 위의 그림은 1874년에 프랑스의 삽화가 에두아르 리우Édouard Riou가 이크티오사우루스와 플레시오사우루스가 서로 머리로 밀치기를 하는 모습을 그린 것이다.

의 놀라운 사례로 간주되었다. 그들은 이동을 위해 잘 발달된 물갈퀴와, 물고기를 잡기 위한 이빨이 달린 긴 부리를 갖추고 중생대 바다에 기막히게 적응했다. 오늘날의 해양포유류처럼 이크티오사우루스 역시 육상 기반의 종에서 진화했다. 대부분의 이크티오사우루스는 길이가 3-5미터에 불과했지만 15미터나 되는 것도 있었다. 플레시오사우루스는 고래 같은 몸통과 짧은 꼬리, 배를 젓는 노 모양

구조가 진화하는 현상. 어류와 고래는 직접적인 공통 조상은 아니지만 물속에서 헤엄칠 수 있는 방향으로 적응한 결과, 형태상의 유사성이 생기도록 진화했다.

이집트의 카이로 남서쪽에 위치한 고고학 발굴지역인 와디 알–히탄Wadi Al-Hitan,
일명 고래계곡에서 발굴된 초창기 고래 골격 화석.

의 지느러미를 가지고 있었쪽. 네스호Lock Ness의 괴물, 네시Nessie라는 만화 이미지를 닮은 목이 긴 형태가 대중문화에서는 가장 익숙하다. 가장 작은 종들은 길이가 대략 2미터였던 반면 가장 큰 것들은 20미터나 되어 오늘날의 향유고래만하다. 이 거대한 해양 포식자들은 어류와 상어와 이크티오사우루스와 공룡과 다른 플레시오사우루스를 쫓았다.

중생대는 공룡의 멸종이라 알려진 대규모 멸종으로 드라마처럼 막을 내렸고 살아남은 것은 새들로 진화하게 될 종뿐이었다. 약 6600만 년 전에 일어났던 소행성 충돌 - 이 충돌로 유카탄반도 Yucatan Peninsula의 칙술루브 분화구Chicxulub Crater가 생겼다 - 로 인해 지구상의 모든 속屬에 속한 동물의 50퍼센트가 지질학상으로 비교적 짧은 기간 안에 사라졌다. 바다를 지배했던 이크티오사우루스와 플레시오사우루스, 그리고 암모나이트 전부, 많은 종의 극미 플랑크톤과 완족류, 어류, 육상식물이 멸종동물에 포함되어 있었다. 인류가 등장한 지질학 시대인 신생대Cenozoic era에는 육상 기반의 동물인 포유류가 바다동물로 진화했다.

포유류는 왜 바다로 돌아갔을까? 아마 해산물이 답일 것이다. 해양포유류가 처음 등장한 것은 에오세Eocene로, 지구의 온도와 바다의 초기 생산성이 높아졌을 때였다. 따라서 모든 동물은 수중섭식에 맞게 적응했다. 에오세가 끝나고 테티스해가 닫혀 호주가 남극대륙에서 떨어져 나와 북쪽을 향해 멀어져가면서 남극해Southern Ocean의 일부가 열렸다. 남아메리카가 남극대륙에서 떨어져 나와 이동하면서 남극해의 나머지 해역까지 열렸고, 극지 주변의 해류가 생겨났다. 바다가 서로 이어져 바닷물이 섞이면서 수중 생산성이 증가했다.

5000만 년 전, 매너티manatee라는 이름의 바다소의 조상, 그리고 고래들이 강과 연안에 출현했다. 4000만 년 전에는 해양 환경에 온전히 적응한 포유류가 유라시아 남쪽과 카리브해 서부 열대 지역의 바다에 서식하게 되었다. 이집트 사막에 있는 유네스코 세계자연유산지는 바람에 휩쓸린 모래와 암석에 끼어 갇혀 버린 이 바다의 과거를 보게 해 준다. 예기치 않은 발견이었다. 고래계곡을 의미하는 와디 알-히탄에는 해양포유류의 골격 수백 개가 남아 있었는데, 그것들은 뒷다리를 잃는 마지막 단계에 다다른 해양포유류의 것들이다. 이들은 4000만 년 전에서 3900만 년 전 사이에 쌓인 상어, 경골어, 악어 그리고 바다거북의 뼈들과 같이 발견되었고, 얕은 해양 서식지의 증거를 그대로 보존하고 있었다. 초창기 많은 해양포유류 표본을 기준으로 볼 때 이 얕은 서식지는 빙하분리를 통해 생긴 해역이었을 가능성이 있다.

바다에서 생겨난 찬란할 만큼 다채로운 생명체들은 어떤 경우에는 극한의 조건에, 또 다른 경우에는 평범한 환경에 적응했다. 생명은 바다 전체에 걸쳐 각각 다르게, 그리고 이 긴 이야기의 또 다른 장을 구성하는 다양한 조건에 고유한 방식으로 대응하며 진화했고 현재도 진화하고 있다.

해양포유류의 화석은 극지방에서 열대지방까지 모든 대륙에서 발견되지만 가장 흔히 발견되는 곳은 북부 온대지방이다. 오늘날의 해양포유류는 전 세계에 드문드문 산재하고 있다. 양분은 용승upwelling 작용을 통해 수면에 도달한다. 용승은 바람으로 인한 순환으로 더운 수면의 물을 해변에서 멀리 밀어낼 때 아래쪽에 있던 차고 밀도가 높으며 영양분 가득한 물이 위쪽으로 치고 올라오는 작용이다. 용승지대는 대개 대륙의 서쪽 끝이나 해산海山8, 혹은 산호초 주변에 분포하며, 어류와 포유류를 비롯한 해양 동물이 들끓는 서식처다. 크릴 같은 동물성 플랑크톤은 매일 수직 이동vertical migration을 한다. 밤에는 양분을 섭취하기 위해 수면으로, 낮에는 햇빛을 피하기 위해 심해로 내려가는 그들을 따라 다른 해양 동물들도 이동한다.

산재성散在性은 육지처럼 바다의 일반적인 특징이기도 하다. 지구 표면의 71퍼센트, 거의 4분의 3을 바다가 뒤덮고 있다는 것은 누구나 아는 사실이지만, 바다가 지구상 서식 가능한 공간의 99퍼센트를 차지하고 있다는 사실은 거의 모른다. 그야말로 어마어마하다. 바닷속에 포진한 다양한 공간이 거대한 산맥과 제멋대로 뻗은 열대우림, 광활한 평원과 사막을 다 합친 것보다 훨씬 더 많은 서식처를 제공한다. 그러나 바다 생명체의 분포는 전혀 균일하지 않다.

8 심해저에서 1,000미터 이상 솟은 바닷속 산.

심해 약 2,000미터까지 추락하는 고래의 사체는 수십 년 동안 대양 저 일부 구역에 사는 기회주의적 심해 유기체에게 먹이를 제공하며, 심해저 생태계를 부양하는 데에 중요한 역할을 담당한다. 많은 해양생명체는 영양이 풍부한 연안의 얕은 둑, 차갑고 양분이 많은 용승지대, 플랑크톤이 가득한 남극 주변의 공해, 암초 같은 지형이 있는 바다, 대륙붕단shelf break이나 해산, 그리고 깜깜한 심해의 신비로운 열수구 등 생산성이 높은 장소에 무리지어 산다.

1977년에 해저가 활성화되어 있는 지대에서 열수구가 발견되면서 분출이 활발한 이 구역 근처에 사는 고도로 특화된 진기한 동물군과 만날 길이 열렸다. 해저에 금이 간 곳을 통해 스며든 물은 열암을 만나 온도가 높아지고 화학성분이 변하며 빠져나올 수 있는 경로를 따라 온천으로 뿜어져 나와 바닷물에 녹아 있는 무기물질과 섞인다. 생명체가 발견된 최초의 열수구–장미정원이라는 시적인 이름이 붙었다–는 2미터가 넘는 거대한 관벌레tubeworm로 뒤덮여 있었다. 끊임없이 분출이 일어나는 주변으로 처음에는 게가 모여든다. 게는 매트처럼 깔린 박테리아를 먹이로 삼는다. 그 다음 관벌레, 홍합, 조개, 갑각류, 혹은 다른 무척추동물의 군락지가 발달한다. 이들은 섭씨 350도나 되는 뜨거운 물 반경 불과 수밀리미터 이내에 산다. 이곳의 물이 증발하지 않는 이유는 심해 깊은 곳의 압력 때문이다. 이곳 먹이사슬의 가장 밑바닥에 위치한 미생물은 지구의 다른 생태계와 달리 햇빛에 의존하지 않는다. 이들이 합성하는 단당류의 원료는 열수구액에서 나오는 황화수소hydrogen sulphide다. 관벌레와 홍합처럼 덩치가 비교적 큰 동물은 이러한 미생물과 공생하면서 먹이를 구한다. 열수구 공동체의 생산성은 얕은 바다의 산호초나 해수소택지salt marches의 생산성과 비슷하다. 열수구의 생성과 소멸은 이 공동체의 생성과 소멸을 좌지우지한다.

열수구는 믿을 수 없을 만큼 가파른 온도 기울기 때문에 바다 내 극한 환경의 사례로 많이 회자된다. 극한 지형의 숭고함을 적극적으로 수용했던 19세기의 낭만주의자들은 전혀 몰랐겠지만, 바다에는 지구 최고의 산맥과 거대한 화산, 최고의 폭포가 숨어 있다. 심해 중에서도 가장 깊은 지대인 마리아나해구Mariana Trench(1만 994미터 깊이에 달한다)는 에베레스트산(8,848미터)을 푹 잠기게 할 만큼 높고, 길이 또한 장장 2,550킬로미터에 걸쳐 뻗어 있어, 446킬로미터 길이인 그랜드캐니언Grand Canyon의 다섯 배 이상이다. 지구 해저에 7만 2,000킬로미터나 뻗어 있는 해저산맥은 해저의 28퍼센트를 차지하는, 지구 표면에서 가장 큰 단일지형이다.

바다의 극한지대는 지질학 지형 이외에도 존재한다. 화석들은 고대 바다를 누볐던 과거 거대생물의 증거다. 가령 메갈로돈Megalodon이라는 상어는 길이가 14-18미터로 이제껏 바다에 존재했던 가장 크고 강력한 육식 척추동물 중 하나다. 오늘날 향유고래의 친척이자 크기 면에서 메갈로돈과 비슷한 거대 육식고래 리비아탄 멜빌레이Livyatan melvillei는 아래턱과 위턱 모두에 거대한 이빨이 달려 있어 먹이의 살을 찢는 데 사용했다. 이 녀석의 먹이는 오늘날의 혹등고래보다 작은 수염고래였을 것이다. 백악기 바다 또한 지름이

황금산호(제라르디아
Gerardia종).

흑산호(레이오파테스
Leiopathes종).
레이오파테스종은
4,000년 이상 산 것으
로 밝혀졌다.

2미터가 넘는 크기의 쌍각류 조개, 그리고 그 두 배 크기의 바다거
북이 살던 고향이었다. 오늘날 남아 있는 지구상의 가장 큰 동물은
흰수염고래blue whale(일명 대왕고래)다. 이 고래의 성체 길이는 30미
터에 달한다.

바다는 또한 지구에서 가장 오래된 동물의 서식처이기도 하
다. 심해 산호충은 깊고 찬 물속에서 햇빛 없이 번성할 수 있는 동

물로 지구상에서 가장 오래된 해양생명체다. 하와이 연안에서 발견된 한 개별 군락지는 약 2,700년이나 된 것으로 판명되었고, 또 다른 개별 군락지에서 발견된 다른 종의 수명은 4,000년이 넘는다. 그린란드 상어는 우리가 알고 있는 척추동물 중 가장 수명이 긴 동물로 1년에 1센티미터 정도씩 자라고 약 150세가 되어야 성적으로 성숙하며 최대 400년까지 살 수 있다. 21세기에 발견된 북극활머리고래arctic bowhead whale에는 19세기 말에 쓰던 작살이 꽂혀 있었다. 이로써 북극고래가 인간보다 두 배는 더 오래 살 수 있다는 종래의 지식이 확증되었다. 고래의 안구 속 아미노산을 분석하는 현대적 기법으로 추정하면 고래의 수명은 최대 200년이다. 반면 코끼리는 70년을 살고 인간은 이따금씩 100년을 사는 정도다.

해양생명체는 극한지대를 비롯하여 가능한 한 모든 틈새에 살 수 있도록 진화했을 뿐 아니라 해양 환경의 정기적 변화를 활용하는 행동을 발전시켰다. 가령 동물성 플랑크톤은 수직 이동을 통해 낮에는 어둠을 따라 포식자를 피하고 밤에 먹이를 섭취한다. 해수의 순환과 계절마다 변하는 수온은 먹이 자원의 분포에 영향을 끼치고, 수중 생명체들은 이를 쫓는 법을 습득했다. 북태평양의 혹등고래는 알래스카 연안의 차갑고 먹이가 풍부한 북쪽 해역에서 하와이 주변의 더 따뜻한 바다로 이동하는 반면, 남쪽의 혹등고래는 남극의 해역과 열대 바다 사이를 이동한다. 남쪽 고래와 북쪽 고래는 섞이는 일이 없다. 두 반구의 계절이 반대기 때문이다. 혹등고래들은 당근과 채찍, 즉 충분한 먹이를 구하고 새끼를 노리는 포식자를 피하는 조합의 진화에 따라 이동했을 것이다. 또 다른 고래의 이동 거리는 세계 최고다. 태평양 동부의 회색고래grey whale(일명 귀신고래)가 그 주인공이다. 이들은 베링해와 축치Chukchi반도, 오호츠크해와 바자Baja석호, 캘리포니아 해안 사이를 이동한다. 장장 1만 6,000킬로미터에서 2만 3,000킬로미터에 이르는 장대한 여정이다.

고래 이외 다른 해양 동물의 긴 이동 또한 번식 때문이다. 연어와 바다거북, 뱀장어의 이동이 그 사례다. 둥지를 짓고 알을 낳을 해변을 찾는 바다거북은 3,200킬로미터를 헤엄쳐 적합한 장소를 찾아낸다. 브라질 해안과 어센션섬Ascension Island 사이를 이동하는 녹색바다거북green turtle이 대표적이다. 장수거북은 둥지를 만드는 해변에서 4,000킬로미터 떨어진 곳에서 발견되었다. 짐작건대 먹이인 해파리를 찾아간 듯하다. 유럽의 뱀장어에 얽힌 수수께끼는 20세기 초반에야 풀렸다. 어린 뱀장어는 강으로 들어가고 성체는 강을 떠나지만, 이들이 어디로 가서 알을 낳는지는 아무도 몰랐다. 1904년에서 1922년 사이에 이루어진 탐사에서 덴마크의 해양생물학자 요하네스 슈미트Johannes Schmidt는 바다로 멀리 나갈수록 더 작고 어린 뱀장어를 발견하게 되는 데 착안하여 뱀장어의 생애사를 복구해냈다. 뱀장어 유충은 멕시코만류를 따라 유럽 해안까지 가서 1년에서 3년에 걸쳐 투명한 뱀장어[9]가 된다. 그 다음 육지의 하천이나 호수로 돌아가 그곳에서 10년이나 그 이상 동안 먹고 성장해 성체가 되

---

9 뱀장어의 초기 유어幼魚(알에서 갓 깬 어린 물고기)로 더 자라 어른 뱀장어가 된다.

면 무려 6,000킬로미터 여정에 다시 나서 고향인 사르가소해Sargasso Sea**10**로 돌아가 알을 낳는다.

연어의 여정 또한 뱀장어와 비슷하다. 갓 부화한 연어는 1년에서 3년 동안 대서양과 태평양 인근의 강에서 자란 다음 바다로 가 먹이를 섭취한다. 그 후 성체가 되어 고향인 강에 알을 낳으러 돌아간다. 연어의 방랑에 대한 지식은 제2차 세계대전 이후 바다 어장이 발전할 때까지는 거의 없다시피 했다. 이 지식은 연어 자원을 둘러싼 경쟁을 낳았고 이는 다시 연어의 이동을 쫓는 표시 연구tagging studies로 이어졌다. 이 연구를 통해 바다 어장의 표적인 연어가 실제로는 강으로 돌아간다는 것, 결국 그 강에서 잡혔던 연어가 바다 어장의 연어와 동일한 동물이라는 사실이 밝혀졌다.**11**

해양 동물만 장거리 이동을 하는 것은 아니다. 왕나비와 캐나다기러기, 북미산 순록인 카리부caribou 같은 육상동물도 장거리 이동을 한다. 지금껏 알려진 가장 긴 이동거리는 남극대륙으로 향하는 북극제비갈매기의 3만 5,000킬로미터 여정이다. 유원인類猿人 역시 식량과 다른 자원을 이용하고 전 세계의 다양하고 새로운 환경에 살

---

10 북대서양 중앙부의 해류에 둘러싸인 바다. 서쪽은 멕시코만류다. 모자반속 해조류로 덮여 있다. 유럽뱀장어와 아메리카뱀장어의 회귀에 있어 중요한 역할을 한다.
11 어장이 넓어진 것이 아니라는 뜻.

기 위해 계절이동을 했던 종에 속한다. 진화한 인간 조상들은 육지뿐 아니라 바다를 포함한 곳에서 진화를 거듭했다. 바다 주변을 따라가는 이동과 바다를 우회하는 이동 그리고 바다를 건너는 이동은 모두 유원인 및 인간이 바다와 맺었던 관계에 대한 오랜 이야기의 가장 초창기를 장식했다. 이 시기의 특징은 운송뿐 아니라 식량 및 다른 자원을 얻기 위한 수단으로 바다를 이용했다는 점이다.

고고학자들은 호모 사피엔스와 그 조상이 진화사 대부분의 시기 동안 근본적으로는 육지에 사는 존재라고 생각해왔다. 비교적 최근까지도 대부분의 학자들은 집중적 항해와 어업 사회가 출현한 것은 고작 약 1만 년 전, 또는 인간속屬이 지구상에 존재했던 시기 중 1퍼센트 미만의 기간이리라 추정했다. 그러나 고고학과 역사생태학의 새로운 연구 결과로 인해 인류가 바다에 의존해 온 기간에 대한 인식이 극적으로 변했다. 고고학자들과 다른 학자들은 인간이 깊은 바다와 연안지역을 항해하면서 생존과 번영을 위해 해양자원에 의존했던 시기가 더 오래되었다는 증거를 발견하고 있다.

인류의 세계 이동은 학자들이 생각했던 것보다 더 오래전부터 바다에 의존했다. 설득력 있는 증거는 플로레스섬island of Flores이라는, 인도네시아 자바섬 동쪽에 위치한 작은 섬에서 나왔다. 유원인은 100만여 년 전, 플라이스토세Pleistocene(홍적세)라 알려진 시대 초기에 이 섬에 도착했다. 조망을 좀 하자면 호모 사피엔스가 이 지역에 살게 된 것은 불과 10만 년 전에서 5만 년 전 사이였다. 플로레스섬에서 현재까지 발견된 이 인류의 화석은 몸과 두개골의 크기가 오스트랄로피테쿠스(아프리카에만 살았다고 여겨지는 초창기 유원인)와 유사하다. 고고학자들은 이들의 화석이 호모 플로레시엔시스Homo florisiensis라는 새로운 종을 나타낸다고 결론 내렸다.

전문가들은 플로레스섬까지 갔던 이들이 훗날 열량이 부족한 환경이라는 도태압selection pressure 속에서 작은 몸을 갖는 쪽으로 진화했던 호모 에렉투스Homo erectus인지 아니면 몸집도 뇌 크기도 작은 미지의 유원인인지 확신하지 못한다. 하지만 어떤 쪽이건 선사시대에 대한 지식에 이러한 발견이 갖는 함의는 대단하다. 고고학자들은 우리가 생각한 것보다 훨씬 더 최근까지도 인류가 다른 유원인과 지구에 함께 살았다는 가설에 놀라워한다. 여기서 최근이란 처음으로 농업이 발명된 무렵, 그리고 네안데르탈인들이 멸종한 훨씬 더 이후의 시기를 포함한다. 이러한 발견으로 해양사의 새로운 장이 열린 것은 물론이다.

과거에 해수면이 지금보다 낮았다는 점을 고려한다 해도 플로레스섬까지 가려면 20킬로미터에서 30킬로미터의 심해라는 장벽을 넘어야 했을 것이다. 대부분의 육상동물은 이 정도 거리를 넘어서까지 퍼져 나가지 못한다. 아닌 게 아니라 인간의 도움 없이 플로레스섬에 서식했던 동물은 설치류뿐이다. 짐작건대 이들은 자연의 뗏목이나 다른 부유물을 타고 그곳까지 갔을 것이다. 또 코끼리의 조상인 스테고돈Stegodon만이 헤엄쳐서 그곳까지 갈 수 있었다. 이렇듯 특별한 경우가 아니고서는 접근할 수 없는 섬에 이 유원인들이 살았다는 것은 가장 오래된 인류가 세계 어느 곳이건 바다를 건너서 갔을 수도 있다는 간접 증거다. 과거에 학자들은 항해를 할 수 있는 조직 및 언어 능력을 처음 발현한 것은 현생 인류뿐이며 이는 후기 플라이토스세에만 가능한 일이라고 생각했다. 일부 고고학자들은 이러한 횡단이 우연에 불과하다고 생각한다. 그러나 의도적인 플라이토스세 항해의 증거는 증가하고 있다. 플로레스섬에서 발견된 증거물 또한 더 많은 집단이 과거 전문가들의 생각보다 더 이전에 아프리카를 벗어나 세계로 뻗어 나갔다는 추정을 가능하게 한다.

사실 플로레스섬에 도착하기 위해 건너야 하는 경계는 지구에서 가장 확연한 동물지리학상의 경계선 중 하나로, 월리스 선 Wallace Line이라 알려져 있다. 월리스 선이라는 이름은 자연선택에 의한 진화이론의 공동발명자로 더 유명한 19세기 영국의 동식물 연구가이자 탐험가, 앨프리드 러셀 월리스Alfred Russel Wallace를 기리기 위한 것이다. 월리스는 인도네시아 군도를 다니던 중 군도의 북서쪽과 남동쪽 간에 확연한 차이가 있다는 점에 주목했다. 북서쪽의 유라시아구區인 수마트라Sumatra와 자바섬 쪽에서는 포유류가 사라졌고, 그들 대신 유대류12처럼 동물학적으로 특이한 동물들과 코모도왕도마뱀 같은 거대 파충류 등이 호주에 살게 되었다. 비슷한 기후와 지형을 갈라놓는 이 확연한 차이는 월리스가 그 장벽의 원인이 육지가 아니라 바다라는 것을 발견할 때까지 수수께끼로 남

---

12 캥거루·코알라처럼 육아낭에 새끼를 넣어 가지고 다니는 동물.

아 있었다. 월리스는 약 2만 1,000년 전 최후 대빙하기Last Glacial Maximum이후 길게 뻗은 해역이 유라시아 쪽과 호주 쪽의 섬들을 갈라놓았다고 추정했다. 오늘날 인도네시아에서 산호초를 연구하는 과학자들은 해양생물의 분포가 해양 버전의 월리스 선에 의해 비슷한 영향을 받고 있다는 증거를 발견하고 있다.

오늘날 193킬로미터가량 서로 떨어져 있는 롬복Lombok섬과 발리Bali섬 사이에는 극도로 깊은 바다가 좁고 길게 펼쳐져 있다. 이 해역은 대륙이 이동하고 해수면이 하락하는 주기가 되풀이되는 내내 동물이 이동하는 물길로 남아 있었다. 대륙 이동과 해수면 하락이 반복된 덕에 당시의 동물들은 오늘날 섬이나 분리된 육지가 된 곳들 사이로 이동할 수 있었다. 설치류와 인간을 제외한 포유류들은 월리스 선을 거의 넘지 못했다. 하지만 유원인이 개, 돼지, 마카크 원숭이 등을 데리고 다니면서 포유류도 이 선을 넘게 되었다. 돼지와 하마와 사슴 등 헤엄을 잘 치는 육상동물조차도 도움 없이는 바다를 건너지 못했다.

플로레스섬과 월리스 선을 끼고 있는 지역에서 나온 증거는 플라이스토세의 항해가 최소한 100만 년 전에 시작되었다는 것을 시사했다. 또 하나 놀라운 증거도 이를 지지하는데 시베리아 몽골 북부의 한 동굴 - 데니소바 동굴 - 에서 발견된 어린 여아의 손가락뼈가 주인공이다. 이 뼈의 유전자 연구로 아이가 속한 사람들과 바다 사이에 연관이 있음이 밝혀졌다. 과학자들은 뼈의 DNA를 근거로 데니소바인Denisovian들이라는 미지의 유원인 집단을 알아냈다. 해부학이 아닌 유전학을 이용한 발견으로는 최초의 사례였다. 데니소바인들은 현생 인류보다 네안데르탈인들과 가까운 편이며, 100만 년 전과 40만 년 전 사이에 존재했던 별개 집단으로 확정되었다. 그리고 이들이 현생 인류와 상호 교배했다는 증거도 호주, 뉴기니, 그 주변 지역 토착민들의 유전자 비교를 통해 발견되었다. 놀라운 것은 이 화석이 시베리아 동굴에서만 발견되었지만, 그 주변과는 아무런 관련이 없어 보인다는 점이다. 이러한 분포상의 특징 때문에 일부 학자들은 데니소바인들이 월리스 선을 건넜는지 아니면 호모 플로레시엔시스가 데니소바인인지 고려하기 시작했다.

호모 사피엔스 전의 유원인도 바다를 이용해 이동하거나 상당 수준까지 바다를 횡단했을 것이다. 호모 사피엔스는 분명 처음부터 바다를 건너 이동했고 현재 인류학자들은 이들이 인도양 연안을 건넜으리라 추정한다. 유전자 증거는 이들이 멜라네시아와 오스트레일리아 지역에 도착했다는 것을 시사한다. 이들 지역은 유럽 중부나 아시아 내륙보다 더 일찍부터 바다 횡단을 요구했다. 그러나 증거가 희박하기 때문에 주류 고고학이 초기 인류의 바다 이동을 진지하게 고려하는 데 오랜 시간이 걸렸다. 오늘날의 해수면은 한 가지 쟁점을 제기한다. 오늘날의 해수면은 1만 8,000년 전보다 90미터 더 높다. 5만 년 전에 시작된 가장 최근의 빙하기를 비롯한 과거의 빙하기에는 바닷물이 빙하에 갇혀 있어 생명체가 살 수 있는 땅이 더 많았다. 지금은 침수된 이 땅이 실마리를 갖고 있을지도 모른다. 선사시대에 대한 대부분의 지식은 내륙지역에서 온 것이다. 수중고고학은 현재 바다에 잠겨 있는 과거의 육지에 살았을 수 있는 인간에 대한 정보를 뽑아낼 도구와 지식을 갖추고 있다. 배를 타야 하는 비용과 아직 사라지지 않고 있는 육지 위주의 편견이 이 신생분야의 발전을 막고 있는 것이 문제다.

고대 인류가 정착했던 곳을 밝혀주는 증거는 오래전부터 바다와 가까웠던 장소에서 우연히 발견되었다. 가파른 낭떠러지 높은 곳에 위치한 동굴이 대표적 사례다. 가령 남아프리카공화국의 모슬베이Mossel Bay 인근 고지대인 피나클포인트Pinnacle Point 동굴에서 나온 증거는 16만 4,000년 전의 중요한 시기에 인류가 집중적으로 조개류를 사용했다는 점을 드러냈다. 당시 빙하작용이 초래한 가혹한 환경 때문에 이들은 바다에서 나오는 식량자원에 기대어 살 수밖에 없었을 것이다.

오랫동안 고고학자들은 초창기 인류가 진화상 비교적 최근에 해양자원을 식량으로 이용했다고 생각했지만, 현재는 그보다 훨씬 오래전부터 인류가 수산물을 식량으로 이용해왔다는 증거들이 인정받고 있다. 최소한 인류의 생존에 있어 중요했던 한 시기 동안만큼은 그러했던 듯 보인다. 호모 사피엔스가 약 20만 년 전 아프리카에서 출현했다는 것은 잘 알려져 있다. 대략 그 시기부터 12만 5,000년 전까지 이어졌던 빙하기는 춥고 건조한 기후 조건을 낳았고, 육상 식량자원이 줄어든 탓에 초기 인류는 새로운 식량자원에 의존할 수밖에 없었을 것이다. 피나클포인트 동굴에서 발견된 조개류의 잔해는 현생 인류의 일부가 해변에 쭈그리고 앉아 조개류를 먹었으리라는 것을 암시한다. 남아프리카공화국의 고고학적 증거는 조개류를 식이자원으로 이용했던 것이 초기 인류가 현대 행동 양식의 핵심요소를 지녔음을 드러내는 상징적 행위이자 기술의 발전이었음을 암시한다. 조개류의 잔해가 발견된 장소와 그 추정 시기는 인간 진화에 존재했던 인구병목[13]현상과 일치하며, 이로써 피나클포인트의 동굴에 살던 이들이 현생 인류의 조상일 수 있다는 추정이 가능해진다.

그러나 이들이 현생 인류의 조상이라는 것을 밝히기 위해 인구병목이라는 극적 현상에 전적으로 기댈 필요는 없다. 최근의 연구는 수중자원이 풍부하고 비교적 접근이 쉬운 곳마다 인류의 조상들이 늘 수중자원을 이용했을 것이라는 점, 그리고 그 시기가 피나클포인트에서 추정한 시기보다 더 오래전일 수도 있다는 결론으로 가고 있다. 네안데르탈인들은 20만 년 전부터 4만 년 전까지의 구석기 중기 동안 연체동물, 바다표범, 돌고래와 어류를 식량으로 이용했다. 다양한 지역에서 나온 증거는 이러한 식량자원 이용이 정기적이고 지속적이었다는 것, 따라서 이들이 해안가와 강 하구 지역을 의도적으로 찾아다녔다는 것을 암시한다. 농업은 그보다 훨씬 이후인 약 10만 년 전에 등장했다. 인류 역사 대부분의 기간 동안 수렵과 채집이 먹을거리를 제공했고 먹거리는 육지뿐 아니라

---

13 인구의 급격한 감소.

바다에서도 나왔다.

　과거로 훨씬 더 거슬러 올라가면 호모 에렉투스보다 더 전에 살았던 유인원은 200만 년 전부터 이미 수중 식량을 활용했다. 케냐 북부의 고고학 연구는 이들이 거북과 악어, 어류를 잡았다는 증거를 보여준다. 이 자원들은 동아프리카 그레이트리프트밸리East African Great Rift Valley의 강, 호수 주변 습지, 그리고 연안에서 나왔다. 이 지역은 선사시대의 사바나(초원지대)나 숲과 달리 쉽게 이용할 수 있는 식량을 일 년 내내 공급해주었다. 이러한 수중 식량은 영양, 특히 인간의 뇌 발달에 필요한 지방산의 풍부한 원천이므로 인간의 진화는 유인원이 어류 및 다른 수중자원을 식량으로 이용하면서 더욱 가속화되었을 확률도 배제할 수 없다.

　인간의 진화사 중 수생水生단계에 대한 이론은 수십 년 동안 강력한 의구심의 대상이었지만 최근 몇 년 들어 신중하고 진지한 고려 대상이 되고 있다. 소위 '수생유인원' 가설은 저명한 해양과학자 앨리스터 C. 하디Alister C. Hardy가 주창한 것이다. 그는 수십년 동안 숨겨온 듯한 자신의 가설을 기사 작위를 받은 지 3년 후인 1969년에 발표했다. 그의 이론은 직립보행이 가능한 유인원들이 물을 건널 때라든지 손에 과일이나 막대기를 들 때가 아니면 굳이 직립보행을 하지 않는다는 관찰에서 나왔다. 그는 인간의 몸에 털이 없다는 점과 비교적 피하지방이 많다는 점 등의 적응 결과를 반수생水生 생활양식의 흔적으로 제시했다. 반수생 생활양식을 영위했던 초창기 인류는 포식자를 피해 늪지대에 살았고 식량을 구하기 위해 얕은 물로 들어갔다. 1970년대, 페미니스트 저술가인 일레인 모건Elain Morgan은 남성의 수렵이 인간 진화의 추진력이었다고 주장하는 이론의 과학적 근거에 의문을 제기했다. 모건은 진화의 추진력이 여성의 채집에 있다는 대안적 설명의 토대로 수생유인원 가설을 내세웠다.

유원인 발달에서 수생 단계가 가능했건 말건, 인간이 이동과 식량을 위해 바다를 이용했다는 기본적인 사실만으로도 바다의 이용이 선사시대에 대한 우리의 이해에 제대로 녹아들지 않았다는 것을 알 수 있다. 해안가 생활은 해안자원뿐 아니라 내륙의 자원 이용도 가능하게 해 주었고 이 둘은 인간의 공동체를 일 년 내내 지탱해주었다. 조개류 채집의 용이성은 여성과 아이들과 노인들이 생계에 정기적으로 상당히 기여할 수 있었음을 뜻했다. 풍부한 식량은 인류가 도구와 물건, 공동체 구조를 만들거나 식물을 재배해 볼수 있는 시간과 기회를 제공했을 것이다. 물에 접근할 수 있게 되면서 다른 집단들과의 소통과 교역이 촉진되었을 테고 종국에 가서 이러한 변화는 연안지대와 전 세계로 인류가 퍼져 나가는 자극제가 되었을 것이다. 먼 옛날 인간과 바다의 관계에 대한 이야기 중많은 부분이 여전히 공백상태다.

인류가 남북 아메리카로 이동한 이야기는 고고학자들이 알아낸 지식이 늘어나면서 적극적으로 수정되었고 이제는 익숙한 옛 이야기가 되었다. 아메리카 대륙에 발을 내디뎠던 최초의 호모 사피엔스가 과연 빙하기가 풀린 직후 베링 육교Bering land bridge14와 '얼음으로 덮이지 않은 좁고 긴 길ice-free corridor'을 통과해 와서 후손들로 하여금 북쪽은 물론 더 남쪽으로 퍼져 나갈 수 있도록 길을 튼 것일까? 아니면 배에 물건을 싣고 섬이나 조건이 좋은 해변에 잠깐 혹은 오랫동안 머무르면서 해안을 지나왔을까? 오늘날보다 해수면이 낮았던 빙하기 당시에는 광활한 해안지대가 지리적 장애물도 거의 없는 해수면 높이에서 인간이 탐사를 하고 퍼질 수 있도록 자연적인 탄탄대로가 되어 주었을 것이다. 해변 환경은 최대 200킬로미터 넓이에 걸친 다양한 육상 및 해양 식량자원, 비교적 평평한 지형, 그리고 이동 속도를 높여 주었을 선박이 접근하기 쉬운 해변을 제공했을 것이다.

베링 육교와 얼음으로 덮이지 않은 좁고 긴 길이 북아메리카에 인간이 거주하게 된 핵심 열쇠였다는 종래의 이론은 신빙성을 잃고 있다. 더 오래된 정착지에 대한 증거가 늘어나고 있기 때문이다. 이 오래된 정착지에 살던 이들이 그곳에 도착할 방편은 바닷길뿐이었다. 아메리카 대륙에 최초로 정착한 사람들이 시베리아와 베링 육교에서 온 대형동물 사냥꾼이라는 가설은 오랜 정설이었다. 이들이 약 1만 3,000년 전 로렌타이드 빙상Laurentide Ice Sheet이 녹았을 때 '얼음으로 덮이지 않은 좁고 긴 길'을 건너 아메리카 대륙을 건넜다

14 현재의 베링 해협 부근으로 플라이스토세 빙기에 육지화되어 있었던 곳. 인류가 신대륙으로 도래한 경로 및 시기와 관계가 있다.

는 것이다. 고고학자들은 뉴멕시코New Mexico주 클로비스Clovis 지역
에서 처음 발견되어 그 이름을 딴 도구15를 더 많은 지역에서 발견
했을 뿐 아니라, 도구 사용자들이 이곳에 도착한 시기가 이곳의 거
대 사냥감이 멸종한 시기와 일치한다는 증거를 발견했다. 심지어
클로비스가 최초의 정착지라는 가설이 수용되었을 때에도 인간 거
주의 더 오래된 증거들이 이례적으로 발견되면서 이 가설에 대한
의문이 제기되었다.

칠레의 몬테베르데Monte Verde는 베링 육교 남쪽 수천 킬로미
터 지점에 위치한 곳이다. 고고학자들은 이곳에서 1만 5,000년에서
1만 4,000년 사이까지 거슬러 올라가는 유물을 발견했다. 이는 '얼
음으로 덮이지 않은 좁고 긴 길'이 처음 열린 때와 일치하지만, 이
길은 약 2,000년 후(1만 3,000년 전에서 1만 2,000년 전까지)나 되어
서야 생명체가 이동할 수 있는 길이 되었을 것이다. 이 유물은 클
로비스 문화에서 사용한 도구와 달랐다. 그뿐 아니라, 사람들이
1만 6,000킬로미터를 이동해 이곳에 정착지를 세울 시간도 충분치
않았다. 또 다른 정착지들은 클로비스 기술 이전의 지역과 아메리
카 대륙에 대한 육상 접근이 가능해지기 전의 지역이다. 오리건주
의 페이즐리 파이브마일 포인트Paisley Five Mile Point에 있는 한 지역
이 여기에 포함된다. 이곳에서는 말라붙은 인간의 배설물에서 1만
4,400년 전의 식물 씨앗이 발견되었다. 식물 식량에 대한 의존 또

15 클로비스 문화Clovis culture에서 쓰인 석기를 가리킨다.

한 수렵 기반 사회의 클로비스 모델과 다르다. 무려 1만 5,000년 전의 또 다른 지역은 텍사스주의 버터밀크 크리크Buttermilk Creek 인근 지역이다. 여기서는 클로비스 기술의 전신쯤 되는 물품이 발굴되었다. 이곳의 문화가 아시아가 아니라 아메리카 대륙 내에 기원하고 있다는 방증이다.

    캘리포니아주의 채널 제도Channel Islands에도 고고학 발굴지역이 여럿 분포한다. 이 지역들은 육교 이론에 반기를 들며 바다 이동 증거를 제공한다. 1만 3,000년 전과 1만 1,000년 전 사이의 채널 제도는 북아메리카 본토에서 9킬로미터나 10킬로미터 정도 항해를 해야 당도할 수 있는 곳이었다. 여러 고고학 유적지의 유물이 증명하는 바, 이 무렵에는 항해를 하던 사람들이 산타로사Santa Rosa와 산미구엘San Miguel섬에 살고 있었다. 이 섬들에 최초로 사람이 거주하기 시작한 때는 약 1만 3,000년 전이었을 것이다. 중요한 점은 이곳에서는 클로비스 문화의 유물이 전혀 발견되지 않은 반면, 페이즐리 동굴의 초기 지층에서 발견되는 것과 유사한 창촉projectile point들이 발견되었다는 것이다. 이곳에 살았던 사람들은 필시 본토에서 이들을 운송해줄 배를 갖고 있었음에 틀림없다. 이들의 후손은 약 1만 년 전보다 훨씬 더 오래전부터 채널 제도 북부를 지속적으로 점유했고 이는 1820년 추마시섬Island Chumash의 거주민들이 본토로 이주당할 때까지 지속되었다. 여기에 얽힌 이야기는 1960년도에 출간된 스캇 오델Scott O'Dell의 소설 『푸른 돌고래 섬Island of the Blue Dolphins』(우리교육, 1999)에 등장한다. 이곳 사람들은 수천 년 동안 수중 식량원에 주로 기대어 살았다.

북태평양 연안을 따라 분포해 있는 켈프 지대Kelp forests16
는 지구상에서 생산성이 가장 높은 지대 중 하나다. 플라이스토세
Pleistocene 말기, 켈프 지대는 일본에서 베링 육교까지, 그리고 남북
아메리카 서해안 대부분의 지역을 따라 분포했다. 이 연안 해역의
심해 켈프 지대에는 조개류와 해조류, 어류, 해양포유류와 바닷새
등 다양하고 풍부한 해양생물이 포진해 있었다. 오늘날보다 90미터
에서 120미터 가량 낮은 해수면은 지금은 침수되었지만 1만 6,000
여 년 전만 해도 방해물 없는 이동 경로를 제공했던 거대한 연안
육지를 남겼다. 고고학자들은 베링 육교를 대체할 이 경로에 '켈프
하이웨이kelp highway'라는 명칭을 부여했다. 켈프 하이웨이는 바다의
수렵채집자들이 풍부한 식량과 물적자원을 제공하는 연안을 신속
히 이동하게 해주는 길이었을 것이다.

해안의 식량 채집자들은 습지, 강어귀, 강, 연안 삼림, 모래사
장, 암석해안 ‒ 즉 대양과 대륙 간의 경계지대에서 발견되는 다양한
생태계 전체 ‒ 에 살고 있는 동식물을 이용했다. 연안지역의 풍부한
식량자원으로는 썰물 때 올라오는 해초와 조개류, 육상 사냥꾼에게
취약했던 바다표범과 그 외 해양포유류, 가끔 바다로 쓸려오는 고
래, 어류, 연어와 바다에서 강으로 알을 낳으러 돌아가는 어류, 철
새, 그리고 다양한 육상 동식물이 있었다. 처음 연안에 살던 이주민

---

16 다시마 등의 갈조류가 거대하게 분포하는 수중 지대.

들은 해안을 가볍게 이용했을 테고 특정 지역의 먹을거리가 모두 소진되면 다른 곳으로 옮겨가, 한 곳에 오래 정착하지 않았다. 하지만 조개류와 다른 해안자원을 정기적으로 이용하게 되면서 정착 사회가 형성되었던 것으로 보인다.

이 시기 거주 가능했던 해안지대들은 지금은 바닷속에 잠겨 있다. 약 7,000년 전에 급속하게 해수면이 상승하면서 일어난 일이다. 우리는 농업이 약 1만 년 전에 형성되었다는 사실을 잘 알고 있다. 수렵 및 채집자들로부터 출발하여 농업을 거쳐 문명으로 나아가는 경로에 대한 오랜 가정들이 섣부른 예단이었을 가능성이 높아지고 있다. 농업과 문명의 발전에 대한 우리의 지식은 내륙 지역의 고고학에서 시작했지만, 새로운 연구는 해안 환경 또한 대규모 정착 공동체를 뒷받침했고 복잡한 사회 및 문명 활동을 촉진시켰다는 것을 암시한다. 충분한 식량자원은 영구적인 해안 정착지의 인구 증가를 촉진시켰고 그곳의 거주민에게 물건을 제작하고 공공 구조물, 기념비를 건설하거나 사냥 관리, 원예 그리고 능동적인 자원 관리 실험을 수행할 여유 시간을 제공했을 것이다. 최후의 대빙하기 이후 해수면이 상승하면서 해안지역 사람들이 내륙으로 내몰렸고 이로 인해 육지의 생활방식이 발전했으리라 추정할 수 있다. 그럼에도 불구하고 사람들과 바다 사이에 얽힌 이야기는 길고 긴 이야기일 뿐 아니라 이들 간의 관계가 이 이야기의 중심이라는 증거는 상당히 많다.

수천 년에 걸쳐 사람들은 식량과 수송을 비롯한 많은 이유로 바다를 이용해 왔다. 밀물과 썰물, 해류, 폭풍우, 사용할 수 있는 자원, 해수면 상승과 하강, 그리고 그 밖의 여러 특징을 띠는 바다는 선사시대부터 현재까지 인간 발전의 근원적인 기반이었다. 인간과 바다를 주인공으로 하는 긴긴 이야기는 바다의 변화 요인으로 작용하는 자연 요소 중 하나가 바로 인간이라는 걸 인정할 때 비로소 완성된다.

인류는 수천 년까지는 아니어도 수백 년 전부터 이미 해양 동물의 숫자에 상당한 영향을 끼쳤다. 카리브해에 서식하는 거북의 숫자는 현재 수만 마리지만 몇백 년 전까지만 해도 수천 만 마리였다. 7,000년을 거슬러 올라가는 연구에서, 거대 어류와 거북을 포함한 먹이사슬의 최상위 포식자를 표적으로 삼는 카리브해 섬 주민들이 그곳 해역 동물의 멸종을 초래했다는 것이 밝혀졌다. 메인Maine주의 해안 거주민 역시 대구를 남획해, 어획량이 감소하면서 도다리와 다른 어종을 먹기 시작했다. 조개무지에서 나온 증거는 추마시섬 주민들이 약 7,500년 전에서 3,000년 전 사이 커다란 적전복을 애용했음을 시사한다. 이들이 해달을 사냥하면서 전복의 최초 포식자가 사라져 전복 숫자가 늘었기 때문인 듯하다. 생태학자와 역사가들과 고고학자들 간에 최근 이루어지고 있는 협력 연구는 인간의 자원 활용이 오래전부터, 잡을 수 있는 어류의 규모, 해양 포유류의 지리적 분포, 심지어 특정 지역의 해양생태계에까지 영향을 끼쳤으리라는 결론으로 이어졌다.

인간과 바다의 관계에는 문화적 차원이 포함되어 있고 이는 뒤의 장에서 내내 다룰 것이지만 뭐니 뭐니 해도 둘 사이의 관계는 물리적, 생태적 상호작용에 굳건히 뿌리박고 있다. 자연의 일부인 인간은 변화를 거듭하는 바다와 깊이 연결되어 있다. 인간은 해양 활동을 통해 수천 년 동안 바다에 영향을 끼쳐 왔다. 이 깊은 역사를 파악하면 할수록 인간과 바다의 관계가 인류 도래 때부터 바로 시작되었다는 점이 명확해진다. 바다는 곁에 사는 사람들에게 내내 식량과 수송의 원천이 되어주었다. 현생 인류는 해산물을 먹고 해안 근처에 사는 생활방식을 진화시켰다. 지구 전역을 이동하던 여러 집단의 사람들은 바다를 활용했고, 자신들의 생활에서 바다가 차지하는 역할을 습득해가면서 문화, 정치, 경제적으로 다양성을 갖추게 되었다.

2장 상상 속 바다

바다의 온전한 규모를 파악할 수 있는 수단은 환상뿐이다. 환상
의 파도에 빠지지 않고 바다 깊은 곳을 알 수 있는 자는 없다.

– 17세기, 어느 페르시아 여행자가 쓴 샴(태국) 항해기

선사시대부터 생계와 정체성의 기반을 바다에 두었던 인간 사회는 해안뿐 아니라 바다 깊은 곳과도 시간적, 공간적으로 연계되어 있었다. 해안과 섬에 존재하던 많은 문화권은 바다에 정통했고 이러한 지식을 이용하여 바다의 생물 및 무생물자원을 활용했다. 오세아니아의 장거리 항해, 해녀의 잠수, 그리고 가마우지 낚시[1] 같은 사례는 이를 극적으로 보여준다. 페니키아인과 바이킹처럼 해상권을 발휘했던 사회는 표적 지역에서 세력을 행사했고, 바다에 기반을 둔 문화 정체성을 키워나갔다. 인도양 주변의 육지 기반 사회는 항해와 교역을 육상 제국의 방어벽으로 삼았던 반면, 15세기 초반 중국 명明 왕조는 화려한 항해를 통해 인근 국가와 조공관계를 확립하여 압도적인 부를 드러냈다. 중국의 해상 팽창이 극적이기는 했지만 당시에 알려진 세계 밖으로 나아간 정도는 아니었다. 15세기 내내 인력과 상품과 사상이 먼 곳까지 쉽게 흘러갔지만, 이때만 해도 사람들은 바다를 개별적으로만 알고 경험했다. 이 당시 사람들은 자신의 지역에 있는 바다를 전 세계 바다의 연장선상이 아니라 다른 바다와 따로 존재하는 곳으로 인식했다. 전 세계 문화권은 바다와 고유한 관계를 발전시켰고, 이러한 관계는 이들이 사용할 수 있었던 자원, 이들이 마주했던 지리적 어려움과 기회, 그리고 이들의 역사와 영적 믿음, 집단적 경험 등 무형의 요소들을 반영한다.

1　가마우지가 잡은 물고기를 삼키지 못하게 목 아래를 묶고 물고기를 잡는 방법.

대부분의 역사는 과거의 문서 기록을 이용할 수 있을 때 시작되지만 인간이 바다와 맺은 관계가 진화의 긴 시간까지 뻗어 있기 때문에 고고학과 민간전승 또한 바다의 역사에 영향을 끼칠 수밖에 없다. 선사시대에 대한 지식 역시 역사시대에 대한 지식과 마찬가지로 육지 중심주의라는 편견 속에서 고군분투해왔다. 최후의 대빙하기 이후 전 세계 해안이 침수되면서 해안 정착지가 인간의 시야에서 사라져 결국 생각에서도 멀어졌기 때문이다. 역사학자 펠리페 페르난데즈 아르메스토Felipe Fernández-Armesto가 제안한 '문명'의 광범위한 정의를 받아들여, '자연을 체계적으로 개조하는 사회'라고 문명을 간주한다면, 해안지방의 정착지 또한 농업, 도시, 글과 같은 전통적인 표지를 통해 문명으로 인정받은 강가나 내륙, 사막 지역처럼 문명에 추가되어야 한다.

최초의 인간과 더 이전의 유원인이 이주했다 입증되고 있는 장소로 그들을 싣고 갔던 최초의 선박에 관해서는 아무것도 알려져 있지 않다. 바다에 대한 고대인들의 문화적 인식 또한 알려져 있지 않지만 실마리가 전혀 없는 것은 아니다. 사람들이 바다를 어떻게 이용했는지 검토하면 이들이 바다를 어떻게 상상했는지도 알 수 있다. 바다에 대한 지식은 바다의 경험, 예를 들어 장거리 항해, 해안 제방에 대한 어부들의 지식, 혹은 힘 과시용 선박을 건조하고 운행하는 능력에 기원을 두고 있다. 바다의 이용을 통해 해안가 사람들과 바다 건너편 사람들과의 관계가 발전했고, 해안 공동체뿐 아니라 때로 더 먼 내륙 지방의 공동체에도 영향을 끼쳤던 인력, 물자, 사상의 이동 패턴도 확립되었다.

고대인들은 연안 항해를 통해 세계로 뻗어 나갔고, 육지와 바다의 자원을 모두 갖춘 연안지대에 빠르게 정착했다. 그 결과로 생긴 공동체와 문화권은 지리 조건, 우연한 사건, 역사적 경험과 다른 영향에 대응하여 다양하게 분화되었지만, 이들은 대개 바다와의 연계성을 반영한다는 공통점을 갖고 있었다. 해안지방 문명권의 주민들은 대체로 어류와 조개류, 해양포유류를 비롯한 상당량의 해산물을 소비했다. 뼈 유물 분석, 그리고 이 정착지 일부에서 나온 거대한 패총이 이를 입증한다. 동일한 모양의 매듭이 유럽 북부와 아프리카, 페루와 오세아니아에서 발견되기도 했다. 이러한 발견은 서로에게 영향을 받지 않은 다수의 독립적인 혁신이 역사에서 주변부라 간주되었던 지역에서 발생했음을 시사한다.

해안 문화권의 신화와 민간전승, 미신 또한 사람과 바다 사이의 지극히 오래되고 중요한 연계성을 암시한다. 해안 문명권의 신화에 비해 강가와 사막 문명의 물이 민속학자들의 주목을 더 받고 있지만, 세계에서 가장 오래된 신화 중 많은 창조 이야기에 바다와 비슷한 규모의 물이 등장한다. 바다를 중심으로 한 기원 설화들은 인도, 메소포타미아, 고대 이집트, 마야 문명과 히브리 문명, 기독교 문명권에서 전해진다. 많은 아메리카 원주민 역시 태고의 바다를 상정했고 세상이 바다에서 유래되었다고 믿었다. 적도 북쪽 아메리카 대륙부터 시베리아까지 광범위한 문화권들은 모두 비슷한 관념을 갖고 있었다. 먼 과거에 대한 우리의 이해는 내륙과 강가를 따라 발생했던 문화권에 크게 기대고 있지만, 최후의 대빙하기 이후 해안의 수렵채집자들은 전 세계 다양한 지역으로 퍼져 나갔고, 자신들의 신화와 기원 설화를 위해 바다를 끌어들였다.

신화는 대개 바다에 관한 지식과 밀접하게 연결되어 있다. 캐나다 북서부의 해안 종족들은 카누를 타고 바다의 범람을 피해 도망치는 전설을 전하고 있고, 태국의 모켄족의 생존 – 이들은 2004년 쓰나미를 예측하고 고지대로 이동했다 – 은 바다에 대한 고대 전승이 현재화된 사례다. 호메로스가 스킬라Scylla – 머리 여섯 개 달린 신화 속 괴물 – 나 카리브디스Charybdis – 거대한 소용돌이 – 와 가까운 곳에서 항해를 했던 오디세우스의 선택을 환기시킨 것 역시 고대인들이 바다와 친숙했음을 보여준다. 좁은 메시나 해협Strait of Messina**2** 양편에 위험하게 자리 잡은 암석 가득한 모래톱과 소용돌이는 강한 조류의 영향을 받은 것으로, 선원들에게서 유래된 '바위와 험한 곳 사이'**3**라는 표현을 통해 기억되고 있다.

사람들은 1만 년 전에 북대서양 해안을 따라 퍼져 나갔다. 유럽은 세계 어느 지역에 비해서도 내륙보다 해안가 비율이 높은 곳이다. 유럽의 대서양 해안은 오랜 정착지였던 지중해 해안보다 해안과 섬 지역의 생명 다양성이 더 크다. 유럽과 영국 제도British Isles 사이의 도거랜드Doggerland라 불리는 숲과 초원은 약 8,500년 전에

2 이탈리아반도와 시칠리아섬 사이의 해협.
3 진퇴양난을 가리키는 말.

해수면이 상승하면서 수몰될 때까지 자원이 풍부한 생활권을 제공했다. 유럽의 많은 반도와 넓은 해안의 수는 줄어들었지만 대서양에 접한 문화권들은 연안의 풍부하고 얻기 쉬운 자원에 의존했던 경험과 이동과 물자 운송에 거친 바다를 이용하려는 노력을 방해하는 바다 자체의 힘과 맞서 싸운 경험을 공유했다.

바다를 왕복한 공통의 경험은 의례적인 선물교환에서 교역으로 발전하여 사회관계로 이어졌다. 스칸디나비아에서 브르타뉴와 이베리아반도까지 고대의 대서양 공동체는 섬들이나 해안가에 조상의 집단 매장지로 거석 묘를 만들었다. 거석 묘를 다루려면 큰 돌을 솜씨 있게 다루는 요령이 필요했다. 이 공동체들은 또한 바다 이동에 필요한 천문학 지식을 발전시켰고, 때로는 패총 매장지도 만들었다. 고고학자 배리 컨리프Barry Cunliffe의 주장대로 유럽의 대서양 연안에 살던 민족들은 수천 년 동안 공통된 믿음과 생활방식, 가치를 공유하고 있었고, 이 공통점은 '바다를 마주보고 있는 대륙의 끝이라는 독특한 거주지로 인해 만들어졌다.'

도착과 출발이 이루어지는 공간이자 바다로 나아가는 문턱은 두려움과 기대의 대상인 동시에 신비하고도 초자연적인 장소로 간주되었다. 문턱을 지나 바다로 나아가는 데 따르는 위험은 육지를 떠나기 전 신의 노여움을 달래는 의식을 통해 오랫동안 관리되어 왔다. 이런 관행이나 바닷속으로 가라앉는 대륙과 같은 이야기들은 북대서양 해안 주변에 널리 퍼져 있다. 이곳의 해안 공동체들은 바다에 빠진 사람은 바다에 속하므로 그 사람 대신 다른 사람을 바다가 요구하지 않도록 구출 자체를 금기시하는 굳은 믿음을 공유하고 있었고 이러한 믿음은 고대에서 기원했을 가능성이 높다.

대서양 주변뿐 아니라 남아메리카, 북태평양 해안과 전 세계 다른 지역에서 신중하게 선택한 고고학 지대에 관한 최근 연구에 따르면 육지와 바다 자원에 기대는 해안 사회들은 문화 발전을 자극할 정도의 인구 밀도에 도달했었다. 이러한 해안 문명권에서는 바다를 건너는 긴 항해가 아니라 육지와 가까운 연안 항해를 통한 어업과 교역이 먼저 실행되었다. 이를 통해 그곳 거주민 일부는 전문지식을 갖게 되었으며, 전문 지식의 발전으로 공동체를 위해 항해나 교역, 전쟁을 수행하는 특정 계급이나 집단이 발달했다. 바다를 차용한다는 개념 때문에 인근 지역들과의 갈등이 생겨났지만, 해양자원의 집약적 사용으로 해안에서 구할 수 없는 상품을 어류, 조개류 혹은 다른 풍부한 해안의 산물로 내륙이나 면 공동체와 교환하는 교역도 발전했다. 연안지대의 풍부한 식량 및 기타 자원에 대한 접근이 가능해지면서 해안과 바다를 영토의 일부로 인식하기 시작한 사회가 조성된 듯 보인다. 요컨대 바다는 문명 발전의 중심이었던 것이다. 해저분지 주변의 고대 해안 공동체들, 심지어 전 세계 해안 공동체들 간에도 공통된 특징이 없지는 않았으나, 전 세계 상이한 지역의 문명마다 바다와 다양한 범위의 고유한 관계를 독립적으로 발전시켰다.

인간의 활동이 닿았던 최초의 해저분지 지역은 인도양이다. 인도양의 해안 사회들은 심해를 사회 외부의 공간으로 간주했다. 이 지역의 권력체들은 항해를 통해 정치권력을 과시하는 것보다 단지 문화를 퍼뜨리고 교역을 증진하는 데 관심이 더 많았던 터라 바다를 지배해야 할 영토가 아닌 교역을 위한 운송로 정도로 생각했다. 바다에 대한 이러한 문화적 관념은 몬순풍monsoon winds(계절풍), 그리고 인도양 전체를 가로지르는 교역망으로 발전했던 지역 연안 사이의 교류에서 유래했다. 12만 5,000년 전 - 호모 사피엔스가 수많은 해안에 닿았을 때다. 이 해안들은 해수면 상승으로 인도양 해분에 통합되었다 - 부터 이 지역민들은 해안가에서 물고기를 잡았고 해안을 따라 이동했으며, 손에 잡히는 재료로 만든 작은 배를 타고 육지로 에워싸인 바다를 건넜다. 나무를 구할 수 있는 곳에서는 통나무배4나 뗏목이나 바크형 범선5을, 습지가 있는 지역에서는 갈대로 만든 배를 이용했다. 인도양의 북쪽 가장자리를 따라 이루어진 항해는 기원전 약 7000년까지 거슬러 올라간다. 이 항해는 중앙집권적 국가나 육지 중심의 강대국이 아니라 어부들의 네트워크에 의해 시작되었다.

천연자원과 손으로 제조한 상품이 불균등하게 분포했기 때문에 교역이 생겨났다. 처음에는 교역 거리가 짧았으나, 점차 아프

4　나무 몸통을 파 내어 만든 배.
5　돛대가 세 개 이상인 범선.

리카의 목재와 상아, 인도의 면직물, 동남아시아의 향신료와 중국의 비단까지 교역물품의 범위가 확장되었다. 중앙집권적 메소포타미아 국가는 페르시아만Persian Gulf6 서쪽에서 온 목재와 석재를 자신들의 잉여 농산물과 교역할 망을 구축했지만, 수천 년 동안 교역의 규모는 늘 크지 않았고 실행 주체도 대부분 해안의 어업 공동체들이었다. 기원전 약 5000년 무렵 이집트와 아라비아, 인도 서부 해안이 장거리 교역으로 연결되었다. 이 교역에는 연안과 좀 더 먼 내륙의 공동체가 포함되었는데 새로 등장한 인도양과는 가까운 해안 공동체만큼 긴밀한 관계를 맺지 못했다.

힌두교 신화는 생명체가 바다 혹은 태곳적 물에서 시작되었지만 비슈누Vishnu7가 바다에 있을 때는 혼란이 따른다고 전한다. 문화지리학자 필립 스타인버그Philip Steinberg는 이러한 믿음이 바다에 대한 공포를 일으켰고, 선원들이 신속하게 무시무시한 바다를 건너고 싶어했기 때문에 항해 기술의 혁신이 이루어졌다고 주장한다. 그리스의 지리학자 플리니Pliny에 따르면 인도의 일부 선원들은 바다에 새를 데리고 나가 바람이나 해류로 배가 육지에서 멀어지면 새들을 풀었다. 이들을 따라 육지로 되돌아가려는 목적에서였다. 선원들은 이런 식으로 육지에서 멀리 떨어진 바다를 처음 알게 되었고, 종국에는 먼 바다를 건너는 법을 습득했을 것이다.

인도양의 특징으로 인해 연안에 인접하지 않은 바다인 공해

---

6 아라비아반도와 이란 사이의 만.
7 힌두교의 최고신.

항해가 발달하게 되었다. 대형 선박이 발전하면서 가능해진 변화였다. 서인도양에서는 다우선dhows이라 불리는 용골선박**8**, 즉 널빤지를 나란히 깔고 밧줄로 한데 묶은 다음 역청으로 방수처리를 한 형태의 배가 교역의 짐말 역할을 했다. 열대지방의 맑은 하늘은 별을 관측하기에 용이한 환경을 제공했다. 기원전 1000년경 계절풍의 주기적 패턴을 알아낸 이후에는 11월에서 이듬해 1월까지 아라비아와 서인도에서 아프리카로 향하는 정기적 항해가 이루어졌다. 건조한 북동계절풍이 배의 진행을 용이하게 해 주었기 때문이다. 반대 방향으로 부는 남서계절풍은 폭우를 동반했지만 4월에서 8월 사이 돌아오는 배의 항해를 도왔다. 수면의 해류는 계절풍을 도와 북동계절풍이 불 때는 북쪽에서 남쪽으로 배에 가속을, 바람의 방향이 바뀌면 반대 방향으로 가속을 제공했다. 계절을 기반으로 한 교역 구축을 촉진시킨 물리적 특징은 반대로 교역의 집중을 막는 기능도 수행했다. 6월과 7월 동안에는 강한 바람이 부는 통에 항해가 불가능했다. 계절풍은 동쪽이나 서쪽의 계절 교역을 촉발시켰지만 한 해 중 일정 기간 동안 배는 멈춰 설 수밖에 없었고, 따라서 연간 수송의 증가가 자연스레 억제되었다.

어쩔 수 없이 배를 운행하지 못하는 기간이 생기면서 선원과 교역상, 여행자가 가득한 크고 세계적인 항구도시들이 생겨나 발전

8　선체船體의 중심선을 따라 배 밑의 선수船首에서 선미船尾까지 이어지는 종방향 뼈대를 제일 먼저 깔아놓고 횡방향의 늑골을 세운 후 선체 외판을 붙여가는 형태로 만든 배.

했다. 이러한 항구도시들은 대부분 남성 위주의 공간이었고, 남성 위주의 사회는 독립된 배의 세계에서 육지로 뻗어 나갔다. 배를 탄 선원들은 대개 고향의 법과 관습에 종속되었지만 항구에서는 다양한 지역에서 온 사람들이 항해가 불가능한 시기 동안 함께 어울렸다. 국외거주자로 그득한 이 항구 공동체는, 주인인 강대국으로부터 상당한 자율권을 부여받았던 덕에 교역을 좌지우지할 수 있었다. 항구에서의 삶을 통해 각지에서 온 사람들과 문화가 급속도로 섞였고, 불교와 자이나교, 힌두교와 이슬람교까지 새로운 종교가 확산되었다.

6세기, (흑사병의 일종인) 선페스트가 고도로 통합된 항구 지역을 거쳐 빠르게 퍼져 나가 교역체제를 붕괴시켰다. 초기에는 복구가 더뎠지만, 이슬람교의 부상과 확산, 그리고 거의 동시에 성립된 중국의 수隋 왕조로 인해 다시 교역이 활성화되기 시작했고 이후에 성립된 당唐 왕조가 뒤를 이었다. 이슬람 세계는 아랍어를 국제 공용어로 제공했고 널리 인정받는 법률도 통용시켜 교역에 도움이 되도록 하였다. 반면 중국 내 정치권력이 공고화되면서 안정에 따른, 사치품 수요가 늘어났다. 그 결과 비단길Silk Road이라는 교역로가 번성하게 되었다.

상품과 사람, 세균과 사상이 비단길을 통해 세계로 퍼져 나간 데 반해 바다는 대개 세계 전체를 이어주는 대양ocean이 아니라 지역에 국한된 국소적 공간이라 인식되었다. 오직 인도 연안의 바다만 '인도양Indian Ocean'이라 불렸다. 서쪽으로 가는 바다는 '에리트레아해Erythraean Sea'였다. 이 이름은 초기에 홍해Red Sea에만 적용되었지만 밖으로 뻗어 나가 지금의 인도양 북서쪽까지 포함하게 되었다. 「에리트레아해 항해기Periplus of the Erythraean Sea」라 알려진 항해 지침 필사본은 2,000년 전의 인도양 교역체제와 로마제국의 인도양 진입을 기록한 문서다. 마레 프로소둠Mare prosodum, 즉 '녹색바다'는 현재 스리랑카 위도 지역에 있는 인도양 중심부를 가리키는 이름이었다.

이슬람교가 부상하고 확산되면서 인도양에 대한 아랍인들의 지식은 계절풍의 수수께끼를 풀었던 인도인들의 토착 지식을 바탕으로 하여 체계적으로 수집 및 기록되기 시작했다. 당시 해도에는 해안선이 세밀하게 그려졌고, 이 해안선에는 연안 항해에 중요한 주요 지형들까지 표시되어 있었다. 연안에서 멀리 떨어진 공해는 육지 사이의 추상적 경로로 치부되어 적정 비율의 면적을 부여받지 못했다. 공해상에서의 항해는 아랍 선원들이 가진 별에 대한 지식 - 가령 북극성이 얼마나 높이 떠 있어야 목적지로 향하기 좋은가 따위 - 에 기댔다. 당시 선원들은 높이를 측정하기 위해 나무와 매듭진 끈으로 만든 카말kamal이라는 장치를 이용했을 뿐 아니라, 해류와 바람과 조수, 그리고 바다의 색깔에 대한 지식도 항해에 이용했다. 15세기 후반 아흐마드 이븐 마지드Ahmad ibn Majid가 인도양 항해를 요약한 논문을 작성할 무렵 아랍인들은 중국에서 나침반을 도입했다.

아랍인들과 중국인들이 가진 세계에 대한 지식은 인도양 먼

터키 이스탄불의 이슬람교도 묘지에 있는 묘비. 12세기-13세기에 쓰이던 큰 삼각돛이 새겨져 있다.

상상 속 바다

구석까지 뻗어갔다. 1020년 경 한 익명의 이집트인은 「진기한 것들의 모음집The Book of Curiosities」이라는 우주론 논문을 썼다. 이 논문에는 지역뿐 아니라 도시의 이름까지 담긴 최초의 세계지도가 특별히 실려 있었다. 이 책에 등장하는 인도양 지도에는 동아프리카의 섬인 잔지바르Zanzibar뿐 아니라 중국의 특정 지역도 스와힐리어**9**로 표시되어 있었다. 포르투갈인들이 인도양에 당도하기 전에 만들어진 명明 왕조의 세계지도 역시 동남아시아와 인도, 아프리카의 지역들을 정확하게 표시해놓았다.

인도와 중국처럼 육지를 기반으로 출현한 국가들은 교역을 증진하고 해적을 막는 데 관심이 있으면서도, 늘 항구와 해안을 내륙지역에서 차단시켰다. 그렇다고는 해도 적도무풍대에 배가 묶여 꼼짝도 못하는 기독교도 선장을 걱정하는 16세기 성직자의 이야기를 보면 내륙인들이 바다로부터 완전히 단절되어 있었던 것은 아닌 듯하다. 이 이야기에서 다른 신자는 그 성직자에게 존경심을 품고 있어 그의 걱정을 해결하기 위해 바람을 이용해 배를 안전한 곳으로 옮긴다. 선원이 아닌 사람들에게 바다는 가치 있는 물건을 배달해주는 수송 공간이었지만 그걸로 끝이었다. 대부분의 육지인들에게 바다는 사회 밖의 공간이되, 항해와 상업의 자유를 대체로 인정받는 곳이었다.

이슬람교도들이 인도양을 지배하게 된 후에도 이곳에 있는

9　동부 아프리카에서 널리 사용되는 공용어.

육상 기반의 국가들은 해상권을 과시하거나 다른 강대국의 항해를 막는 일보다는 교역 촉진과 문화 확산에 더 열심이었다. 유럽인이 도착하기 직전 인도양 다민족 지역의 특징은 광범위하면서도 통합된 교역체제였다. 항구와 해안 공동체 외부에 있는 대부분의 사람들에게 바다 자체가 일상생활에서 차지하는 존재감은 비교적 미미했다. 선원들 역시 이들에게는 주변인 취급을 받았다. 항해의 전문성 덕에 존중받고 상품을 전달한다는 이유로 인정받으면서도 선원들은 사회의 정식 일원으로 수용되지 못했다. 바다는 사회 밖에 존재했고, 교역에 특화된 공간으로 구축되었다. 바다는 국가에 속한 영토가 아니라 건너야 할 먼 거리를 상징했다.

수천 년 전 지중해와 인도양을 이어준 것은 상선이었다. 바다를 영토로 인식하지 않았던 인도양 국가들과 달리 고대 그리스인과 로마인은 제한적으로나마 제국의 지배권을 바다 쪽으로 확대하려 했다. 그리스인에게 그리스와 외부를 구분해주는 지리상의 경계는 오케안강Ocean River**10**이라는, 으스스하고 범접하기 어려운 공간이었다. 오케안강은 이들이 사는 세계의 주변부를 흐르고 있었다. 오케아노스Oceanus 신이 다스리는 오케안강은 육지에 존재하는 모든 강과 시내의 기반으로 여겨지면서도 그 자체는 신비롭고 무한하며

10 대양강 – 대양이라는 뜻의 단어 ocean의 어원이기도 하다.

감히 다가가서는 안 되는 존재로 기피 대상이었다. 오케아노스 신이 그린 원에는 지중해가 그리스의 중앙부에 위치하고 있었다. 이솝 우화와 로마의 모자이크를 보면 옛 바다의 신인 탈라사Thalassa가 노를 들고 수면 위로 솟아오른다. 지중해 유역의 사람들은 교역, 어업, 그리고 권력의 확장을 위해 지중해를 이용했고, 따라서 이들이 바다와 맺은 관계는 인도양 주변의 사람들이 바다와 맺은 관계와 뚜렷하게 달랐다.

　지중해의 물리적 특징이 지중해인들의 바다 이용과 개념의 초석을 놓았다. 해수면이 상승한 후 해안과 평야가 수몰되었고, 그 때문에 지중해 해안은 인도양이나 태평양 해안보다 면적이 좁다. 넓은 해안 평야의 자원을 빼앗긴 이곳의 주민들은 바다로 나아갈 수밖에 없었고 내륙 사회에 사는 이들과는 다른 삶의 모습을 일구었다. 바다에 사는 어류는 중요한 식량자원이었다. 처음에는 어류가 단순히 생계유지용이었지만 차차 교역활동을 뒷받침하는 상품이 되었고, 자원 분포가 불균등한 해안 문화권들은 교역활동에 활발하게 종사할 수밖에 없었다.

　그리스인이 해상무역의 패권을 쥐기 전, 지중해 동부 해안을 장악한 이들은 페니키아인Phoenicians이었다. 아직 수수께끼에 싸여 있는 페니키아인은 해상교역상 연합을 만들어 활동했다. 그리스인과 페니키아인은 해상 기반의 식민지 제국을 최초로 만든 종족이다. 기원전 8세기, 페니키아인의 교역기지는 지중해 전 지역에 걸쳐 있었다. 지브롤터 해협Strait of Gibraltar을 내려다보는 야트막한 동

석관에 새겨놓은 페니키아인들의 배(2세기).

굴의 암석에 남겨진 그림에는 배 주변으로 막대기 모양의 인간 형 상들이 그려져 있다. 이는 페니키아인과, 이들의 해양기술을 몰랐 던 지중해 서부 사람들 간의 접촉을 상징하는 것일 수 있다. 대서양 의 가디르Gadir 항구(지금의 카디즈Cadiz) 덕에 페니키아인들은 지중 해와 대서양을 연결하는 교역이나 교류 활동을 할 수 있었다. 가디 르는 또한 초창기 영리 어업의 중심지가 되었다. 거대한 참다랑어 가 지브롤터 해협을 지나 알을 낳으러 강으로 돌아갈 때가 이곳 어 부들의 성수기였다.

페니키아인들은 해양기술에서 여러 혁신을 이루어냈고 그 덕에 아시아의 동방 문화권과 서양의 이베리아반도 문화권 사이의 무역을 지배했다. 장부맞춤[11] 기술을 알고 있던 페니키아인의 배는 하부 골조를 끈으로 엮는 방법을 썼던 과거의 배보다 훨씬 튼튼했다. 해양고고학의 발견에 따르면 납을 채운 나무 닻 또한 페니키아인의 발명품이었다. 이들은 선박과 바다에 해박했던 덕에 부와 권력을 축적할 수 있었고, 역사상 가장 초창기의 해상권을 창조해냈다. 그리스인과 그 이후의 고대 스칸디나비아인, 그리고 다른 유사 강대국과 마찬가지로 페니키아인의 힘은 육지가 아니라 바다에서 나왔다.

페니키아인에 대해서는 알려진 바가 거의 없다. 이들이 스스로를 어떤 이름으로 불렀는지조차 알 수 없지만 추정컨대 가나안 사람Canaaites이라 불렀을 것이다. '페니키아인'이라는 이름은 그리스인들이 처음 만든 말이었다. 페니키아라는 말은 특정 연체동물이 만드는 귀한 보라색 염료를 가리킨다. 페니키아인은 교역뿐 아니라 문화를 확산시키는 중개상이기도 했다. 이들은 알파벳을 만들어 퍼뜨렸고 아시리아Assyria와 바빌로니아Babylonia의 신화와 지식을 지중해 지역으로 실어 나름으로써 그리스 문화 부흥기 – 황금기라 한다 – 의 성립에 기여했다.

고대 그리스와 로마의 문화가 지배하던 시기 내내 지중해는 확장되던 세계의 중심이었다. 그리스 역사가 헤로도토스Herodotus에

---

11 한 부재部材에는 장부를 내고 다른 부재에는 장부 구멍을 파서 끼우는 목재의 맞춤법.

의하면 페니키아의 선원들은 기원전 7세기에 이미 아프리카 대륙 주위를 항해했다. 그러나 호메로스가 『오디세우스』를 썼던 기원전 8세기 말의 지중해 서부는 그리스 문화권에게 상대적으로 낯선 공간이었다. 역사학자 존 길리스John Gillis는 지리에 대한 그리스인의 무지가 호메로스로 하여금 상상력 가득한 지리를 창조하게 한 원동력이었다고 주장한다. 황금양피Golden Fleece를 찾으러 아르고호의 선원들Argonauts을 이끌었던 이아손Jason의 환상 모험을 다룬 신화는 바다의 모험가들을 묘사할 어휘를 제공했고, 훗날 우주 탐험가들을 묘사하는 어휘에까지 영향을 끼쳤다. '아르고넛Argonaut'이라는 단어는 문자 그대로 아르고라는 이름의 배를 탄 선원을 의미했지만, 훗날 앵무조개paper nautilus라는 이름의 연체동물을 가리키는 과학 명칭으로 채택되었고, 모험가나 뱃사람, 또 잠수부와 우주비행사를 가리키는 단어로도 쓰이게 된다. 프톨레마이오스Ptolemy가 활동하던 2세기 무렵의 그리스 지리는 동쪽으로는 중국, 서쪽으로는 대서양을 포함하는 지역까지 확대되었다. 지브롤터 해협에 그리스인들이 붙인 이름인 헤라클레스의 기둥Pillars of Hercules은 익숙한 지중해를 그 너머 혼돈의 바다와 갈라놓았다.

그리스인과 로마인의 삶의 기초는 교역이었다. 로마인들은 고대 그리스의 로도스섬Rhodian의 방식을 따라 자유무역을 장려했지만 자유무역 개념이 바다의 절대적 자유 개념까지 확대되지는 않았다. 걷잡을 수 없이 퍼져 있던 해적 세력 때문에 지중해 연안 공동체들은 바다를 향해 힘을 행사할 수밖에 없었다. 또 긴 해안선을 따라 촉진된 해상무역을 해저분지와 만, 좁은 해협이 즐비한 지중해 연안의 지리로부터 보호하기 위해 바다에 통제권을 발휘하려 애썼다. 2세기와 3세기에 영리를 목적으로 한 어장들은 그물과 바구니, 낚싯바늘을 사용해 고기를 잡았고, 해적을 막아주는 국가의 보호를 받았다. 특히 이들이 생산한 해산물이 장거리 교역품이 되면서 이러한 경향이 강화되었다. 염장생선과 생선 소스는 로마인의 입맛을 나라 전체로 확산시켰다. 소금에 절인 참치는 암포라amphora12에 꾹꾹 담겨 수백 킬로미터 혹은 그 이상을 이동했다. 참치 어장의 중요성이 매우 컸기 때문에 참치를 먹는 도시의 주민들은 사용하던 주화에 참치 이미지를 집어넣기까지 했다. 생선과 어업은 초기 기독교도들의 상징이 되기도 했다. 신앙의 자유를 누리게 되기 전 초기 기독교도들은 자신의 공동체를 상징하는 표시로 물고기 모양을 사용했다.

그리스인과 로마인은 스스로 '우리의 바다mare nostrum'라 불렀던 지중해를 세계의 중심이라고 생각하면서도 바다 자체를 인간이 나아가야 할 자연 환경으로 간주하지는 않았다. 선원들은 육지가 보이지 않을 때까지 바다로 나아가기보다는 연안 항해를 선호했다. 해전이 벌어지는 주 무대 역시 넓은 바다가 아니라 육지와 가까운 곳이었다. 대개 선원들은 해안가로 갈 수 있다면 배에서 밥을 먹거나 자려 하지 않았다. 고대의 이 군사 강국들은 해변 가까이에 머무

---

12 고대 그리스나 로마 시대에 쓰던, 양쪽에 손잡이가 달리고 목이 좁은 큰 항아리.

는 편을 선호하면서도 잠수부를 이용해 적선의 닻줄을 끊거나 배를 침수시키는 수중 작전을 구사했고 항구 방어물도 건조했다. 지중해의 강국들은 바다를 사회와 분리된 공간이나 국가의 힘이 미치지 않는 공간으로 보지 않았다. 로마제국은 해상무역을 보호하기 위한 세력을 확장시켰고, 주변 지역을 중심 지역과 연결했으며 해양자원의 이익을 확보하기 위해 권한을 행사했다. 이 권한에는 주변 지역과의 접촉권도 포함되었다. 로마제국은 바다를 소유할 수 있는 영토로 보기보다는 힘 있는 국가가 개입할 수 있는 영향력의 공간으로 인식했다. 로마인은 지역 패권을 장악한 덕에 해안지역과 육지로 에워싸인 바다를 수호하는 역할을 자임했지만 해안에서 멀리 떨어진 바다로 나아가려 하지는 않았다.

로마제국의 몰락 시기는 봉건 유럽사회가 농업의 발전으로 어장을 버리고 민물 어업을 채택하면서 내륙으로 돌아섰던 시기와 일치했다. 스칸디나비아와 유럽의 다른 북부 지역은 생존을 위해 바다의 식량자원을 계속 이용했고, 항해 문화와 선박 건조를 유지하면서 바다를 향한 의지를 잃지 않았다. 기독교 봉건시기의 유럽은 대체적으로 육지 지향 사회였지만, 기독교 북부 유럽의 섬들과 곶 지역, 그리고 해안반도 지역은 고대의 관행과 신화의 특별한 의미를 여전히 중시했을 뿐 아니라 매장지나 성지 혹은 요새로 기능했다.

　　소위 암흑기라 불리는 유럽의 봉건시대, 일부 기독교도들은 일부러 막막하고 텅 빈 바다로 향했다. 바다를 사막과 유사하다고 여긴 기독교 참회자들과 수도자들은 특히 5세기와 6세기에 대서양 공해로 나아갔고, 아일랜드에서 이러한 경향이 더 두드러졌다. 기독교도의 항해는 목적지로 가는 여정이 아니라 영적인 구원을 위한 여정이었다. 금욕주의적 기독교 은둔자들은 때로 멀리 떨어진 해안의 바위투성이 지층 노출부나, 간신히 상륙한 머나먼 섬에서 겨우겨우 생존을 이어갔다. 이러한 은둔자들은 페로 제도Faroe Islands, 그리고 아이슬란드까지 가서 그곳에 수도원을 건립하기도 했다.

스칸디나비아의 침략자 바이킹 세력은 북대서양 전역에 걸쳐 있던 수도자들과 은둔자들을 해안 거처에서 내쫓았다. 바이킹의 항해 솜씨는 유럽 전역에 겨룰 자가 없을 만큼 뛰어났다. 8세기 무렵 바이킹은 무역과 침략으로 유명했다. 이들에게 무역과 침략은 부와 지위를 축적하기 위한 활동이었다. 바이킹은 진정한 의미의 뱃사람도 아니었다. 이들은 바다에서만 생활한 것이 아니라, 육지와 바다 두 곳에 사는 데 익숙했기 때문에 바다 못지않게 육지와도 밀접하게 연결되어 있었고, 농사 주기가 뜸해질 때는 습격으로 생활을 유지했다. 이들은 배를 생계 수단뿐 아니라 죽은 자들을 내세로 데려가기 위한 운송 수단으로도 보았기 때문에 배 안쪽에 무덤을 만들어 죽은 이들을 묻었다. 9세기 초, 선박 건조에 새로운 기술이 통합되면서 전형적인 대형 선박이 건조되었다. 새로운 배들은 가로돛과 노를 함께 사용해 동력을 얻었고 빠르고 효율적인 바다 횡단이 이루어졌다.

바이킹은 북대서양 해안과 유럽의 하천계를 아우르며 동서남 북 모든 방향으로 이동했다. 인구 증가의 압력과 사회 혼란이 이주 를 촉진시켰고 지중해 북부에서 아이슬란드, 카스피해 서쪽에서 뉴 펀들랜드Newfoundland까지 새로운 정착지가 생겨났다. 바이킹은 종 자와 동물을 배에 실은 채 길고 대담한 항해를 떠나 새로운 땅에 익숙한 생활 문화를 이식하고 공동체를 발전시켰다. 스칸디나비아 의 뱃사람들은 초창기 아일랜드 수도사들의 항해 지식을 갖추고 셰틀랜드 제도Shetland Islands**13** 북쪽까지 나아갔고 800년경에는 페로 제도에 당도했다. 그로부터 60년 혹은 70년도 채 안되어 아이슬란 드, 또 그 후 몇십 년 이내에 그린란드까지 갔다.

역사는 바이킹이 대담하게 공해를 건너 1000년경에는 북대서 양의 가장 끝 쪽인 뉴펀들랜드까지 갔다고 말하지만, 정작 이 담대 한 뱃사람들의 인식은 달랐다. 이들은 자신들이 나아갔던 공해가 사실은 육지로 에워싸인 바다라고 상상했다. 따라서 이들의 이동 경로는 공해, 즉 외해가 아닌 육지로 둘러싸인 내해inland sea**14** 주변 을 따라가도록 주의 깊게 계산된 경로였던 셈이다. 바이킹들이 상 상했던 바다는 노르웨이 해변, 그린란드, 배핀섬Baffin Island, 뉴펀들 랜드와 아프리카 육지로 둘러싸여 있는 해역이었다. 레이프 에이릭 손Leif Erikson은 신세계를 발견한 것이 아니라 내해를 따라 육지 가

---

13 스코틀랜드 북동쪽의 군도.
14 육지에 둘러싸여 있고 해협을 통해 외해, 즉 공해公海로 이어지는 바다.

까이 항해를 하다 우연히 상서로운 해변에 당도해 정착했던 셈이다. 바다가 내해라고 생각했던 덕에 이들에게 북대서양은 큰 두려움의 대상이 아니었다. 물론 그렇다 해도 북대서양은 솜씨 좋은 항해와 적절한 선박과 해양 중심 문화를 요구하는, 가공할 만한 장벽임에 틀림없었다.

북유럽의 바이킹과 달리 대부분의 중세 유럽 국가들은 바다에서 멀리 떨어져 서로를 마주보며 살고 있었다. 바이킹과 다른 해양 민족은 교역을 통해 스칸디나비아를 유럽에 연결하고 서유럽과 동유럽을 통합하는 데 기여했지만 이들의 교역품은 권력을 드러내는 물건과 사치품, 그리고 일부 특별상품에 집중되어 있었다. 유럽이 다시 바다로 돌아간 것은 상업의 혁명이 촉발한 국제교역의 발

스웨덴 최남단 스카니아Scania지역의 청어 잡이를 그린 목판화(1555).

달 때문이기도 했지만, 다른 이유도 있었다. 11세기에 철갑상어, 연어, 청어, 뱀장어, 강꼬치고기, 도미, 송어 등의 민물 생선이 고갈되면서 갑작스레 바다 어업이 부활했다. 이러한 변화의 증거는 조개무지 분석에서 나왔다. 이 조개더미들은 민물고기가 어류 소비의 80퍼센트를 차지하던 데서 해덕[15]과 대구, 청어 같은 바닷고기가 80퍼센트를 차지하는 쪽으로 소비 양식이 변화했음을 보여준다.

전문 일꾼들이 운영하는 영리 목적의 어장이 급성장한 것도 11세기 무렵이다. 이들은 확대일로에 있던 교역로와 시장에 해산물을 공급했다. 바스크인들은 중세 전성기High Middle Ages에 비스케이만Bay of Biscay에서 최초로 영리용 고래잡이를 했던 민족이다. 이들은 콜럼버스가 아메리카 대륙에 가기 전에도 대서양의 참고래를 찾아 북아메리카 대륙 인근인 북대서양 서쪽까지 이동했을 것이다. 가까운 바다의 참고래가 대량 어획으로 고갈되었기 때문이다. 기름과 모피, 상아 시장이 형성되면서 유럽인들은 이 귀한 상품을 제공해주는 신비의 동물을 찾아 북대서양으로 떠났다. 바이킹은 교역 상대나 정착지를 찾아 내해라 생각했던 곳을 항해했고 아일랜드 수도사들은 신을 찾거나 참회하기 위해 항해를 나선 반면, 유럽인들은 바다표범과 바다코끼리를 찾아 바다 자체를 항해했던 최초의 사람들이었다.

11세기 무렵의 교역망은 신흥국가들의 필요에 부응하기 위해

---

15 대구와 비슷하나 더 작은 생선.

유럽을 하나의 시장으로 통합했다. 중세시대 뱃사람들은 지브롤터 해협의 지리에 밝았지만, 정기적인 왕래는 십자군이 동방 물건에 대한 흥미를 가지고 돌아온 이후 상업 발전이 이루어지고 나서야 가능해졌다. 교역의 중심지는 해안가 항구에서 성장해, 식량과 원료, 수입품의 교환을 촉진시켰다. 교역은 결국 이슬람교도의 이베리아Muslim Iberia반도에서 아일랜드와 아이슬란드의 바이킹 지역까지 뻗어 나갔다.

프랑크왕국과 비잔틴제국 사이에는 베니스Venice가 있었다. 베니스는 동방과 서방 간 교역의 버팀대 기능을 수행했던 도시국가다. 페니키아인과 그리스인, 바이킹처럼 베니스를 비롯한 이탈리아의 항구도시들은 육지 기반의 해상 강국으로, 바다와 뱃길에 대한 접근권을 통제하는 등 교역의 지배를 위해 바다에 군사력을 행사했지만 바다 자체를 권리 행사의 대상으로 생각하지는 않았다.

스웨덴인들은 12세기와 13세기에 발트해를 지배했다. 이들 또한 바다에 세력을 행사함으로써 지배권을 유지하여 큰 부를 축적했다. 하지만 유명한 한자동맹Hanseatic League을 비롯한 다른 발트해 및 북해 강국과 마찬가지로 스웨덴 또한 바다에 대한 통제를 바다 자체에 대한 힘의 행사로 생각했다. 바다에 대한 이 북유럽식 태도는 해양 환경 자체가 남유럽과 달랐다는 데서 만들어졌다. 남유럽 선원들이 항해하던 바다는 물이 맑았고, 날씨가 화창한 덕에 해안도 뚜렷이 보이는 특징이 있었던 반면 북유럽 바다의 선원들은 안개와 폭풍 때문에 수심 측량 도구와 해도, 그리고 특정 해역에 대한 구체적 지식이 있어야 바다를 통제할 수 있었다. 북쪽의 풍부한 어장으로 인해 중세시대 각 가정과 봉건 영지와 국가는 어장이 존재하는 인근 바다를 영토권에 속한 것이라고 생각하기 시작했다.

대서양과 마찬가지로 태평양의 문화권 또한 해양자원에 의존도가 높았던 관계로 바다를 소유의 대상으로 해석했다. 최근의 고고학 연구가 시사하는 바에 따르면 오늘날의 페루와 미국 서부, 브리티시컬럼비아British Columbia**16** 해안지역의 수렵채집자들은 농업이 발생하기 한참 전에 이미 인구밀도가 높고 풍요로운 계층사회를 발전시켰다. 알류샨열도Aleutian Islands에는 육지자원이 별로 없었던 반면 풍부한 해양자원이 대규모 촌락들을 안정적으로 지원하여 알류트족 사이에 복잡한 정치 및 사회생활이 발전했다. 태평양의 또 다른 북쪽 지역에 살았던 이누이트족Inuit이 남긴 지도는 해안 정보를 표시한 유용한 물건을 만들었던 관행이 이들에게 있었음을 나타낸다. 벙어리장갑 안에 들어갈 만큼 작은 목각지도인 유목流木지도**17**에는 해안지대가 표시되어 있었고, 선원들은 날이 어두워져도 손으로 지도를 만져 표시를 읽어낼 수 있었다.

태평양 북동부 해안은 사람이 거주하는 어떤 대륙의 해안보다 더 오랜 세월동안 서양의 지도에서 동떨어져 있었다. 워싱턴주

16 캐나다 태평양 연안의 주.
17 바다를 떠돌아다니는 유목流木을 깎아 만든 지도.

의 마카Makah족 같은 종족들은 바다와 어류, 고래와 바다표범 따위의 해양자원을 자신들의 소유물로 인식했다. 오랫동안 육지와 육지자원에 국한되었던 소유권 개념이 태평양 문화권에서는 해안과 섬을 포함한 바다로 확장되었다. 마카족은 바다에 대한 풍부한 지식을 이용하여 자원을 활용했을 뿐 아니라 바다의 동물을 영적 세계의 일부로 여기고 숭배했다. 20세기 마카족의 포경업 재개는 바다에 대한 이들의 소유권을 다시 주장하는 행동으로도 볼 수 있다.

대서양이나 인도양과 달리 지구상에서 인류가 바다를 가장 편안하게 생각했던 곳은 태평양 지역이었다. 태평양의 광대한 바다는 크기만 해도 대서양의 두 배고 지구의 육지를 다 합친 면적보다 넓다. 태평양은 지구에서 가장 큰 자연 환경이며 다섯 대륙에 인접해있다. 이곳은 물리적으로나 문화적으로나 최상급의 명칭을 상당수 부여받은

이누이트Inuit족의 목각지도. 이누이트족은 해안지대를 따라 항해할 때 이 지도를 손으로 만져 읽었다.

곳이기도 하다. 태평양 유역의 2만 5,000곳 이상의 섬에 사는 사람들의 언어만 해도 1,000개가 넘는다. 이곳의 수많은 섬에 정착한 사람들은 선사시대부터 항해를 시작했고 눈에 보이지 않는 먼 바다까지 나아가는 장거리 항해도 습득했다.

태평양은 일반적으로 세 구역으로 나뉜다. 멜라네시아Melanesia와 미크로네시아Micronesia, 폴리네시아Polynesia다. 멜라네시아는 뉴기니New Guinea섬에서 피지Fiji섬까지 뻗어 있고 호주 북동쪽에 위치하며 최초로 인간이 살았던 곳이다. 미크로네시아는 북쪽으로, 폴리네시아는 동쪽으로 뻗어 있는 곳인데 인간의 정착지가 된 것은 더 나중이었다. 일부 관측자들은 소위 '-네시아'라는 이름으로 태평양을 단 세 구역으로 분류하는 것은 지나친 단순화라 비판하지만 태평양에 사는 민족들은 사회적 혹은 역사적인 목적 때문에 이 분류법을 스스로 채택해 사용해왔다. 본디 태평양의 원주민들은 이 바다를 세 구역이 아니라 서로 연결된 다수의 바다로 파악했다. 태평양을 통합된 하나의 바다로 인식하는 현대적 개념은 이때가 아닌 15세기에서 18세기에 태평양을 알려는 유럽인들의 노력에서 유래했다.

태평양 군도에 인간이 거주하기 시작한 것은 4만 년에서 5만 년 전 사이이다. 당시는 해수면이 낮아 현재의 뉴기니섬과 호주가 사홀Sahul이라는 하나의 대륙 형태로 되어 있었을 때였다. 뉴기니섬의 동쪽 끝에는 비스마르크 제도Bismarck Archipelago가 솔로몬 제도Solomon Islands를 향해 뻗어 있었다. 이 지역은 '항해 양성소'라고 불렸다. 이곳에서 선원들이 처음에는 단거리 항해법을, 바다 경험과 기술이 늘면 그 다음에는 장거리 항해법을 배웠기 때문이다.

더 구체적인 이야기는 약 3,500년에서 4,000년 전에 시작된다. 멜라네시아에 '라피타Lapita'라는 이름의 문화권이 생겨났을 때다. '라피타'라는 이름은 고고학자들이 붙인 것이다. 이 문화권은 독특한 도자기 기술을 특징으로 하는 사회였다. 라피타족은 멜라네시아 전 지역을 이동하면서 정착촌을 만들었고, 돼지와 닭, 개와 같은 동물자원뿐 아니라 도자기와 다른 물건들도 실어 날랐다. DNA 분석을 통해 라피타족이 멜라네시아에 들어오기 전, 타이완으로부터 남쪽을 향해 필리핀 제도 쪽으로 이동했다는 사실이 밝혀졌다. 약 3만 년 동안 태평양에 인간이 정착할 수 있는 동쪽 한계선은 호주 외곽에 있는 솔로몬 제도로 알려져 있었지만 라피타족은 3,200년 전쯤에 이미 솔로몬 제도를 벗어났고 약 3,000년 전에는 멜라네시아의 동쪽 끝에 있는 피지에 당도했다. 피지까지 항해하려면 공해를 850킬로미터나 이동해야 했다.

미크로네시아와 폴리네시아는 멜라네시아 다음으로 정착지가 되었다. 물론 두 곳의 정착 시기는 거의 비슷했다. 피지에 도달한 지 몇백 년 만에 사모아Samoa와 통가Tonga 등의 정착지가 폴리네시아 구역에 등장했다. 미크로네시아에 최초로 당도한 사람들은 라피타족과 공통의 조상을 가진 부족이었으나 타이완이나 필리핀 제도에서 바로 온 부족들도 있었다. 미크로네시아에 두 번째로 도착한 부족은 멜라네시아에서 북쪽으로 이동한 라피타족 이주민이었다.

미크로네시아의 섬들은 남쪽 멜라네시아의 피지 군도나 동쪽 폴리네시아의 사모아와 통가 섬들보다 더 작고 서로 더 멀리 떨어져 있었다. 폴리네시아 구역에는 섬들이 4,000킬로미터에 걸쳐 분포하고 있었는데, 동쪽으로는 이스터섬Easter Island, 북쪽으로는 하와이Hawaii, 그리고 남쪽으로는 뉴질랜드에 의해 삼각형을 이루면서 수백만 평방킬로미터에 걸쳐 퍼져 있었다.

비교적 짧은 기간에 동족 집단의 구성원들이 이 모든 섬에 정착했다는 것은 놀라운 일이다. 산호섬(환초)지대에서 삶을 개척하려면 생활방식과 거주지뿐 아니라 사회조직 및 문화의 혁신 또한 필요했다. 태평양의 종족들은 새로운 섬에 정착하기 위한 항해에서 동물뿐 아닌 타로taro, 얌yams, 빵나무열매breadfruit, 바나나와 사탕수수를 가지고 다녔다. 최대 길이가 30미터나 되는 이중선체 선박은 단거리 이동에 무려 250명이나 되는 사람들을 운반할 수 있었다. 장거리 항해의 경우에는 이 배에 100여 명의 사람들과 새로운 섬에서 편안한 생활을 영위하는 데 필요한 수 톤의 물품과 동물까지 실을 수 있었다. 적응과 혁신은 정착민 공동체의 특징이었지만 생계 유지에 필요한 요소들은 정교한 정치 및 종교 체제 요소들과 함께 태평양 전역으로 확산되었다.

산호섬에서 생계를 유지하는 능력은 정착민의 환경 개조 활동뿐 아니라 어업과 양식 활동에도 기대고 있었다. 갯벌과 강어귀, 암초지대와 늪지대 등 육지와 바다 사이의 경계지대는 풍부하면서도 접근하기 쉬운 자원을 제공해주었다. 암초지대 주변의 어업과,

낚시도구를 만드는 기술 또한 풍부한 천연자원을 바탕으로 한 것이었다. 섬 주민들은 또한 (인공으로 조성한) 연못에서 물고기를 양식하는 법도 습득했다. 이 연못을 통해 주민들은 양식 해조류뿐 아니라, 수문 등 바다와 연못을 연결해주는 장치를 통해 들어오는 바닷물의 양분도 이용했다.

모든 섬이 생계유지 능력을 보유하고 있지는 못했다. 고고학 증거가 전혀 없는 점으로 보아 일부 섬에는 사람이 전혀 살지 못했거나 살려는 시도조차 없었다. 1789년에 일어났던 바운티Bounty호의 반란 당시 반란에 가담했던 선원들이 핏케언섬Pitcairn Island에 숨을 수 있었던 것은 당시 이곳이 무인도였던 덕이었다. 불가사의한 섬, 라파누이Rapa Nui 또한 비슷한 사례다. 서구인들에게는 이스터섬Easter Island으로 더 유명한 라파누이섬은 섬이 가진 생태상의 한계가 무엇인가를 드러내는 사례다. 라파누이섬의 주민들은 10세기 초반에 이곳에 정착해 문화를 번성시켰고 12세기에서 17세기 사이에는 거대한 석상을 만들어 세웠다. 모아이moai라 불리는 이 거대한 석상은 1722년에 삼림이 모두 사라진 이 섬을 발견했던 유럽 탐험가들의 수수께끼였다. 과거의 전문가들은 전성기 시절 이 섬에는 1만 5,000명의 주민이 살고 있었고 생태 재앙의 원흉은 인간이라고 생각했지만, 오늘날 일부 고고학자들은 이곳에 살 수 있던 최대 주민의 수는 고작 3,000명 정도였고, 섬에서 나무가 사라진 것은 인간의 활동 때문이 아니라 폴리네시아의 쥐들이 야자나무 씨앗을 갉아먹었기 때문이라고 추정하고 있다.

라파누이섬과 핏케언섬은 지구상에서 가장 먼 섬들이다. 이 특이한 섬들의 거주민과 달리 다른 태평양의 섬사람들은 인근 섬 - 때로는 꽤 멀리 떨어진 섬 - 공동체와의 접촉을 굳건히 유지하면서 교역에 종사하고 문화를 교류했다. 분명한 사례 하나는 트로브리안드 군도Trobriand Islands에서 뉴기니섬 동부까지 이어지는 쿨라 링Kula ring이라는 지역의 교환체계다. 여기에서는 납작하고 붉은 조개껍질 원판으로 목걸이를 만들어 시계방향 및 북쪽 방향에 있는 섬의 주민이 만든 흰색 조개껍질 팔찌와 교환했다. 캐롤라인 제도Caroline Islands의 야프Yap섬과 팔라우Palau섬에 대한 구술사 증거는 이 교역망의 역사가 최소한 열 세대 이상 거슬러 올라간다는 것을 보여주지만, 14세기나 더 빠르게는 12세기부터 이 관계가 시작되었다고 보는 학자들도 있다. 영국의 인류학자 브로니슬라브 말리노프스키Bronislaw Malinowski는 1922년에 발간한 『서태평양의 항해자들 The Argonauts of the Western Pacific』(전남대학교출판부, 2013)이라는 획기적인 저작에서 쿨라의 호혜 및 교환체계를 정치적 권위와 연계지어 설명했다. 그의 저작은 인류학 내 현장연구의 중요성을 부각시켰을 뿐 아니라, 태평양 문화권이 해당 지역의 바다를 점유하고 다양한 사회, 정치 지역을 가로질러 이들을 연결했다는 인식의 토대를 제공했다.

최근 인류학자이자 저술가인 에펠리 하우오파Epeli Hau'ofa는 유럽인이 만든 태평양 세계에 대한 인식의 틀을 깨고 태평양 섬 원주민들이 지켜온 세계관을 복원하고자 했다. 오세아니아인들, 즉 태평양의 부족들이 인식한 태평양 세계는 기존의 인식처럼 거대한 바다 위에 동떨어져 있는 작은 섬들이 아니었다. 하우오파가 1993년 발표한 유명한 글의 제목을 빌리자면 이들이 경험한 태평양 세계는 '다수의 섬과 바다seas of islands'다. 육지를 탈중심화하는 인식은 오세아니아인들의 우주론에 녹아들어 있다. 이들의 신화와 전설, 구술사가 묘사하는 땅은 바다와 지하세계, 하늘에 비해 미미한 부분에 불과하다. 오세아니아는 하늘과 땅, 바다, 그 너머까지 포함하는 물리적이자 영적인 공간이다.

하우오파의 이러한 통찰력은 과거의 인식에 국한된 것이 아니라 현대에도 큰 정치적 울림을 갖고 있다. 그는 태평양 군도가 작고 자원이 없어 경제 성장을 뒷받침하기에는 부족한 지역이라는 유럽인의 인식을 제국주의의 소산으로 정의했다. 이러한 유럽 중심주의적 해석은 태평양 지역의 사람들을 고립된 존재, 이들이 사는 작은 섬에 묶인 존재로 규정한다. 하우오파는 오늘날 오세아니아 지역에 살고 있는 평범한 사람들은 조상들 못지않게 제국이 그려놓은 경계선에 매이지 않는다고 주장한다. 오늘날 이곳의 사람들은 섬들과 본토 사이를 자유자재로 지나다니며 세계를 누비고 있고, 근면하게 부를 축적하고 자원을 수송하거나 교환하며 친족 네트워크를 실행하여 키우고 있다. 가령 건축 물자나 자동차는 대륙에서 섬으로 오고 섬에서 만든 공예품과 카바kava(남태평양에서 발견되는 뿌리식물), 말린 해산물이나 섬에서 나는 농산물은 대륙으로 간다. 하우오파가 단언하는 바에 의하면 "오세아니아 주민 복지의 대부분은 여전히 고대 조상들의 경로를 따르는 비공식적 이동에 의존한다."

　태평양 지역의 주민들은 기동성이 높다. 오늘날에는 비행기를 통해 이동하지만 과거에는 바다를 집처럼 여겼다. 지리학자 필립 스타인버그Philip Steinberg는 대서양과 인도양 주변의 문화권이 바다를 보는 시각을 미크로네시아 문화권의 시각과 비교 및 대조했다. 바다를 사회 밖의 동떨어진 공간으로 보았던 대서양 및 인도양 주변의 문화권과 달리 미크로네시아인들은 바다를 육지와 유사한 곳으로 인식했고 바다에 대한 통제를 육지 지배의 연장으로 여겼다. 특정 섬 주변의 바다는 다른 섬의 바다와 이어져 있었고, 그 사이에 무주지대**18**라고는 전혀 없었다. 이때 소유권은 추상적 성격의 소유권이 아니었다. 풍부한 어장이건, 원하는 교역이나 사회적 교류를 위한 섬들 간의 연계성이라는 속성이건 이들에게 풍부한 자원을 제공하는 바다는 구체적인 물적 대상이었다. 기존에 이용하던 어장은 더 나은 어장을 찾거나 어장에서 잡을 것이 없을 때 버려졌다. 수송에 대한 접근은 항해 지식의 관리를 통해, 특히 엘리트 선원들의 조직에 의해 통제되었다.

　사회 공간이자 이동 장소로서의 바다는 이렇듯 태평양 섬 주민들의 역사적 특징이다. 대부분의 섬의 역사는 섬의 발견과 정착에서 출발한다. 그리고 이들의 이야기에는 먼 곳, 대개는 서쪽에서

18　영토 소유권을 아무도 주장하지 않는 지대.

누군가 섬으로 오는 이야기가 등장한다. 심지어 기원신화에 지리적 요소가 등장하지 않는 폴리네시아 서쪽 사람들조차 자신들의 조상이 먼 곳에서 왔다고 생각한다. 폴리네시아의 항해 개념과 기술은 미크로네시아의 기술 및 개념과 비슷하며, 이는 태평양 전역에 사람들이 퍼져 사는 데 항해가 얼마나 중요했는가를 시사한다.

서구의 인류학자들은 오랫동안 태평양 주변과 태평양을 관통하는 지역에 사람들이 퍼져 나간 것이 우연의 결과인지 아니면 의도적인 항해의 결과인지를 놓고 논쟁을 벌여왔다. 이 논쟁에 대한 현실적 대응 한 가지는 이러한 선택지들이 상호 배타적이라는 오랜 가정에 의문을 제기하는 것이다. 우연한 표류가 일부 이동을 설명할 수 있지만, 컴퓨터 모델링에 근거한 연구 결과 이 지역 주민의 확산 단계들을 설명하려면 의도적인 항해 가설을 받아들일 수밖에 없다는 결론이 내려지고 있다. 1970년대 미크로네시아의 풀루와트 환초Puluwat Atoll 주민의 전통 항해를 연구했던 토머스 글래드윈Thomas Gladwin에 따르면, 1945년 이후로 바다에서 카누가 표류하는 일은 전혀 없었다. 전통 폴리네시아 항해 연구자이자 항해사인 데이비드 루이스David Lewis는 이 사례를 들어 장거리 항해가 섬들 간의 연계를 키워 주었을 뿐 아니라 의도적인 이주 또한 가능하게 했고, 우연한 표류가 성공적인 항해로 끝났을 가능성도 높여주었다고 주장했다.

오세아니아의 전통 항해는 별의 움직임, 상이한 계절의 날씨, 그리고 특정 동물의 습성을 습득하는 오랜 배움으로 구전된 개념과 기술에 의존하고 있다. 유럽의 항해와 달리 도구는 사용하지 않

2017년, 이중 선체로 된 폴리네시아의 카누 호쿨레아Hōkūle'a호 – 항해 문화와 지식을 복원하기 위해 1975년에 처음 진수되었다 – 가 3년간의 항해를 마쳤다. 호쿨레아호의 항해는 옛 기술과 현대 기술을 결합하여 말라마호누아Mālama Honua – 번역하면 '섬인 지구를 사랑하라'라는 뜻이다 – 를 고취시킨 행사였다.

는다. 일단 어디로 갈 것인지 이동 방향이 정해지면 배의 운행은 별이나 태양 혹은 파도 및 바람의 안내를 받는다. 별의 고정점을 이용하기도 하고, 배의 진로를 태양이나 특정 너울, 바람 쪽으로 향한 다음 일정한 각도에 맞추어 유지함으로써 목적지로 나아간다. 집으로 돌아오는 새들은 기민한 뱃사람들을 눈에 보이지 않는 섬으로 인도하며, 해류나 특정 구름 대형의 변화, 인광성燐光性19 동물 또한 섬이 다가왔음을 알려준다. 이 뱃사람들의 항해 지식에는 해수면과

19 해파리 같이 빛을 내는 생물(편집자 주).

하늘에서 얻은 정보뿐 아니라 때로는 바다 아래에서 얻은 정보도 포함되어 있었다. 선원이 카누 바닥에 책상다리를 하고 앉거나 아예 누워 무역풍이 일으키는 파도를 몸소 느끼고 수면의 해류 밑에서 우르릉거리는 소리를 통해 먼 곳의 폭풍우를 느끼는 일 등이 그 사례다.

항해와 연구를 겸업하는 전문가들은 1960년대부터 전문 항해사들과 구술사를 함께 연구하고 검토함으로써, 그리고 현대적 선박뿐 아니라 전통 선박을 복제한 배를 이용하여 실험 항해를 해봄으로써 태평양 항해의 비밀을 알아내려 노력해 왔다. 예로부터 바다에서 길을 찾아다니는 카누를 만드는 지식과 기술은 기밀의 대상이었고 이 기술은 각 섬 공동체의 지위가 높은 권력 집단 사이에서 엄중하게 보호되었다. 현대의 연구자들은 장거리 항해를 실행한 적이 있거나 여전히 실행하고 있는 섬 주민을 찾아냈다. 여러 학자들이 찾아낸 히푸르Hipour가 주인공이다. 히푸르는 미크로네시아의 항해 장인master navigator으로서, 그가 서구의 학자들에게 항해를 가르쳐준 이후 전통적인 태평양 항해에 대한 관심이 촉발되어, 오세아니아의 캐롤라인 제도 등에서 장거리 항해에 관련된 교육이 부활했다. 테바케Tevake라는 이름의 폴리네시아 항해사는 보이지 않는 섬들을 정확히 집어가며 하늘 한 번 쳐다보지 않고 72킬로미터의 바닷길을 지나 목표지점에 상륙했다.

학자들이 결론을 내린 바에 따르면, 태평양의 항해 장인들은 훈련 동안을 제외하고는 자기 일과 관련된 작업을 구분하거나 체계화하지 않았다. 이들은 '경로를 따라 배를 조종하거나' '위치를 고정시키는' 대신, 별과 파도의 움직임, 해상 동물에게 얻은 정보로 목적지에 도착할 수 있는 최상의 전략, 정확한 위치와 궤적을 습득했다. 항해사이자 제사장이었던 투파이아Tupaia는 폴리네시아인으로, 1769년부터 1770년까지 뉴질랜드와 호주까지 가는 제임스 쿡James Cook 선장의 탐험대의 선원이었다. 당시 그는 항해 내내 고향 섬의 방향이 어디인지 정확히 짚어냈고, 하와이와 뉴질랜드를 제외한 태평양 모든 섬 지역을 환히 꿰뚫고 있었다. 항해술은 섬 공동체의 사회구조에 뿌리박고 있었을 뿐 아니라, 투파이아의 지위가 암시하는 바대로 종교적인 신앙과도 관련이 깊었다. 항해는 태평양 종족들과 바다 간의 밀접한 연계성 – 물리적인 동시에 문화적인 성격의 연계성 – 을 표현하는 상징이었다.

하지만 태평양 섬 지역의 주민들은 다수의 섬과 바다를 보고 살았기 때문에 거대한 하나의 바다를 전체적으로 표현하는 개념이나 단어는 갖고 있지 않았다. 바다 세계에 대한 그들의 문화적 인식은 많은 수의 섬들에 의해 생겨났는데, 어쩌면 그것이 그들로 하여금 태평양의 광대함에 무뎌지게 만들었을 지도 모른다. 반면 처음에 태평양을 하나의 드넓은 바다라고 여겼던 유럽인들은 나중에 이곳을 텅 빈 공간으로 여기게 되었는데, 아마도 이들이 오세아니아 사람들이 오랫동안 알고 살아왔던 모든 섬들을 찾아내는 데 장장 400년이 넘게 걸렸기 때문일 것이다.

태평양 섬의 주민들은 자신들의 세계를 '다수의 섬과 바다'로 인식했던 반면 태평양 연안에 접해 있는 많은 국가의 사람들은 태평양을 다수의 바다가 하나로 연결된 공간이라 생각했다. 일본도 예외가 아니었다. 일본은 태평양의 일부로 간주되기도 했고 또 아닌 것으로 간주되기도 했다. 구석기 이후 일본인들은 바다에 크게 기대는 생활을 영위해왔다. 특히 산악지형이 넓게 분포되어 있고 민물이 별로 없던 일본의 지형은 농업과 내륙 어업의 장애 요인이었다. 조개와 해초, 풍부한 연어자원이 생계수단을 제공했고, 육류와 해변에 좌초된 고래는 하늘에서 내려온 선물 대접을 받았다. 속을 움푹하게 파 낸 일본의 배는 보석과 이국적인 조가비의 교역망을 발전시켰고, 해안 수송 수단도 제공해주었다. 계절이동은 생계용 식량자원을 구할 확률을 최대화해 주었다. 훗날에는 뼈와 뿔로 만든 작살과 낚싯바늘, 점토 추를 단 그물 덕에 물고기와 해양포유류, 조개, 해초를 충분히 잡을 수 있게 되었다. 일본의 초기 어업문화는 유라시아 북극 아래에 있는 지방의 문화와 비슷했던 반면 훗날의 혁신은 말레이시아와 중국의 영향을 받았던 듯하다. 중국과 마찬가지로 일본에서도 물고기는 오랫동안 행운과 번영의 상징으로 간주되었다. 어업과 해양자원의 다른 쓰임새 또한 일본 문화와 경제에서 지속적인 중요성을 띠고 있었다. 심지어 약 1,000년 전 쌀 재배에 기반을 둔 농업 문화가 본격적으로 성장하기 시작한 후에도 사정은 비슷했다.

다른 지역과 마찬가지로 일본과 바다 사이의 가까운 관계를 전하는 이야기도 아주 먼 옛날로 거슬러 올라간다. 일본인들의 독특한 관행들이 입증하듯 이들 또한 바다를 잘 알고 있었다. 가마우지를 이용한 낚시, 그리고 해녀의 탁월한 잠수는 인간과 심해의 관계 차원을 확장시켰다. 일본인들은 7세기에 이미 가마우지를 이용하여 물고기를 잡았다. 가마우지라는 새가 잠수로 물고기를 잡는다는 것, 물갈퀴가 달린 발과 날개를 이용하여 심해 최대 45미터 깊이까지 들어갈 수 있다는 것을 알고 있었기 때문이다. 새를 이용하여 물고기를 잡는 관행은 페루와 지중해 연안에서도 독립적으로 발전

가츠카와 슌센과 가와구치야 우헤이의 채색 목판화. 밤에 가마우지 낚시를 하는 여성들을 그린 그림(1800-1810). 한 여성은 키를 잡고 있고 또 한 여성은 아이에게 젖을 먹이고 있다. 둘 다, 횃불을 든 채 가마우지 세 마리에 연결된 끈을 잡고 있는 세 번째 여성을 바라보고 있다.

한 듯 보이며, 오늘날에도 일본의 나가라長良강에서는 여전히 가마우지 낚시가 이루어지고 있다. 낚시 명인은 밧줄로 새를 조종하고 새의 목에 끈을 감아, 새가 물고기를 잡아도 삼킬 수 없게 한다. 원래 생계용 낚시법이었던 일본의 가마우지 낚시는 국가가 승인하는 어업활동이 되었고 매년 처음 잡은 물고기는 수도首都로 보내졌다.

해녀의 물질은 약 2,000년 전부터 일본 해안 마을에서 전승되었다. 해안 마을의 해녀들은 숨을 참고 바다로 들어가 육지의 수확물을 보충할 물고기를 낚았다. 처음에는 남자와 여자 모두 조개류와 해초, 문어, 성게, 생선 등을 낚았지만, 점차 조개류와 해초를 잡는 잠수는 여자들의 몫이 되었다. 해녀들은 숨을 참는 기술과 잠수법을 발전시켰다. 숨을 참는 최장시간은 2분이었고, 이들이 들어갈 수 있는 가장 깊은 수심은 30미터였다. 물론 해녀들이 주로 잠수를 했던 깊이는 대개 9미터 정도였다. 어업은 8세기에서 12세기 사이 어느 시점엔가 생계형에서 수출용 전복채취 쪽으로 방향이 바뀌었다. 일본 해안가의 선사시대 흙무더기에서 발견된 전복은 신들에게 바치는 공물로서 오랫동안 종교적으로 중요시되었고 점차 문화적으로도 중요한 산물이 되었다. 말린 전복은 17세기부터, 전복을 귀하게 여겼던 중국으로 보내는 주요 수출품이 되었다. 19세기 말, 해녀들이 돌보는 양식진주 산업이 생겨났고, 이들의 잠수 공연 또한 관광업으로 부상했다.

가마우지 낚시를 비롯한 바다 관련 지식에 기댔던 일본의 해양 전통은 중국을 통해 확산된 것이다. 중국도 인구밀도가 높아 오랫동안 민물 어업을 활용했고 약 1,400년 전부터는 양식업도 발전했다. 중국은 일본보다 내륙 영토가 훨씬 넓었지만, 중국의 해안지역은 애초부터 바다로 나아가기 위한 전초기지였다. 심지어 거대한 제국이 내륙의 영토를 발전시키는 데 집중을 할 때도 마찬가지였다. 육지 지향적인 리더십과 바다 지향적인 해안 리더십이 공존했다는 점에서 중국은 인도양 사회와 비슷했다. 해안을 중심으로 한 어업은 아주 오래전부터 실행되었지만 해적이나 태풍 때문에 잘 이루어지지 않는 경우가 많았다. 통나무 속을 파내어 만든 카누는 태평양 다른 지역에서 널리 사용되었지만 중국에서는 발달하지 못했다. 그래도 강에서 쓰이는 뗏목에서 유래했을 가능성이 높은 항해용 정크선[20]은 1000년이 되기 전에 이미 등장했다.

5세기와 6세기 무렵, 중국의 상인들은 광둥廣東과 다른 수출입 항을 통해 인도양 무역에 종사했지만, 정부가 해군을 조직하여 해상권을 행사한 것은 12세기나 되어서였다. 중국이 나침반을 발명한 것은 기원전 200년경이었지만 바다 항해에 나침반을 처음 쓰기 시작한 것은 그로부터 1000년이 지나서였다. 중국의 선박들은 이 나침반뿐 아니라 아랍과 페르시아 항해사들에게서 차용한 그 밖의 항해용 도구와 기술에 힘입어 인근 지역들과 조공 관계를 맺기 시작했다.

15세기 초반기에 중국은 동남아시아와 인도, 최종적으로는 페

20 사각형 돛을 달고 바닥이 평평한 중국 배.

르시아만과 아프리카까지 가는 주요 항해를 지원했다. 이 야심찬 항해를 시작했던 황제는 영락제永樂帝라 알려진 인물로서 대운하[21]와 만리장성을 확장했고, 몽골족에게 명 왕조의 위세를 과시하기 위해 내륙 사업뿐 아니라 해양 사업도 추진했다. 중국은 과거 수백 년 동안 이미 해상 교역을 적극적으로 수행해왔을뿐더러 해군 기술과 선박 건조에서도 세계를 주름잡고 있었다. 이 당시 이루어진 혁신으로는 방수 구획과 조종타를 갖춘 배를 건조한 것, 뱃사공을 돛대와 돛으로 대체한 것, 화물을 위한 공간을 따로 마련한 것 등이 있다. 11세기와 12세기 무렵, 중국의 선박 건조업자들은 이미 아랍의 혁신적인 기술을 채택했을 뿐 아니라 대형 삼각돛까지 차용함으로써 바람을 안고 가거나 거슬러가는 항해의 효율성을 높일 수 있었다. 이들의 항해 지침서에는 새로운 별자리표가 들어 있었고 나침반 방위까지 표시되어 있어 날씨가 맑을 때 항해에 도움을 주었다. 이러한 혁신의 대부분은 유럽에 전파되기 전 이미 중국에서 약 1,000년 동안 이용되고 있었다.

　황제는 중국을 둘러싼 바다로 나갈 결정을 내렸고 자신이 신뢰하던 출중한 환관 정화鄭和[22]를 선택했다. 정화는 뛰어난 군 장교이자 외교관이었다. 정화는 윈난성雲南省 출신으로 어렸을 때 붙잡

---

21 중국 톈진天津에서 항저우杭州에 이르는 세계 최장 수로.
22 윈난성 출신의 이슬람교도로, 영락제 때 중용되어 대원정을 감행하여 동남아시아, 인도 남해안, 서남아시아의 여러 지역을 원정한 인물. 중국의 조공무역에 기여했다.

혀 와 거세를 당한 후 왕을 보좌했다. 정화는 영락제 재위 2년째 되던 해인 1403년에 함대 조직을 감독하고 항해를 이끌라는 명령을 받았다. 1차 항해는 2년 후에 이루어졌고 정화의 함대는 베트남과 태국, 자바섬을 방문한 다음 캘리컷Calicut(코지코드Kozhikode)에 도착했다. 함대는 교역과 외교를 위해 그곳에 머물렀고, 봄철 계절풍으로 날씨가 바뀌기를 기다리다가 1407년에 순풍을 이용하여 중국으로 귀환했다. 2차 항해는 첫 번째 항해에서 돌아온 직후에 이루어졌는데, 다시 캘리컷으로 가서 새 군주의 즉위식에 참석했다. 3차 함대는 1409년에 출발했다. 두 번째 항해에서 돌아온 해에 다시 떠난 것이다. 이번에는 잠시 들르는 기항지로 말레이시아의 말라카Malacca와 실론Ceylon(스리랑카)을 추가했다. 세 번째 항해에서 돌아온 지 2년 후인 1413년, 4차 항해를 위한 함대는 더욱 야심찬 목표를 품고 출발했다. 주력함대는 페르시아만의 항구인 호르무즈Hormuz에 도달했고 파견함대는 아프리카 동부해안을 따라 남쪽으로 가서 모잠비크Mozambique 인근까지 가 닿았다.

모든 항해의 목적에는 교역과 조공관계 확립이 포함되어 있었다. 당시 이동했던 거리보다 더 인상적인 것은 파견된 함대와 선박의 규모였다. 최초의 항해에는 300척 넘는 배가 동원되었고, 그중 60척은 121미터가 넘는 길이에 돛대가 9개나 달려 있었다. 이 거대한 보물선은 외국의 강대국들에게 명 왕조의 압도적인 기술과 부를 과시하기 위해 만들어졌다. 수백 대의 더 작은 선박이 동행한 함대는 비단, 도자기, 차와 철 같은 선물뿐 아니라 대포와 말, 병력도 실어 날랐다. 외국의 사신들도 종종 이 보물선을 타고 중국의 수도에 함께 돌아왔다. 이러한 많은 공직자들은 제5차 항해에서 자기 나라로 돌아갔다. 5차 항해의 선단은 홍해 입구의 아덴Aden만을 거쳐, 아프리카 동부 해안에 다시 방문했다. 6차 항해 때는 마침내 모잠비크에 도착했다. 중국 함대가 가 본 최남단 지역이었다.

영락제는 6차 함대가 돌아오고 2년 후에 사망했다. 바다로 나아가는 정책은 궁정 내 찬성파에게는 인기가 있었지만 과도한 비용을 비판하는 보수 세력의 반대에 부딪혔다. 왕위를 물려받은 영락제의 아들은 항해를 취소했지만 곧 사망해버렸고 할아버지의 정

중간 크기의 보물선 모형(길이 63.25미터). 정화鄭和의 함대를 기념하기 위해 콘크리트와 목재를 사용해 2005년도에 건조되었다. 중국 난징의 보물선 조선소에 위치해 있다.

책에 우호적이었던 손자 선덕제宣德帝는 7차 항해를 지시했다. 7차 항해는 1430년에 진행되었다. 정화는 7차 항해 마지막 구간 항해를 하던 중에 – 혹은 항해를 끝낸 직후 – 사망했고, 사망하기 전 6차 항해까지의 상륙지와 업적을 후손에게 남기기 위해 기둥 모양의 돌에 그것들을 새겨 넣었다. 정화가 죽은 이후 바다에 중점을 둔 교역과 탐사가 쇠퇴하면서 항해는 더 이상 이루어지지 않았고 바다로 나가는 배들은 파괴되었다. 돛대를 두 개 이상 단 배를 건조하지 못하게 하는 금지 조치까지 제정되었다. 3,000척이 넘는 배를 자랑했던 중국 해군은 이제 더 이상 존재하지 않게 되었다. 내륙으로 돌아선 중국이 20세기까지 이 찬란하고 매력적인 항해의 기억을 대부분 잊어버렸기 때문이었다.

역사학자들은 '만약 어찌어찌했더라면' 따위의 가정을 좋아하지 않지만, 그래도 만일 중국이 해양 탐사를 계속했고 유럽인들이 보물선이나 거대한 장비가 잘 갖춘 중국의 함대를 우연히 만났다면 어떤 일이 벌어졌을지 상상해보면 꽤 흥미롭다. 하지만 15세기 초기에 이루어졌던 정화의 항해와, 같은 세기 후반에 포르투갈의 탐험으로 시작된 유럽인의 해양 탐험 간의 뚜렷한 차이를 인식하는 것역시 중요하다. 사실 중국의 화려한 함대는 미지의 영토를 탐험한 것이 아니라 중국 상선들이 구축해 둔 경로를 따라간 것이다. 항해의 주된 목적은 교역이 아니라 중국의 세와 독창성, 부를 과시함으로써 명에 조공을 바치도록 하는 것이었다. 중국이 바다를 버리게 된 과정에 얽힌 사연들은 해양문화로서의 정체성을 수용할 것인가, 아니면 격리를 통해 육지 영토 보전에 집중할 것인가를 둘러싼 투쟁이 존재했음을 드러낸다. 중국인들의 사례가 보여주는 바대로 바다와 관련된 지식과 그 이용은 문화적인 의도와 선택, 그리고 욕망의 산물이다. 중국 왕조의 야심 때문에 정화의 함대는 항해에 성공하기 위해 지식과 기술을 찾아다닐 수밖에 없었다. 또 한편으로 그 지식과 기술은 중국 교역상과 선박 건조자, 그 외 다른 이들이 과거에 바다를 먼저 이용한 덕에 손쉽게 구할 수 있던 것들이다.

인간은 생계와 운송 때문에 늘 바다와 연을 맺어왔다. 상이한 문화권마다 바다와 독특한 관계를 발전시켰고 이러한 관계는 지리뿐 아니라 바다에서의 경험과 해양자원의 이용에 의해 형성되었으며, 바다에 대한 지식과 상상력도 포함되어 있었다. 바이킹은 항해활동을 내해에 국한된 것으로 이해했다. 드넓은 바다를 내해로 보는 시각 덕에 이들은 막막한 대서양을 건널 수 있었다. 오세아니아인은 태평양을 거대하고 텅 빈 공간으로 보았던 유럽 탐험가들과 달리 다수의 섬과 다수의 바다들이 존재하는 공간으로 여겼다. 육지 지향적인 중국을 포함하여 전 세계 문화권들은 바다와 꽤 밀접한 관계를 맺고 있었다. 이러한 인연은 꽤 먼 옛날까지 거슬러 올라가는 것으로서 각 문화권의 다양한 문화의 형성에 근본적인 영향을 끼쳤다. 15세기 내내 항해를 하던 사람들과 해안지역의 사람들 모두 서로 육지와 해저분지, 심지어 연결된 바다까지 망라하는 관계망을 형성했다. 이 시기 이후 항해사들은 지구의 모든 바다가 연결되어 있다는 것을 발견할 참이었고, 이전의 사람들이 바다와의 관계에서 가졌던 모습, 다시 말해 바다를 알고 이용하기 위해 경험과 상상력을 결합하는 진취적인 모습을 통해 지구 전체를 아우르는 세계를 창조해냈다.

3장   # 바다는 하나로 이어져 있다

조수의 썰물과 밀물의 신비한 흐름을,

우리는 예술로 생각하게 되리라.

바다 위로 길이 지나가는 만큼,

바닷길도 육지의 길만큼 알게 되리라.

－존 드라이든John Dryden,

〈기적의 해Annus Mirabilis〉(1667)[1]

1　흑사병과 전쟁에서 대화재까지 일 년 내내 재난이 계속됐던 1666년 한 해를 가리켜 불길한 숫자(666)의 해였음에도 그 정도 재난만 닥친 것은 기적과도 같은 일이라는 내용을 담고 있는 시.

해안 민족들은 늘 바다와 함께, 바다에 의존해 살아왔다. 바다의 자원을 끌어들였고, 물자를 수송하며 문화 정체성을 형성하는 데도 바다를 이용했다. 15세기 초 중국 함대가 동아프리카와 페르시아만까지 갔음에도 불구하고 항해나 지리적 상상력이 전 지구적 규모로 확장된 것은 15세기와 16세기에 이르러서였다. 이토록 확장된 시야를 갖게 된 주인공은 유럽인들이었고, 이들은 교역과 식민지 건설을 통해 부를 찾아 자신들의 연안과 해저분지를 넘어 전 세계로 뻗어 나갔다. 소위 '위대한 발견의 시대'인 이 시기에 대한 전통적 해석에 따르면 유럽 탐험가들의 동기는 미지의 땅 혹은 갈망의 대상이었던 동양의 향신료 같은 귀한 상품을 찾는 것이었다. 탁월한 해양 역사학자인 J. H. 패리J. H. Parry는 기념비적 저서 『바다의 발견The Discovery of the Sea』(1974)에서 이 '위대한 발견의 시대'에 해상경로에 대한 지식이 산출되었다는 견해를 내놓았다. 탐험가들의 업적이 지닌 독창성과 의의는 신대륙의 발견이 아니라, 인간이 살고 있는 알려진 땅을 바닷길로 연결한 데 있다는 것이다. 진정한 의미의 새로운 발견은 육지의 발견이 아니라 바다의 발견이었다. 지구상의 모든 바다가 하나로 이어져 있다는 인식, 그리고 얼음으로 뒤덮이지 않은 모든 바다 사이를 이동하는 방법에 대한 지식이 이 시대의 진정한 소산이라는 뜻이다. 포르투갈의 해양탐험가들은 이러한 시각을 중심으로 아프리카를 돌아 인도양, 더 나아가 극동까지 가는 해상 항로를 발견했고, 콜럼버스Columbus의 중요한 발견은 경계가 분명한 해양분지를 가로지르는 왕복 항해의 가능성이었다. 역사상 미크로네시아인들이나 바이킹 같은 많은 부족의 해양 활동을 바다의 '발견'이라고 말하는 것은 무의미하다. 그러나 근대 서양의 역사에서는 바다의 발견이야말로 근원적인 중요성을 지닌다. 바다를 하나의 세계로 보는 인식이야말로 전 세계에 경제, 기술, 문화 네트워크를 창조했던 유럽 국가들의 세력 확대와 제국주의의 토대였기 때문이다.

15세기 중반, 오스만투르크족Turks이 콘스탄티노플Constatinople을 함락하면서 유럽인들은 지중해 동부에 접근할 수 없게 되었고, 극동지방과의 교역로가 막힌 유럽인들은 다른 경로를 탐색할 수밖에 없었다. 이러한 상황이 유럽인의 해상탐험의 동기였다. 이 무렵 바다와 강의 물길이 결합되면서 유럽 전 지역이 연결되었고, 이는 교역품과 사상, 그리고 흑사병 – 유럽 인구의 3분의 1을 사망에 이르게 한 병 – 을 유발시킨 선페스트bubonic plague를 비롯한 세균의 수송을 용이하게 만드는 결과를 낳았다. 남부와 북부 유럽을 이어주는 광활한 교역망으로 해상무역이 활발해지면서 이탈리아의 항구도시들과 한자동맹의 도시들, 그리고 상인 공동체의 정체성이 형성되었다. 몽골제국이 해체되고 흑사병이 확산되면서 육상 교역로였던 비단길이 붕괴되고 엎친 데 덮친 격으로 지중해 해적까지 세를 확대하면서, 잉여자본을 가진 유럽의 상인 세력은 서둘러 다른 교역로를 찾아야 했다.

1560년대 포르투갈의 소형 범선.

포르투갈의 해양 탐험가들은 1419년에 아프리카 북서쪽 연안을 따라 연안 항해를 시작했다. 이 항해를 진두지휘한 인물은 포르투갈의 엔히크 항해왕자Henry the Navigator**8**였다. 이들은 곧 마데이라Madeira섬과 아조레스Azores섬에 당도했다. 15세기 중반에는 조종이 편한 소형 범선이 항해 수단으로 채택되었다. 소형 범선은 얕은 물

8 포르투갈 아비스가의 왕자로서 포르투갈 제국 초창기의 주요 인물. 아프리카를 돌아 아시아로 나가는 항로 개척을 지원했다.

에도 잘 떴기 때문에 연안 해역을 운항하기에 효율적이었다. 유럽의 성공적인 항로 개척의 원인이 기술이나 지식 때문이라고 생각하면 좋겠지만, 정화의 함대 역시 대동소이한 배와 장비, 항해 지식을 갖추고 있었다는 사실을 떠올려보라. 결국 유럽의 항로 개척을 가능하게 한 것은 다른 요인들이었다. 포르투갈의 경우, 이러한 요인으로 레콩키스타Reconquista라는 영토회복 전쟁**3**에서 비롯되어 팽창주의 이슬람교도를 누르려 했던 기독교의 호전성, 아프리카 연안 지역의 금과 노예무역의 엄청난 유혹, 경작지와 식량의 만성적 부족, 그리고 궁극적으로는 극동지역의 매혹적인 향신료를 꼽을 수 있다.

거대한 바다의 발견이 이루어지려면 유럽 선원들은 연안 항해를 포기하고 공해로 나아가야 했다. 포르투갈인들은 1434년에 보자도르곶Cape Bojador**4**을 돌아가는 항해에 성공함으로써 서아프리카 연안 탐사의 길을 열어젖혔다. 아프리카 서부의 기니만Gulf of Guinea은 포르투갈 노예무역의 본거지로, 무풍지대에 속하기 때문에 이곳을 지나는 선박은 해류의 도움을 받지 못하고 몇 주간 무기력하게 표류하곤 했다. 게다가 남부 연안으로 가는 길목의 바람과 해류는 탐험가들이 향하는 방향과 정반대 방향으로 불고 흘렀다. 이러한 상황을 고려하면 서아프리카의 항로 개척은 상당한 심

---

3 8세기부터 15세기까지 스페인의 기독교도들이 이슬람교도에 대하여 벌인 영토회복운동.
4 아프리카 사하라 서부에서 대서양에 돌출한 곳.

리적 장벽을 극복한 성과였다. 리스본에서 서아프리카의 황금해안 Gold Coast, 상아해안Ivory Coast, 그리고 노예해안Slave Coast까지 가는 항로를 숙지한 후 대담해진 포르투갈 선장들은 자신들의 항해기술과 자신감을 아프리카 해안을 벗어나 인도양으로 향하는 긴 항해 경로를 찾는 데 적용했다. 포르투갈 선원들의 축적된 지리 지식을 물려받은 바스쿠 다 가마Vasco da Gama는 항상풍恒常風5을 타고 리스본에서 카보베르데 제도Cape Verde Islands6까지 간 다음 중간 지역인 기니만의 엘미나Elmina(상 조르제 다미나São Jorge da Mina[상조르제 성])를 거치지 않고 최남단인 희망봉Cape of Good Hope까지 직행했다. 엘미나는 오늘날의 가나Ghana 지역으로 황금해안 최초의 교역 중심지였고, 곧이어 대서양 노예무역의 중심지가 된 곳이다. 바스쿠 다 가마의 항로는 수백 년 동안 대서양에서 인도양으로 가는 표준 항로가되었다. 기니만을 건너뛰고 항해를 한 덕에 포르투갈 선원들은 해안에서 계속 멀어질 수 있었고, 이 항해는 인도에 가서 향신료 무역 경쟁에 뛰어들겠다는 새로운 목표의 신호탄이 되었다.

1497년에 바스쿠 다 가마는 희망봉을 돌아 인도양에 진입했고 마침내 인도까지 가는 횡단에 성공했다. 이 성과는 대부분 그가 마지막 항해를 떠나기 전 동아프리카에서 만났던 박식한 이슬람 수로안내인의 전문성 덕분이었다. 유럽 해양 탐험가들의 성공은 대개 아프리카와 중국 사이의 바다를 건너기 위해 무역풍을 타는 법

---

5 일정 지역이나 위도지역에서 거의 일정한 방향으로 부는 바람.
6 아프리카 최서단 대서양에 있는 제도.

을 익혔던 인도양의 선원들처럼, 바다와의 끈을 놓지 않았던 문화권에 소속된 사람들의 기술과 지식에 빚진 것이었다. 유럽인들이 지식을 얻는 데는 전문 선원뿐 아니라 1512년에 포르투갈의 한 선장이 보았던 자바섬의 해도와 같은 아시아의 지도 또한 한몫을 했다.

다 가마가 지휘했던 선단은 소형 범선 한 척과 큰 함선 세 척으로 이루어져 있었다. 근대 시기까지만 해도 '배ship'라는 단어는 선박 일반을 가리키는 용어가 아니라 돛대 세 개에 모두 가로돛(배의 돛대와 직각을 이루고 모양은 사각형에 가까운 돛이었다.)을 단 특정형태의 함선만 가리켰다. 소형 범선은 함선보다 작았고 배의 중심축에 큰 삼각돛이 달려 있었다. 배의 앞부분에서 뒷부분까지 세로로 설치한 돛은 바람과 반대방향으로 항해하는 연안 항해에는 잘 맞았지만 삼각돛이 너무 커서 다루는 데 사람이 많이 필요했다. 가로돛은 바람을 타고 항해할 때 소형 범선보다 더 편리한 것으로 입증되었다. 바다를 가로질러 무역풍을 따라 가는 선박에 꼭 필요한 사양이었다. 가로돛은 또한 각 돛대마다 여러 개의 돛이 달려 있는 형태로 되어 있었고, 각 돛은 삼각돛 배에 단 큰 돛보다 적은 수의 선원들이 다룰 수 있을 만큼 크기가 작았다. 중요한 것은 대형 함선이 소형 범선보다 선원, 식량, 물, 총, 교역할 물품을 실을 만큼 충분히 큰 용량을 갖고 있었다는 점이다.

포르투갈의 중국 항로 개척과 쓸 만한 교역상품의 발견은 이들의 발견이 근본적으로는 바다의 발견이었다는 패리의 주장을 뒷받침하지만, 콜럼버스가 발견한 것이 그가 원래 찾던 극동 지방의 섬들이 아니라 신세계라는 이야기도 과연 그러할까? 콜럼버스는 이탈리아의 도시국가 제노바Genoa 출신의 성실하고 기량이 뛰어난 항해사였다. 그는 용의주도하게 모은 정보를 바탕으로 서쪽으로 항해를 계속하면 동쪽에 도달할 수 있다고 믿었다. 콜럼버스가 수집한 자료에는 지구를 구로 묘사한 프톨레마이오스Ptolemy의 이론을 비롯하여 고대 그리스인이 새로 발견한 지리학 지식과 대서양 항해자들이 집적해놓은 경험이 망라되어 있었다. 콜럼버스는 이 자료를 통해 사르가소해Sargasso Sea7를 알게 되었다. 사르가소해 동쪽의 카나리아 제도Canaries와 아조레스 제도Azores, 마데이라 제도Madeira가 발견되면서 서쪽에 위치한 육지와 섬에 대한 전승이 입증되는 듯 보였다. 성 브렌단St. Brendan의 항해 이야기나 일곱 개 도시의 섬에 대한 중세의 이야기들은 두려운 망망대해로 향하는 항해자들에게 위안을 주었다. 콜럼버스는 공해를 건너기 위해 추측항법dead reckoning('추정deduced reckoning'이라는 말에서 왔다.)이라는 항해기법을 차용했는데, 이는 나침반의 기수방향을 유지하면서 이미 지나온 거리를 바탕으로 가야 할 거리를 추정해 항해하는 방법이다. 콜럼버스가 중국까지 가는 서쪽 항로가 실제보다 더 짧다고 생각한 것은 지구의 둘레를 잘못 파악했기 때문인데, 이러한 오류는 오히려 동

---

7 북위 20~40°, 서경 30~80°의 북대서양 중앙부에 위치하는 바다로서 해안이 없다. 모자반류sargassum가 풍부한 데서 명칭이 유래했다. 북대서양 해양순환의 중심 가까이 있기 때문에 흐름이 거의 없으며, 버뮤다 삼각지대도 이 해역에 위치해 있다.

양과 교역할 항로를 찾겠다는 그의 목표만 더 두드러지게 보여줄 뿐이다.

　콜럼버스의 탐험이 지니는 역사적 의의에 대한 전통적인 해석은 그의 탐험이 남북 아메리카 대륙을 구세계, 즉 유라시아 구대륙과 이어주었다는 것이다. 콜럼버스 교환Columbian Exchange이라는 말이 있다. 신세계와 구세계가 사람과 동물과 식물과 병균을 교환했으며 이러한 교환이 전 세계를 영원히 뒤바꿔 놓았음을 나타내는 개념이다. 실제로도 그러했다. 그러나 정작 콜럼버스는 자신이 도달한 땅이 유럽인이 알고 있는 땅이라는 확신을 버리지 않았다. 그의 뒤를 따랐던 다른 탐험가들은 콜럼버스가 발견한 새로운 땅을 서둘러 탐사하려 하지 않았다. 오히려 동방에 집중하는 태도를 견지했던 그의 후계자들은 처음에는 신대륙을 돌아 동방으로 가는 길을 찾는 데 주력했다. 탐험가들은 카리브해 제도의 섬들 사이로 가는 항로를 찾으려 했다. 카리브해에서 체서피크Chesapeake만을 지나 북아메리카 북서부의 빙해 지역에서 남쪽으로 직진하면, 선원들이 선호했던 서쪽의 열대나 온대 항로를 가로막는 불편한 땅덩어리를 거치지 않을 수 있다고 생각한 것이다.**8** 페르디난드 마젤란 Ferdinand Magellan 역시 대서양을 남쪽으로 직진하여 신대륙 남단을 돌아 태평양 항로로 들어선 바 있다. 유럽인들이 바다를 발견하는 데 있어 콜럼버스의 중요한 공헌은 신세계를 만난 것이 아니라, 등

8　대서양에서 북아메리카의 북쪽 해안을 따라 태평양에 이르는 북서항로를 가리킨다.

골이 서늘하게 무서웠던 대서양이 망망대해가 아니라 경계가 있는 유한한 공간이라는 새로운 인식을 탄생시킨 것이었다.

대서양을 누볐던 스페인과 포르투갈의 해상활동은 바다에 대한 이 시대 서구인들의 시각을 이해할 수 있게 해 준다. 두 해양강국은 장거리 교역에 대한 통제권을 놓고 지정학적 분쟁에 휘말렸고 분쟁 해결을 위해 가톨릭교회로 향했다. 교황의 칙서와 조약들은 카포베르데 제도 서쪽에 북극에서 남극까지 가상의 선을 그은 다음 포르투갈에게는 아프리카 해안을 탐사할 수 있는 권리와 인도까지 가는 동방 항로를 개척할 독점권을, 스페인에게는 먼 동방으로 가는 대서양 서쪽 항로와 다른 서쪽 항로를 주었다. 일부 학자들처럼 1494년의 토르데시야스 조약Treaty of Tordesillas을 세계의 분할 혹은 바다라는 영토를 분할한 조약으로 해석하기가 쉽다. 그러나 이 조약은 바다를 주권의 대상인 영토로 해석한 것이 아니라, 두 방향의 항로를 할당한 조치라고 생각하는 편이 더 정확하다. 가톨릭교회가 인정한 포르투갈과 스페인의 항로 탐사의 분명한 목표는 복음의 전파였다. 복음전파는 사람이 살지 않는 바다에는 대입할 수 없는 목표였고, 따라서 바다는 탐험과 선교활동과 교역활동을 위한 수송로의 기능만 갖고 있었다. 특정 해역을 독점한 강대국이 다른 나라가 그 구역에서 탐험을 할 수 없도록 통제권을 행사할수는 있었지만, 바다 자체는 육지와 달리 특정 국가가 점유권을 주장할 수 있는 영토가 아니었다.

16세기, 바다의 발견에서 정점을 이룬 성과는 마젤란Ferdinand

Magellan의 세계일주(1519년-1522년)였다. 마젤란은 남쪽 바다의 항로를 이용함으로써 세계일주가 가능함을 입증했다. 마젤란은 원래 포르투갈 출신이지만(원래 이름은 페르난도 데 마가야네스Fernão de Magalhães다.) 스페인을 대표해 항해를 했고, 콜럼버스처럼 개인의 이익을 위해 외국의 군주를 섬기는 일에 거리낌이 없던 당시의 흔한 항해 전문가 중 한 사람이었다. 지리적 탐사는 성공을 거두었지만 본국으로 돌아오는 길은 더디고 험난했다. 다섯 척의 배 중 세 척이 난파당했고 마젤란 본인을 포함한 200여 명이 목숨을 잃었다. 그러나 이 비극으로부터 미래의 교역에 대한 낙관론과 세계에 대한 중대한 새 지식이 생겨났다. 세계는 생각보다 더 넓은 곳으로 판명되었다. 가장 놀라운 발견은 아시아와 아메리카 대륙 사이에 있는 태평양이라는 바다였다. 지리적인 문제 - 남극대륙의 가능성, 북서항로에 대한 끈질긴 희망 - 는 남아 있었지만 대체로 당시 알려진 모든 육지 사이에 항로가 개척되었다.

마젤란의 세계일주에 대한 기록은 그의 탐험대가 돌아온 지 고작 1년 후인 1523년에 인쇄물로 발간되어, 당시 증가하고 있던 지리서 및 항해서 대열에 합류했다. 요하네스 구텐베르크Johannes Gutenberg가 성서의 최초 인쇄본을 발간한 것이 1455년인데, 최초의 항해지침서는 그로부터 35년 후인 1490년에 발간되었다. 인쇄술의 개발로 여러 항구에서의 교역 가능성을 논한 자료와 항해 정보가 점차 다양해졌다. 문맹자가 줄어들고 각 민족의 언어가 정립되어 라틴어를 모르는 일반인도 정보를 구해보기가 용이해진 시대에, 인쇄술은 지도를 비롯해 지리 및 수로에 대한 정보를 광범위하게 유통시키는 데 큰 몫을 담당했다.

바다의 발견을 뒷받침했던 중심 토대는 아랍 자료와 재발견된 그리스 자료를 비롯한 학술자료에서 나온 지리 및 해양 정보였다. 르네상스시대Renaissance에 재발견된 고대 그리스의 지식에는 헤로도토스Herodotus와 아리스토텔레스Aristotle와 프톨레마이오스Ptolemy의 지리 관련 저작이 포함되어 있었다. 이들은 오케안강oceanic river이 둥그런 세상을 돌아 흐른다는 종래의 견해를 거부했

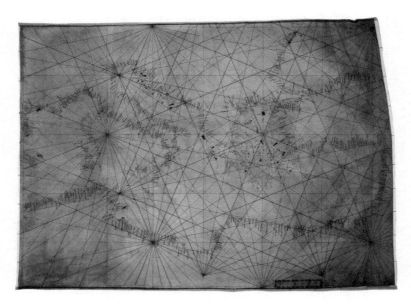

지중해를 그린 14세기 포르톨라노 해도.

다. 15세기 초 비잔티움Byzantium에서 나와 유럽에서 복원된 프톨레마이오스의 『지리학Geography』은 바다가 여러 육지에 의해 서로 완전히 갈라져 있다는 가설을 제시함으로써 지구 전체가 섬이라는 생각을 비판했다. 마젤란은 항해를 통해 바다가 하나로 이어져 있다는 것을 입증함으로써 프톨레마이오스의 가설에 반기를 들었다.

유럽의 탐험가들은 새로운 무역항로를 체계적으로 탐색하는 과정에서 학문 지식과 지리상의 경험을 모두 이용했다. 바다 이용의 궁극적 기반은 바다에 대한 신뢰할 만한 지식이었고, 믿을 만한 지식은 경험에서 온다는 생각이 퍼져 나갔다. 경험 증거를 중시하는 새로운 경향은 경험의 가치를 높이 평가하는 문화를 촉진시켰다. 탐험 과정에는 미래 항해의 기반을 형성하기 위해 새로운 지리 지식을 축적하고 확산시키는 체계가 편입되었다.

바다의 발견 초창기부터 선원들은 포르톨라노 해도protolan chart9에 바다에서의 실제 경험을 기록했다. 항해를 보조하는 이 도구는 선원들에게 나침반 방향을 알려주었고 해안의 지형지물이나 항구들 간의 거리를 추정할 수 있게 해 주었다. 최초로 축척을 기술하려 했던 포르톨라노 해도는 이 시대로서는 아주 새로운 도구였다. 이 해도는 14세기와 15세기 탐험가들에 의해 제작되어 포르투갈과 스페인이 발견한 대서양 제도들과 아프리카 연안을 기록해놓았고, 이후의 항해사들이 선배 선원들의 자취를 따라 밟을 수 있도

9 중세에 사용된 해도. 주요 지점 사이에 나침반의 방위와 항해사들이 관측한 거리에 따른 방사선을 그어 표시한 것이 특징.

록 해 주었다. 포르톨라노 해도의 정확성은 거리가 짧을수록 커졌고, 연안을 떠난 공해에서는 유용성이 떨어졌다.

포르톨라노 해도 제작자들과 달리 항해를 나가보지 않고 지도를 제작한 이들은 실제 항해에는 별로 쓸모없는 세계지도들을 편집해서 지도를 만들었다. 그럼에도 불구하고 이 지도들 또한 바다에 대한 지식의 변화를 반영하고 있었다. 필사본 지도는 다른 필사본 문서들처럼 고대부터 제작되었지만 최고로 오래되었다고 알려진 인쇄본 지도는 1470년의 백과사전에 실린 것이다. 이 지도는 세계를 하나의 원 안에 도식적으로 그려놓았다. 원 속에는 아시아와 유럽과 아프리카 세 대륙이 오케안강에 둘러싸여 있고 T자 형태로 뻗은 강에 의해 분할되어 있다. 그래서 이런 종류의 지도에 'T-O'지도라는 명칭이 붙었다. 그밖에 다른 초창기 지도는 프톨레마이오스의 가설이나 성서의 이야기, 다른 우화를 기반으로 한 것들이었고 이따금씩 포르톨라노 해도를 바탕으로 한 지도도 있었다.

지도 제작자들은 재정후원자에게 바치거나 인쇄본을 팔려는 목적으로 지도를 제작했다. 대개 지도 제작을 위한 최신 정보는 출간된 지도, 책, 필사본, 선원들의 보고서, 그리고 드물게는 개인의 경험 등 다채롭고 광범위한 자료에서 얻었다. 중세시대 발간된 삽화가 있는 동물 우화집은 당시 지도상에 그려진 바다괴물의 모델을 제공했다. 르네상스 시대의 지도 제작자들 역시 고대 로마의 양식화된 돌고래 이미지를 쓰는 등 고대의 이미지를 차용했다. 좌초한 줄 알았는데 알고 보니 고래의 등이었다는 성 브렌단섬 같은 전설은 거대 동물의 등을 섬으로 착각하여 그 위에서 불을 피우는 선원용 지도의 그림에 영감을 주었다. 중세 지도는 대개 바다괴물이나 다른 이국적인 바다동물을 육상동물과 비슷하게 그려 넣었다. 바다개나 바다돼지, 바다사자는 모두 육상동물의 해양 버전이었다. 바다에도 육상동물과 유사한 동물이 있으리라는 고대의 가설을 따른 것이다.

대다수의 중세 지도와 대항해시대(혹은 대발견시대Age of Discovery)**10**의 해도에는 바다괴물이 없다. 바다괴물이 그려진 지도는 경이로운 것, 먼 바다, 그리고 거기서 이루어지는 해양 활동에 대한 관심이 상승하고 있다는 사실을 보여준다. 지도상에는 이국적인 동물일수록 세계의 끝에 그려졌다. 신비감과 위협감을 전달함으로써 세계의 끝을 항해하려는 동기를 좌절시키기 위함이었던 듯하다. 선박을 공격하는 문어나 다른 괴물의 이미지도 항해의 위험을 경고하는 기능을 했다. 마르틴 발트제뮐러Martin Waldseemüller가 1516년에 펴낸 〈카르타 마리나Carta Marina〉에서는 아프리카 남단 근처에서 바다괴물을 타는 포르투갈의 마누엘 왕King Manuel을 그린 그림이 눈길을 끈다. 이 그림은 포르투갈인들이 바다를 물리적으로 정복했을 뿐 아니라 정치적으로도 지배하고 있음을 보여주었다.

16세기의 바다괴물을 재현한 것으로 가장 유명한 그림은 스웨덴의 가톨릭교 성직자 올라우스 마그누스Olaus Magnus가 1539년에

---

10 15세기 후반부터 18세기 중반까지 유럽의 배들이 세계를 돌아다니며 항로를 개척하고 탐험과 무역을 하던 시기.

마르틴 발트제뮐러의 세계지도 〈카르타 마리나Carta Marina〉(1516). 포르투갈의 왕이 아프리카 남단 근처에서 바다괴물을 올라타고 있다.

출간한 〈카르타 마리나Carta Marina〉다. 이 지도는 스칸디나비아에서 남쪽으로는 독일 북부, 동쪽으로는 핀란드, 그리고 대서양과 아이슬란드의 서쪽 지역을 담고 있다. 실재하는 섬과 실재하지 않는 섬이 공존하고 있고, 화물을 나르거나 물고기를 잡는 배도 있다. 바다에는 날뛰는 해양 동물이 가득하다. 고래, 바다사자, 바닷가재 등 알아보기 쉽고 경제적 가치가 있는 종과 더불어 환상 속에나 존재하는 위협적인 동물도 같이 그려져 있다. 신교도 국가에서 온 배를 공격하는 괴물들은 스웨덴이 가톨릭교회에서 독립한 후 망명한 마그누스가 종교개혁에 대해 품었던 불만을 반영하는 것일 수 있다.

　　마그누스는 지도뿐 아니라 『북부 민족의 역사History of Northern Peoples』(1555)라는 책에도 바다괴물을 상세히 묘사해놓았다. 노르웨이의 베르겐Bergen 근처에 살고 있는 60미터짜리 바다뱀에 대한 설

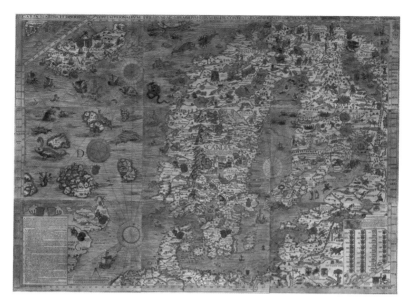

올라우스 마그누스의 〈카르타 마리나Carta Marina〉. 아이슬란드와 페로 제도the Faroes, 노르웨이 사이에 소용돌이 무늬가 보인다. 현대 해양학자들은 이것을 멕시코만류가 아이슬란드 연안 주변의 한류와 섞이는 모습이라 추정한다.

명처럼 우화나 전설에서 묘사를 차용한 동물도 있지만, 독창적인 묘사도 상당수 있고 아예 낯선 동물을 보고하는 내용도 들어 있다. 선원들은 거대한 고래와 상어, 특히 나선형의 엄니tusks**11** 길이가 무려 3미터에 달하는 일각고래 등 바다에서 직접 본 진기한 동물에 대한 이야기를 갖고 고국으로 돌아왔다. 탐험가들이 진실을 발견할 때까지 일각고래의 엄니는 전설상의 동물인 유니콘의 뿔로 둔갑해 유럽과 극동에서 팔려나갔다. 유럽의 궁정은 바다가 산호와

11 크고 날카롭게 발달하여 있는 포유류의 이.

바다는 하나로 이어져 있다

진주, 조개껍질처럼 진기하고 귀한 물건의 보고라는 것을 알고 있었다. 이 물건들은 말린 해마와 거북 등껍질, 상어 이빨과 나란히 17세기 진기한 물건의 진열장에 등장하기 시작했다. 스위스의 박물학자 콘라트 게스너Conrad Gessner는 1558년에 발간한 저작『어류지Fisch-Buch』에 기존의 해양 동물에 대한 지식을 집대성해놓았다. 이 책에는 800여 가지 동물이 열거되어 있다. 지식의 출처는 선원들의 이야기와 유럽 전역의 자료에서 수집한 그림 및 표본이었다. 심지어 그는 베니스의 어시장을 찾아가 여러 달 머물면서 동물을 연구했다. 게스너의 저작은 실재하는 동물에서 신화 속 동물까지 다양한 생명의 형태를 신이 만물을 창조했다는 증거로 이용했다. 1550년대 출간된 그의『동물지Historia animalium』는 유니콘 등의 육상

고래가 배를 공격하는 모습을 묘사한 스위스 박물학자 콘라트 게스너의 삽화(1560).

동물과 인어, 발 달린 바다코끼리, 그리고 마그누스의 작품에서 빌려온 괴물 등과 같은 바다동물을 담고 있다. 다른 저자들과 지도 제작자도 영향력이 컸던 마구누스의 이미지를 베끼거나 차용했다.

이 시대 많은 지도에 그려졌던 바다의 세부사항과 정보는 해양 활동과 바다 환경의 규모, 활기와 중요성을 입증하는 산 증인이다. 해양 동물의 재현과 다양한 지도제작법은 지도를 이용하는 선원들에게 바닷속에 무엇이 숨겨져 있는지를 보여주었고, 그럼으로써 바다를 생명 가득하고 활기 넘치는 입체적 공간으로 제시했다. 마그누스는 바다 공간을 점선으로 꽉 채우고 운행 중인 선박이나 표면으로 떠오르는 동물의 궤적이 점선의 흐름을 차단하는 것을 표현하여 해수면에 정교한 무늬를 입혔다. 질감을 살린 수면과 확연히 알아 볼 수 있도록 그려놓은 해양 동물, 이국적이고 으스스한 괴물, 바다에서 분주하게 일하는 선박들은 16세기 내내 제작된 많은 지도 공간을 채우고 있다. 지도상의 세부 장식의 정도는 후원자가 기꺼이 지불하려 했던 돈의 액수에 따라 달라졌을 것이다.

인쇄술이 발명된 이후 첫 50년 동안 출간된 중세 지도에는 평행선이나 점선, 혹은 물결무늬 선으로 질감을 살린 바다 그림이 들어 있었다. 우화적 성격의 일부 지도는 해수면을 나타내는 선들을 가득 채워 놓아 그 밑에 무엇이 있는지 궁금하도록 주의를 환기시켰던 반면, 또 다른 지도들은 바다를 위도와 경도로 갈라놓았을 뿐 해수면에는 아무런 무늬나 선을 넣지 않고 해양 동물과 배를 그려 넣어 해양 활동을 상징하는 장식 요소로 활용했다.

마그누스가 제작한 지도의 세부 묘사 한 가지를 보면 항해자들이 지도에 영향을 끼쳤음을 알 수 있다. 아이슬란드 동쪽 지역과 페로 제도 북쪽을 보면 세심하게 그려놓은 소용돌이 무늬가 보인다. 해양학자들은 이것이 아이슬란드와 페로 제도 주변에서 한류와 난류가 만나는 지점을 나타낸다고 주장한다. 아이슬란드 연안을 돌아오는 차가운 북극 해류가 페르시아만에서 북쪽으로 흐르는 난류와 섞이면서 강한 소용돌이를 만들어 배를 경로에서 이탈시킨다. 한자동맹의 선원들은 아이슬란드와 유럽 대륙을 오가면서 말린 대구 등을 아이슬란드에서 가져와 유럽 대륙의 곡물, 맥주, 목재, 그리고 옷감과 교환했다. 선원들은 분명 바닷물의 온도 차이와 해류의 변화를 감지했을 테고, 이 정보는 독일 북부 도시들을 방문하고 있던 마그누스에게 전달되었을 것이다. 15세기에 브뤼셀에서 제작된 스칸디나비아 지도 역시 이 해역의 특징을 소용돌이 무늬로 묘사한다. 그밖에 다른 어떤 지도나 해역에서도 이러한 소용돌이 무늬는 찾아볼 수 없다. 따라서 이 무늬는 한자동맹의 선원들과 바이킹들이 오랫동안 알아왔던 특정 해역의 특징을 명확히 드러낼 의도로 그려졌을 것이다.

지도의 효용은 지도 제작자들의 투영도법 개발로 더욱 커졌다. 투영도법은 구형의 지구를 평면에 나타내는 방법이다. 공해를 항해하는 장거리 선원들은 메르카토르Mercator 투영도법(1569년)으로 제작된 지도를 이용했다. 메르카토르 투영도법은 위도와 경도를 격자좌표로 표시하고, 지구의 곡률을 고려한 교정을 거쳐 나침반

기수방향의 선이 해도상에서 직선 – 선원들은 이를 항정선rhumb line
이라 불렀다 – 이 되도록 한 지도다. 추측항법으로 운항하는 배들은
이 지도를 통해 항로를 유지할 수 있었다. 천문항법**12**이 해도 제작
법에 추가되면서 선원들은 하늘을 사분면 단위로 나눈 다음, 별이
나 태양의 높이를 관측하여 위도를 찾는 방법을 통해 나침반의 자
기편차나 추측항법에서 발생한 오류를 바로잡을 수 있었다. 선원들
이 자기 배가 위치한 경도를 알아낼 수 있게 된 것은 18세기 말이
나 되어서였다.

메르카토르 도법을 쓴 지도에 기록된 지식은 실제 관측을 우
선시했기 때문에, 곧 과학혁명의 주역인 과학자들의 각광을 받게
되었다. 일반적으로 과학혁명의 출발점은 니콜라우스 코페르니쿠
스Nicolaus Copernicus와 그가 사망하기 직전인 1543년에 출간한 지동
설 우주 모형이라 여겨진다. 지도 제작자인 헤르하르뒤스 메르카토
르Gerardus Mercator는 지도를 만들기 위해 가장 신뢰할 만한 최신 자
료를 찾아다녔다. 그는 1541년 제작했던 지구의에서 마그누스의
바다괴물을 복제했던 방식을 벗어나, 1569년의 세계지도에서는 최
신 자연사 저작물을 이용하여 유명해졌다. 그는 가장 이국적인 동
물의 위치를 완전히 바꾸었다. 과거의 지도 제작자들이 사이렌**13**과
위험하고 신비로운 괴물을 아프리카와 아시아, 인도양 주변 해역에

---

12 태양, 달, 별의 고도와 방위를 관측하여 배의 위치를 파악해 항해하는 방법.
13 여인의 모습으로 바다에 살며 아름다운 노랫소리로 선원들을 유혹하여 위
험에 빠뜨렸다는 고대 그리스 신화 속 괴물.

그린 것과 달리, 남아메리카 연안과 태평양에 그러한 동물을 그려 넣었다. 이러한 변화는 선원들이 거의 가 본 적 없는 새로운 바다에 대한 지리적 관심이 상승했음을 보여준다.

메르카토르의 친구이자 경쟁자였던 아브라함 오르텔리우스 Abraham Ortelius는 1570년에 세계지도를 제작하면서 바다의 재현에 흔하게 쓰이던 요소뿐 아니라 새로운 요소도 사용했다. 그는 해수면의 질감을 점묘법으로 표현하면서도 바다 공간에 위도선과 경도선을 그려 넣었다. 그의 지도에는 배 한 척과 고래로 보이는 두 마리의 동물이 있다. 이들은 장식 요소인 듯 보이나 또한 해양 활동을 인정하는 표지인 동시에 고래를 자원으로 중시했다는 의미를 내포하고 있다. 더 이후인 16세기에 제작된 다른 지도에는 실물을 닮은 고래와, 고래를 잡는 사람들의 형상, 그리고 북대서양과 오늘날의 캐나다 이미지도 들어 있다. 삽화로 그려진 사람들은 아마 바스크인인 듯하다. 한 사람은 작살로 고래를 잡고 있고 또 한 사람은 고래 가죽을 벗기고 있다. 고래잡이 장면은 10년 전에 먼저 제작된 바스크인의 고래잡이 그림의 첫 인쇄본을 복제한 것이다. 이 지도에는 옛 지도에서 차용한 바다괴물 같은 고래 모양의 괴물도 있었지만 지도상에 바다괴물을 그려넣는 비유 양식은 점점 사라졌다.

세계 곳곳에 대한 지식이 늘어나면서, 16세기 이후에 제작된 지도의 괴물은 위험을 경고하기보다는 기발한 상상이나 공상을 전달하는 듯 보였다. 지도 제작자들은 과거와 달리 선원들이 축적한 경험을 바탕으로 발전한 최신 자연사에 힘입어 경제적 가치가 있는 해양 동물들을 실제 모습과 비슷하게 그리기 시작했다. 진기한 것과 기이한 현상에 대한 심취 대신 현실의 자연관찰이 이루어진 것이다. 해도상의 고래들은 위협적인 거대동물에서 헤엄치는 상품으로 바뀌었다가 결국 완전히 사라졌다. 가끔씩 장식으로 그린 선박이나 원형 방위도, 혹은 항해 도구가 인간의 해양 활동을 나타냈지만 바다 자체는 그림에서 추방당했다. 17세기와 그 이후에 그려진 격자무늬의 바다는 대개 텅 빈 공간으로 방치되었다. 점묘선이나 다른 선으로 바다 자체의 존재를 강조하거나 수면 아래 숨겨진 세상을 드러내지 않게 된 것이다. 지도상의 텅 빈 바다는 바다를 위험하고 신비로운 공간으로 보던 인식에서 벗어나 자연계의 파악

아브라함 오르텔리우스의 세계지도 〈세계의 형상Typus Orbis Terrarum〉(1570). 이 무렵 바다괴물은 아직 탐험되지 못한 지구상의 해역들로 밀려났다.

바다는 하나로 이어져 있다

가능한 요소, 통제를 통해 자원을 이용하고 유럽 열강 팽창의 도구가 될 공간으로 보는 새로운 인식이 등장하고 있음을 암시했다.

유럽의 바다를 발견하는 일에 골몰했던 사람들은 전 지구를 지배하는 권력이 인쇄술과 자기나침반의 공동 역할을 통해 직조되었음을 알고 있었다. 정치가이자 법학자, 평론가인 프랜시스 베이컨 Francis Bacon은 여기다 화약을 추가했고, 결국 이 세 가지 발명품이 그 어떤 제국보다 세상을 훨씬 더 많이 바꾸어놓았다고 진단했다. 그러나 베이컨이 보기에 이 세 가지 기술 혁신 각각보다 더 중요한 것은 과학 자체였다. 경험적 탐구를 통해 자연계에 대한 새로운 지식을 창출하는 과학이야말로 힘의 원천이라고 본 것이다. 1620년에 나온 그의 철학서-여기서 그는 나침반과 인쇄기와 화약을 칭송했다-에 실린 권두 삽화에는 베이컨 자신이 창조한 과학 탐구 방법이 탐험에 비유되어 있다. 삽화는 배 한 척이 지중해를 벗어나 지브롤터 해협-이곳은 신화 속 헤라클레스의 두 기둥으로 형상화된 낭떠러지 바위가 있는 곳이다-을 지나 대서양으로 나아가는 모습을 그렸다. "아는 것이 힘이다."라는 명언의 주인공으로 칭송받는 베이컨에게는 과학과 탐험으로 창조된 앎이야말로 힘의 전달자였다.

북유럽 국가들이 이베리아반도의 스페인과 포르투갈 열강에게 도전을 제기하고 있던 당시 베이컨은 해양강국으로 새롭게 부

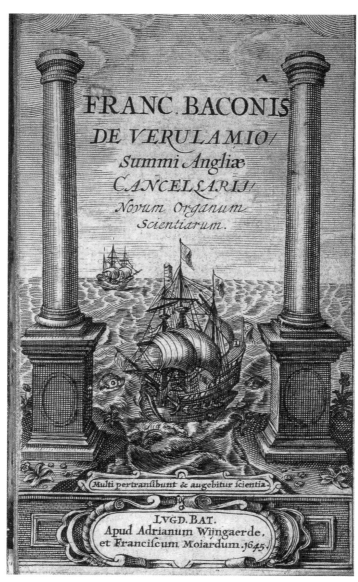

프랜시스 베이컨 경의 1620년 저서 『대부흥Instauratio Magna』의 권두 삽화. 배가 지브롤터 해협을 가리키는 두 기둥 사이를 빠져나와, 고전 학문의 세계를 떠나 무한한 자연지식을 상징하는 망망대해로 출항하는 모습을 그려놓았다.

바다는 하나로 이어져 있다

상하던 영국의 시민이었다. 포르투갈과 스페인은 16세기 극동으로 가는 동쪽 항로와 서쪽 항로를 최대한 활용하기 위해 애썼지만, 사실 해상 운송은 아랍과 베네치아 강국이 확립해 놓은 육상 경로와 교역을 넘어서지 못했다. 이들이 육로 교역을 장악한 것은 그 다음 세기나 되어서였다. 게다가 네덜란드와 영국, 프랑스라는 신흥 해양 강국도 바다의 항로에서 이들을 제외하려 애쓰던 스페인과 포르투갈 세력을 순순히 감내하는 수준밖에 되지 못했다.

아시아까지의 북쪽 항로를 찾아내려 했던 북유럽 나라들은 여러 시도 끝에 항로 대신 어류를 찾아냈다(그리고 허드슨만Hudson's Bay을 통해 북아메리카 북부의 야생지대에서 풍부한 모피를 찾아냈다). 북대서양의 풍부한 어장들은 가치 있는 상품을 제공함으로써 대양 교역 항로를 둘러싼 경쟁을 부추겼다. 여기서 가치 있는 상품이란 신세계에서 들여오는 설탕이나 부를 창출하는 물품처럼 수익성 있는 상품이 아니라 카리브해 지역과 달리 많은 북유럽인이 정착했던 지역에서 중시된 수출품이었다. 영구 식민지가 조성되기 오래전부터 대서양 북서 어장은 처음에는 바이킹과 바스크인을, 그 다음에는 영국인과 다른 북유럽인을 끌어들였다. 영국의 어부들은 종교 규율을 엄수하는 가톨릭교도의 중요한 단백질 공급원인 대구를 독점하려는 한자동맹의 노력에 대응하여, 영국 해역 너머 아이슬란드 주변의 바다에서 대구를 찾기 시작했다.

기존의 어장이 남획으로 인해 심각하게 고갈되었음을 제대로 모르는 유럽인의 눈에 새로운 해역의 풍부한 어류는 저항하기 힘든 매혹이었다. 콜럼버스처럼 제노바의 선원이었던 존 캐벗John Cabot – 원래 이름은 조반니 카보토Giovanni Caboto였다 – 은 1497년 북아메리카로 가는 영국 최초의 탐험대를 이끌었다. 그는 어망을 내리기만 해도 대구가 잡힌다는 이야기를 전했다. 대구 떼가 하도 많아 배의 진행이 느려질 지경이라는 소문도 떠돌았다. 1575년 무렵 프랑스와 포르투갈과 영국에서 온 300척 이상의 배가 그랜드뱅크스Grand Banks**14**에서 대구를 잡아들였고 16세기 말에는 배의 숫자가 650여척으로 늘어 수천 톤 이상 수확했다. 염장대구 무역은 유럽 북부와 남부의 해양 경제를 한데 연결시켰고 대서양 연안 국가들의 교역을 자극하는 촉진제 노릇을 톡톡히 했다.

영국과 프랑스, 네덜란드인들은 바다를 대구잡이 공간으로만 활용하는 데서 그치지 않고 유럽과 북대서양을 넘어서는 교역망을 구축하고 해군을 키우기 시작했다. 해상 분쟁은 개인의 이익을 지키기 위해 선박 운송을 보호하거나 선박을 공격하는 정도를 벗어나, 무역항로나 중계항 혹은 식민지에 대한 영리 목적의 권리를 행사하는 유럽 국가들 간의 정치적 분쟁으로 성격이 바뀌었다. 영국은 1510년 메리 로즈Mary Rose호라는 전함을 진수한 후, 해군을 창설했고 유럽의 다른 열강도 영국의 전례를 따랐다. 1558년 즉위한 영국의 엘리자베스 1세는 20여 년 후 프랜시스 드레이크Francis Drake를 급조한 항해에 파견했다. 마젤란의 항해 이후 두 번째 세계일주

14 뉴펀들랜드 남동부에 있는 큰 어장 중 하나.

가 된 항해였다. 드레이크는 스페인의 선박과 전초기지를 공격하여 스페인인들에게 해적으로 이름을 날렸고, 여왕에게는 사략선[15] 업자privateer로 인정을 받은 인물로서, 탐험에서 포획한 보물을 갖고 돌아와 기사 작위를 받은 다음 영국 함대의 부사령관으로 재직했다. 1588년 스페인 무적함대Spanish Armada와 싸웠던 바로 그 함대였다. 스페인 무적함대를 패배시킨 영국은 스페인과의 교전을 끝내지는 못했지만 강국으로 부상했고 스페인이 무적이 아니라는 것을 유럽 전역에 입증했다.

바다에서의 교역과 전쟁은 뗄 수 없는 관계였다. 북부 유럽의 열강들이 동방으로 향하는 스페인과 포르투갈의 항로 독점에 반기를 들었기 때문이다. 엘리자베스 1세의 고문이었던 월터 롤리Walter Raleigh 경은 1615년 해상권 장악과 세계 패권 간의 밀접한 연관성에 관해 글을 썼다. 그의 사후 출간된 그 글에서 저자는 다음과 같이 단언한다.

바다를 호령하는 자가 전 세계의 교역로를 호령한다.
교역로를 호령하는 자가 교역을 호령한다.
교역을 호령하는 자가 세계의 부를 움직인다.
따라서 교역을 호령하는 자가 세계를 호령한다.

15 정부로부터 적선을 공격하고 나포할 권리를 인정받은 배.

1600년, 영국 상인들은 동인도회사East India Company라는 합자회사를 설립했다. 그로부터 2년 후, 네덜란드 정부는 네덜란드 동인도회사(네덜란드어로 Vereenigde Oostindische Compagnie, 줄여서 'VOC'라 한다.)를 인가했다. 네덜란드 동인도회사는 포르투갈의 배를 아시아 해역에서 잡아, 휴고 그로티우스Hugo Grotius라는 법률학자를 통해 선박의 화물과 배를 점유할 권리를 정당화했다. 1608년에 나온 그의 소책자 『해양자유론Mare liberum』에는 바다가 예로부터 누구나 사용할 수 있는 자유로운 지대였다는 주장이 담겨있다.

『해양자유론』은 국제법률전문가들이 칭한 바 '책 전쟁Battle of the Books'의 시초였다. 책 전쟁은 그로티우스와, 그의 주장에 반발했던 포르투갈 및 영국 학자들 간의 논쟁이다. 그로티우스는 포르투갈의 바다 소유권을 여러 이유로 반박했다. 이베리아반도 주변 해양 소유권을 표시한 가상의 선을 비웃었던 그로티우스의 논리는 바다는 사람들이 살 수 있는 공간도, 육지처럼 영토로 나눌 수 있는 공간도 아니라는 것이었다. 결국 바다는 경계를 그리는 것이 불가능하기 때문에 소유권 역시 주장할 수 없다고 주장했다. 그는 인근 해안에 살고 있는 무어인Moors16, 에티오피아인, 아랍인, 페르시아인, 인도인 등이 바다를 먼저 사용했음을 인정해야 하므로 포르투갈인들이 바다 발견의 주인공이며 따라서 권리가 있다는 논리가 틀렸다고 주장했다. 여기서 중요하게 짚어야 할 점은 그가 항해와

---

16 711년부터 이베리아반도를 정복한 아랍계 이슬람교도(편집자 주).

어업이라는 바다의 으뜸가는 두 용도에 무한성을 부여했다는 것이
다. 그는 자연법상 바다는 개방되어 누구나 사용할 수 있도록 해야
한다고 결론 내렸다. 바다는 국가 간 상호작용의 각축장이므로, 만
일 특정 국가가 바다를 전적으로 소유할 능력을 갖추게 된다 해도
다른 사용자들에게 접근을 허용할 책임이 있다고 주장했다.

그로티우스의 주장과 그에 대한 반론은 팽창주의 국가들의
해양 정책과 거기서 나온 바다 관련 개념들을 반영한다. 『해양자유
론』에 대해 포르투갈인들은 바다를 소유 불가의 공간으로 보는 원
칙에는 동의했으나, 특정 교역로에 대한 배타적 사용은 가능하다
고 주장했고 항로를 할당했던 토르데시야스 조약을 옹호했다. 장거
리 교역뿐만 아니라 각국 연안 해역에서의 어획에 대한 네덜란드
와 영국인 간의 경합은 영국 법학자 존 셀던John Selden의 저작인 『해
양폐쇄론Mare clausum』에 영향을 끼쳤다. 셀던은 영국이 방어할 수 있
는 만큼의 해역에 대한 영국의 소유권을 옹호했다. 그의 주장은 인
근 해역에 대한 특정 국가의 소유에 공동 사용권의 일부 권리를 인
정하는 논리를 동반하고 있다는 점에서 그로티우스가 했던 주장의
변형이라고 볼 수 있다. 게다가 셀던은 영국의 소유권을 주장한 해
역 너머의 지역은 아예 다루지 않음으로써 심해는 본질적으로 자
유 공간으로 인정했다.

셀던이 『해양폐쇄론』을 쓴 것은 1619년이었지만 출간은 1635
년에서야 이루어졌다. 찰스 1세가 영국의 연안을 감시할 목적으로
해군 재건을 추진하던 때였다. 17세기 동안 해상무역이 발전하면서

아메리카 대륙과 아시아 먼 곳에 유럽 정착지와 상업 전초기지가 확산되었다. 바다의 자유라는 개념은 아시아에서 교역할 권리를 행사하는 북유럽 열강에게 호소력을 발휘했지만, 또 한편으로는 아시아 시장 접근권을 놓고 유럽 열강들 간의 갈등을 격화시켰고, 결국 갈등은 17세기 후반 다섯 차례의 주요 전쟁으로 터져 나왔다. 1652년과 1674년 사이 영국과 네덜란드 간에 벌어진 세 차례의 전쟁으로 네덜란드는 자국 연안에서 영국이 소유권을 행사해도 막을 수 없게 되었고, 결국 네덜란드 제국의 쇠퇴로 이어졌다. 그 이후 프랑스와 영국은 강력한 식민지 패권을 행사하는 강국으로 부상했다.

이론과 달리 현실에서 유럽 열강들이 수용한 바다의 자유라는 개념은 편의 위주로 적용되어 일관성이 없었다. 최소한 처음에는 북유럽 열강들도 이베리아 국가들을 따라 해상 독점권을 행사하려 들었다. 네덜란드는 바다의 자유라는 개념을 옹호하면서도 인도양 해역에서 독점권을 행사하려 했고, 영국인들은 인도양의 공해의 자유는 옹호하면서도 자국 인근 해역에 대해서만큼은 독점권을 행사하려 애썼다. 유럽의 아시아 해역 침략은 해당 지역의 저항에 직면했다. 17세기 아프리카 남동부의 마다가스카르섬의 교역을 독점하려던 네덜란드에 대한 반발로 그로티우스의 주장과 비슷한 저항 선언이 촉발되었다. 당시 선언은 "신은 땅과 바다를 만드셨고 인간들 사이에 땅을 나누셨고 바다를 공유하게 하셨다. 누군가가 바다를 항해할 수 없다는 말은 들어본 적이 없다."라는 내용이었다. 바다에 대한 그로티우스의 자유 이론은 아시아 국가들과 인도양의 아랍 선원들이 오랫동안 명백한 전통으로 받아들인 항해 및 교역의 자유로 인해 생겨났다.

　바다와 그 통제권이라는 주제는 법적인 문서 이외의 문헌에도 영향을 끼쳐, 연극과 대중적인 글의 단골 배경으로 등장했다. 가령 윌리엄 셰익스피어William Shakespeare의 《폭풍우The Tempest》(1611)는 행정 당국의 소유라는 개념에 저항하는 바다의 모습을 그린 연극이다. 해양 활동은 항해와 극적인 난파를 다룬 뛰어난 글뿐 아니라, 선원, 정치가, 관료, 상인, 사업가, 그리고 과학자와 기술자 같은 전문 독자를 겨냥한 수로안내 지침서, 선박조종 설명서와 지도를 비롯한 다양한 전문서의 소재였다. 해양 관련 문헌은 관련 전문가들에게 실용서 역할을 해 주었고, 실제 항해 경험이 없지만 항해에 지대한 관심을 가진 일반 독자의 흥미도 끌게 되었다.

　세계 지리 탐험으로 바다에 대한 지식이 확대되었음에도 불구하고 선원이 아닌 서구인들은 바다를 그저 인간이 통제할 수 있는 영역 밖의 황무지 비슷한 공간으로 생각했다. 『옥스퍼드 해양서 The Oxford Book of the Sea』(1992)를 편찬한 조너선 레이번Jonathan Raban은 17세기 영국 르네상스 시기의 항해 문헌을 논하면서 '항해를 다루는 문헌에 바다가 거의 없다'는데 놀라움을 금치 못한다. 이 시대의 해양 문헌들은 바다 자체를 다루는 대신 항해, 항해도구, 육지 접근, 다른 선박들과의 만남, 배에 탄 사람들과 거기 얽힌 사건들을 다룬다. 드물게 바다 자체가 등장하는 경우도 있긴 한데, 대개는 끔찍한 폭풍우에 대한 기록이다. 메이플라워Mayflower호의 1620년 항해에 대한 윌리엄 브래드퍼드William Bradford의 논평은 분노에 떠는 드넓은 바다를 항해하는 '위험과 고통'을 언급했을 뿐 바다 자체는 논한 바가 없다. 그로부터 10년 전, 제임스타운Jamestown17을 향해 가던 한 식민지인은 자신이 탄 배인 시벤처Sea Venture호가 허리케인을 만난 경험을 순차적으로 기록했다. 그가 쓴 내용은 다음과 같다. "인간의 상상력으로는 바다가 행사하는 폭력보다 더 큰 폭력은 생각할 수 없었다. 바람과 바다는 분노한 만큼 사납게 포효했다." 유럽인이 인식하는 바다는 육지의 황무지와 특징이 동일했다. 브래드퍼드는 배가 상륙한 곳을 '황량하고 흉측한 황무지'로 묘사하면서도, 신이 '탄탄한 땅에 발을 디디게 해 주심에' 열렬한 감사를 표현한 부분에서는 또 해변의 황무지에 대한 전폭적인 선호를 드러내기도 했다.

당시까지 신세계로 인식되던 북아메리카로 유럽인이 이주한 사건은 자발적이건 강제건 모두 대규모 이주의 일환으로 이루어진 일이었다. 16세기에 시작된 신세계 이주는 18세기 화물을 운반하도록 완성된 해양 운송 체제가 사람을 실을 수 있도록 바뀌면서 더욱 가속화되었다. 1500년에서 1820년 사이 총 1140만여 명의 사람들이 배를 타고 아메리카 대륙으로 건너갔다. 대다수 – 4분의 3 이상 – 는 노예로 팔려나갈 아프리카인이었다. 이들 중에는 수영 및 잠수 기술을 신세계에 전해준 서아프리카인들도 포함되어 있었

---

17 아메리카 최초의 영국 식민지.

다. 16세기에서 19세기 유럽에서 신대륙으로 이주한 사람들은 서아프리카인의 수영 실력에 주목했다. 대부분의 유럽인들이 헤엄칠 줄 몰랐던 시절 이들은 (아메리카와 아시아의 토착민들처럼) 자유형을 다양하게 변형시킨 방식으로 헤엄을 쳤다. 아메리카 대륙으로 끌려가 노예가 된 서아프리카인들은 수로 근처에 살면서 오락 삼아 수영을 했고 아이들에게도 가르쳤다. 일부 노예주들은 노예들을 인명구조원으로 쓰거나, 인명구조를 위한 잠수, 진주잡이 또는 어획이나 항해를 위해 강바닥을 청소할 때 이들의 기술을 활용해 이익을 얻기도 했다.

바다를 건너 인간을 수송하는 일이 잦아지고 산업 자본주의의 부상으로 선박수송이 증가하면서 배에서 일하는 사람들의 숫자 역시 급격히 늘었다. 이주민과 상인, 어부, 고래잡이, 바다표범 사냥꾼, 화물 선원, 노예선과 여객선의 선원 및 군함의 장교 등 직업도 다양했다. 바다를 인간이 활동하는 영역으로 경험한 이들은 주로 바다에서 일을 했던 사람들이었지만 차차 작가와 지도 제작자와 일반 독자들까지도 이러한 경험을 공유하게 되었다.

바다를 구분하여 각각 명칭을 부여하는 관행은 19세기 이전부터 바다를 인간 및 인간의 노력과 연관된 것으로 보는 인식이 널리 퍼져 있었음을 드러낸다. 마젤란은 태평양이라는 이름을 만든 장본인이다. 태평양의 광대함과 난폭함을 몰랐던 그는 최초로 '태평한 바다'라는 뜻의 일원화된 이름을 바다에 붙였다. 그러나 18세기 동안 서구인들이 태평양의 하위 해역과 연안, 혹은 해저분지 사이의 연결 지점에 붙인 이름은 이들이 바다를 인간이 활동하는 공간으로 이해하고 있음을 나타냈다. 동아프리카 연안의 '야만인의 바다Barbarian Sea'나 태평양 서쪽의 '중국해', 페루해, 브라질해 혹은 칠레해 등의 이름은 이 지역들 간의 항로와 교역을 연상시킨다. 아프리카의 뿔 지역과 인도양 동부의 섬들 사이의 바다는 노예무역과 대농장을 뒷받침한 곳으로 '에티오피아해'라 불렸다.

18세기의 해양문학 역시 바다와 바다 주변부에서 벌어지는 인간의 활동을 강조했다. 대니얼 디포Daniel Defoe는 1719년 발간한 소설 『로빈슨 크루소Robinson Crusoe』에서 난파당한 로빈슨 크루소의 배경으로 태평양을 선택했다. 『로빈슨 크루소』는 칠레 연안의 후안 페르난데스Juan Fernández 제도에서 구조된 선원인 셀커크Selkir에 관한 실화를 소설로 변형한 작품이다. 디포의 동시대인이자 디포에게 영감을 준 해적 선장 및 탐험가였던 윌리엄 댐피어William Dampier가 셀커크를 구조한 장본인이다. 댐피어가 그를 구한 것은 세 번째 세계일주 동안이었다(세계일주를 세 차례나 성공시킨 사람은 댐피어가 최초였다).댐피어가 1차 세계일주를 마친 후인 1697년에 펴낸 모험 이야기인 『새로운 세계 항해New Voyage Round the World』는 바람과 해류와 해안, 그리고 미지의 장소의 자연사와 사람들에 대한 귀중한 정보가 담겨있다. 이 책은 과학자들의 경탄의 대상이 되었고 디포의 소설만큼이나 인기를 끌며 팔려나갔다. 디포가 작품을 쓴 이후 몇십 년 동안 선박 조종기술을 찬미하는 해상 서적들이 선풍적인 인기를 누렸고, 18세기 후반 역사적 실화인 항해 이야기로 인해 소설이 퇴색될 때까지 이러한 풍조가 지속되었다. 18세기 후반에는 태평양 탐험에 관한 설득력 있는 이야기들이 나왔다. 탐험 이야기들은 선정적으로 그린 해적의 일대기, 늘 인기 있는 난파 이야기, 평범한 선원 생활의 가혹함, 그리고 흑인 선원들의 이야기를 독자들에게 제공했다.

바다를 다룬 글들은 바다에서 활동하는 데 필요한 인간의 노력과 기량과 지식을 강조했다. 하지만 인간이 해양생물과 생태계에 끼친 영향을 강조한 부분은 인정받지 못했다. 가령 1598년 네덜란드 동인도회사가 모리셔스Mauritius섬을 점유하면서 도도새가 멸종했다. 날지 못하는 도도새는 식량을 찾아 섬에 선박을 정박시킨 선원들이 먹기 위해 사냥했던 동물이다. 인간의 수렵, 그리고 동인

STELLER'S SEA-COW, RHYTINA GIGAS.
PLATE XXVI.   Found alive by Steller at Behring's Island. Length 19 feet 6 inches.

슈텔러바다소. 1896년에 발간된 거대 멸종 동물 관련 대중서에 실린 그림.

도회사가 만든 소규모 공동체가 가져온 가축들의 포식으로 불과 100년 만에 여러 종이 멸종했다. 도도새의 멸종에 대한 자각은 이 새가 루이스 캐럴Lewis Carroll이 1865년에 쓴 동화 『이상한 나라의 앨리스Alice's Adventures in Wonderland』에 등장한 이후 19세기나 되어서야 이루어졌다.

해양 탐험은 특정 육상동물뿐 아니라 바다동물의 멸종 및 급격한 감소 또한 낳았다. 1741년, 거대한 초식동물인 바다소가 코만도르스키예 제도Commander Islands18에서 비투스 베링Vitus Bering이 이끄는 탐험대에 의해 발견되었다. 박물학자 게오르크 빌헬름 슈텔러Georg Wilhelm Steller는 이 소에 대한 묘사를 남겼고, 그의 이름을 따라 슈텔러바다소Steller's sea cow라 불리게 되었다. 탐험대가 남은 소들을 발견했지만, 한때 번성했던 이 동물은 이미 일본에서 멕시코에 이르는 북태평양 전역의 서식처에서 대부분 멸종한 상태였다. 원인은 분명 원주민의 수렵이었을 것이다. 바다표범 사냥꾼과 모피 교역상, 선원들은 베링을 따라 그 해역으로 갔고, 식량과 기름, 그리고 배를 만들 재료인 가죽을 얻기 위해 27년 동안 이 동물이 멸종할 때까지 포획했다.

슈텔러가 처음으로 묘사했던 또 다른 해양포유류인 해달도 슈텔러바다소가 번성했던 북태평양의 같은 서식처를 가로질러 이들을 쫓았던 수렵꾼들에 의해 멸종 위협에 처했다. 러시아 수렵꾼

18 러시아 캄차카반도의 동쪽에 위치한 제도.

들이 알류트Aleut족을 고용해 해달을 쫓은 목적은 고가의 해달 모피 때문이었다. 예로부터 토착민 수렵꾼들이 주기적으로 국소 해역의 해달 개체 수를 감소시키긴 했지만 영리를 목적으로 한 본격적인 수렵은 처음에는 북태평양, 그 다음에는 더 먼 남태평양에 사는 해달까지 멸종시켰다. 영리 목적의 수렵은 해달뿐 아니라 켈프 지대의 폭포효과를 유발했다. 해달이 사라지면서 해달이 즐겨먹는 성게가 급증하여 켈프를 모두 먹어치웠고 켈프 지대가 붕괴하자 이는 다시 켈프 지대에 의존해 사는 수많은 종에 영향을 끼쳤다.

해양자원의 착취는 생계용 자원 이용에서 출발하여 여러 시대, 다양한 지역에서의 상업 활동으로 변화했다. 이미 고갈이 심했던 유럽 연안 외부에 해양자원이 무한하다는 인식은, 바다의 자유라는 논리와 상업 자본주의의 수요에 힘입어 국소 해역의 연속적 고갈 패턴을 가속화시켰고, 수렵과 어획을 위한 새로운 해역 물색이 계속되었다. 18세기와 19세기 세계 시장의 타격을 최초로 입은 바다는 태평양이었다. 모피 수렵과 포경업, 바다표범 수렵과 어획이 태평양의 동물을 상품으로 변모시켜 세계시장에 유통시키면서 일어난 변화였다.

16세기에서 18세기 사이 해상무역은 여러 국가와 팽창일로에 있는 제국들을 뒷받침했다. 스페인과 포르투갈은 군사력과 가톨릭 교회의 권위를 내세워 다른 국가들을 자국이 독점했다고 여긴 해상 교역로에서 배제시키려고 노력했다. 네덜란드와 영국 같은 해상 강국은 바다의 자유라는 원칙을 바탕으로 바다를 이용했고 이러한 원칙은 다른 유럽 강국에게도 이익을 주었다. 해외 정착지가 확산되고 아메리카 대륙과 아시아에 상업 활동의 중심지가 늘어나면서 결국 바다는 특정 국가의 영토가 아니라 모두가 공유하는 공동 재산이라는 인식이 촉발되었다. 18세기에 등장한 영국이 세계를 제패하면서 바다의 자유 원칙은 이를 옹호했던 영국의 논리가 자국에게도 이익임을 인식했던 유럽의 경쟁 국가들을 비롯해 전 세계적으로 행사되고 수용되었다. 영해 3해리 원칙은 대부분의 국가에서 인정을 받았지만 모든 국가에서 인정받은 것은 아니었다. 3해리는 대포를 쏘았을 때 방어할 수 있는 해안선의 최대 거리를 뜻한다. 바다의 자유라는 원칙은 바다와 그 자원을 이용할 수 있는 지식과 힘이 있는 자들만이 그것을 이용해야 한다는 오만한 가정을 동반하고 있었다.

자유무역과 바다의 자유 원칙에 힘입어 정부, 특히 북유럽 해양강국의 정부는 민간을 제치고 해양 활동에 적극적으로 개입하기 시작했다. 역사학자 조이스 채플린Joyce Chaplin에 따르면 바다를 통제하려는 국가들의 가장 중요한 노력에는 바다에서 경도를 확정하지 못하는 고질적인 문제를 해결하는 것, 그리고 그 때문에 장기화되는 괴혈병을 예방하려는 조치들이 포함되어 있다. 마젤란의 세계일주 당시 대부분의 선원들의 사망 원인은 괴혈병이었다. 지금은 비타민 C의 결핍으로 유발된다고 알려진 질환이다. 당시 항해사들은 잇몸 출혈과 치아 손실이 치료 불가능한 상태로 악화되는 괴혈병을 죽음의 징조라고 생각했다. 육지를 찾아 신선한 음식을 먹으면 병이 호전되는 경우도 있긴 했지만 당시에는 정확한 원인과 치료법을 알지 못했다. 태평양을 탐험하면서도 사람이 사는 섬을 발견하지 못하고, 다른 곳에서 바다를 장악했던 방식으로 태평양을 장악하지 못했던 300년의 세월 동안 괴혈병을 예방하거나 치료할 수 있는 조치에 관해 전문가들과 항해사들의 견해가 엇갈렸다. 유럽의 선원들은 영국의 드레이크가 그랬듯 다른 유럽 강국의 기지를 침략하거나, 아니면 토착민이 건강을 유지하는 데 사용했던 방법을 알아내기 위해 그들의 정착지를 찾아다녔다.

프랜시스 베이컨이 1627년에 펴낸 유토피아 소설 『새로운 아틀란티스New Atlantis』에는 태평양을 표류하면서 괴혈병을 앓던 선원들이 운 좋게 벤살렘Bensalem섬에 상륙하는 이야기가 나온다. 베이컨은 지구상에서 가장 알려지지 않은 지역에 자신이 생각하는 유토피아 공동체를 세웠다. 자연과학을 발전시키고 지식을 바탕으로 통치하는 조직적인 사회를 꾸린 것이다. 실험과 가설을 통해 괴혈병을 이기려는 지난한 과정은, 과학을 방편 삼아 제국주의 통치 기반을 성공적으로 세울 장소로 태평양을 바라보는 유럽인의 일반적인 태도를 반영했다. 이러한 태도는 유럽으로부터의 엄청난 거리뿐 아니라 이 바다 자체가 던지는 난제에 대한 실용적 대응이기도 했다. 태평양까지의 엄청난 거리는 사실 그 어떤 강력한 해군력으로도 도달할 수 없는 거리였다. 최소한 19세기까지는 그랬다. 영국 해군은 18세기 말이 되어서야 감귤류의 즙을 이용하여 괴혈병을 퇴치하려는 체계적인 노력을 실행했고 경도 문제도 해결했다. 결국 계몽주의 시대는 경도 문제를 해결하기 위해 영국 정부가 기울인 각고의 노력으로 탄생했다.

경도에 얽힌 사연은 대영제국의 강화와 밀접한 연관이 있다. 1707년 잉글랜드와 스코틀랜드를 병합함으로써 대영제국을 완수한 정부는 경도를 측정하는 정확한 방법에 거액의 상금을 내걸었다. 경도를 정확하게 측정하는 데 도전하는 것이 얼마나 중요한지를 방증하는 조치였다. 도전의 성공 여부는 항해 도구로 쉽게 측정할 수 있는 현지시각과 영국의 그리니치Greenwich처럼 정확한 좌표를 아는 지역이나 리스본, 마드리드, 파리, 브뤼셀, 안트워프나 리우데자네이루처럼 본초자오선[19] 지역을 놓고 경합을 벌이던 지역들의 시각을 알 수 있는 방법을 찾을 수 있는가에 달려 있었다. 세계 대부분의 주요 항로는 항해자들이 경도를 정확히 확정 짓기 전부터 이미 발견되었다. 태평양을 일주하는 방법에 대한 유럽인들의 지식은 토착민의 정보에 기댔다. 이 정보는 대개 토착민 개개인을 납치하여 뽑아낸 것들이었다. 존 해리슨John Harrison의 항해용 시계인 크로노미터chronometer가 나와 그동안 쓰였던 월거 측정법[20]에 승리를 거둔 것은 몇십 년 동안 가능한 해결책들을 연구하고 기존의 방책을 개선한 후였다. 일반 항해사들은 19세기나 되어서야 크로노미터를 쓸

19 경도의 기준이 되는 선.
20 달의 운행을 이용하여 배의 위치를 알아내는 측정법.

바다는 하나로 이어져 있다

수 있었다.

제임스 쿡 선장은 1772년 두 번째 태평양 탐험에서 해리슨의 네 번째 크로노미터 제품을 시험 사용했다. 그는 또한 댐피어의 책『새로운 세계 항해』를 가져가서 무역풍과 계절풍, 적도 해류에 관한 지도를 활용했고 결국 댐피어가 최초로 호주에 도착한 이후 80여 년 만에 호주에 도달했다. 쿡의 항해는 훗날 식물학자 조지프 뱅크스Joseph Banks가 이끌었던 과학적 탐험 전통의 선례를 마련해주었다. 뱅크스는 쿡의 첫 탐험에 동행했고, 탐험에서 돌아와 식물학자로 명성을 얻었다. 그후 왕립학회장으로 선출되어 41년 동안 회장을 역임했다. 뱅크스는 왕립학회장이면서 큐Kew에 있는 왕립식물원Royal Botanic Gardens의 수장 – 이 식물원에 관해 조지 3세에게 비공식 자문을 제공하는 역할을 수행했다 – 으로 멀리 떨어진 바다와 육지의 과학적 수집 및 탐사를 총지휘했다. 네덜란드와 프랑스, 러시아, 그리고 아직 신생국가였던 미국을 비롯하여 여러 나라에서 유사한 직책을 맡은 학자들 또한 지구의 먼 지역으로 과학 탐험대를 파견했다.

18세기 말에 땅과 바다의 개념은 이미 바뀌어 있었다. 과거에는 일군의 섬이 신세계였다. 지평선 바로 너머에 있는 섬들에 관한 이야기와 탐사에 힘입어 유럽인들은 지중해를 벗어나 망망대해인 대서양으로 나아갔다. 바다의 발견은 지구에 대한 지리적 이해를 바꾸어 놓았고 이제 섬이 아니라 대륙이 영토의 주요 단위가 되었다. 그러나 내륙지역, 특히 아프리카 내륙지역은 유럽인들이 세계의 연안과 섬을 대부분 알게 되고 영유권을 주장하게 된 지 한참 후까지도 탐험 대상이 되지 못했다. 망망대해를 건너는 역량을 발전시킨 항해기술에도 불구하고 20세기까지의 항해는 대부분 연안에 국한되어 있었다.

지구를 거대한 대륙들로 정의하게 되면서 바다는 지도 제작자, 시인, 풍경 화가들의 생각 속에서 인간 활동의 지대가 아닌 공간으로 변모했다. 바다는 그 어느 때보다 제국의 확장에 절실히 필요한 공간이었지만 예술가들이 바다를 보는 시각은 달라졌다. 조지 고든 바이런George Gordon Byron 경 같은 시인들은 항해자가 역량을 발휘하는 환경으로서의 바다를 숭고하고 낭만적인 공간으로 탈바꿈시켰다. 그의 시에는 다음과 같은 표현이 등장한다.

포효하라, 그대 깊고 어두운 푸른 바다여, 으르렁대며 포효하라!
만 척의 배도 그대 위에서는 헛되이 휩쓸릴 테니.

19세기 초의 풍경화가 터너J. M. W. Turner가 그린 회화 속 바다 또한 자연력이 으르렁거리는 공간이 되었다. 인간의 활동을 허락하지 않는 텅 빈 공간으로 거듭난 바다는 다시 새뮤얼 테일러 콜리지Samuel Taylor Coleridge의 『늙은 수부의 노래Rime of the Ancient Mariner』(1798)가 묘사하는 것처럼 환상 속 동물로 가득 찬 영역이 되었다. 시와 미술은 바다를 상상력으로 채울 수 있는 공간으로 그렸지만, 사실 바다를 거대한 자연력이 발휘되는 공간으로 보는 시각은 역사적인 변화의 산물이었다.

지도상에서 다시 텅 비어버린 공간으로 등장한 바다는 과학 탐구의 대상이 되었고 점차 지구의 조수와 지구자기장 연구, 기상 관측과 수심 측량 결과로 들어차기에 이르렀다. 바다에 대한 과학적 관심은 선원들의 현실적 필요 때문에 생겨났지만 과학자들은 바다를 알면 알수록 역사학자 나타샤 아다모프스키Natascha Adamowsky의 주장대로 그곳을 경이로움과 신화의 공간으로 보게 되었다. 서인도양에서 온 크리노이드crinoid강綱 바다나리와 암모나이

1848년 8월, 다이달로스호의 선장과 장교들이 바다뱀을 보는 광경을 그린 그림. 바다뱀을 20분 동안 보았다는 이들의 보고는 대서양 양쪽의 유럽과 북아메리카에서 선풍적인 반향을 일으켰다.

트의 발견은 화석으로만 알려져 있던 바다종이 실제로 발견된 최초의 사건으로, 지질학자들이 암석에서 발견했던 원시 생명체가 바다에 아직 살고 있을 수도 있다는 추정이 가능해졌다. 바다의 생물 발광현상은 어부와 선원, 연안 주민들에게는 친숙해서 특별한 신비감이 없는 현상이었지만 자연철학자들은 바다를 알기 시작하면서 이 신비한 현상에 매료되었다.

바다괴물도 실물이 되어 다시 등장했다. 바다뱀은 1639년 신세계의 앤곶Cape Ann 연안에 출현했고, 노르웨이의 한 주교는 1775년에 쓴 노르웨이의 자연사 책에 뱀과 비슷한 크라켄kraken**21**을 보았다는 보고를 남겼다. 1817년에는 과시욕이 특히 강한 바다뱀 한마리가 글로스터Gloucester 연안에 나타나 뛰놀았고 1819년에도 다시 나타났다. 300명을 넘는 사람들이 목격한 적도 있다. 바다뱀은 열렬한 사냥 대상이 되었지만 절대로 잡히지 않았고 자세한 목격담도 없었다. 과거부터 지금까지 바다뱀을 목격한 사건은 현실의 바다동물을 착각한 것으로 해석되고 있다. 윌리엄 후커William Hooker – 큐 왕립식물원Kew Gardens 원장이자 탁월한 식물학자, 탐험가 및 다윈의 진화론 옹호자였던 조지프 후커의 아버지다 – 는 다른 과학자들처럼 바다뱀이 실재할 가능성이 있다고 보았다. 19세기 중반 미국으로 이주한 스위스의 유명한 어류학자 루이 아가시즈Louis Agassiz는 "이크티오사우루스, 플레시오사우루스와 관계가 있

21 상상 속 바다괴물.

는 거대 해양 파충류의 존재를 더 이상 의심할 수 없다."라고 주장
했다. 하지만 과학자들의 목격을 확증하거나 반박할 수 있도록 실물
이 잡힌 경우는 전혀 없었다. 그저 신뢰성 있고 탁월한 관측자들이
목격담을 전한 경우가 있을 뿐이다. 글로스터 연안의 사례와 유사한
믿을 만한 목격담 또 하나는 1848년 남대서양의 사례다. 당시 다이
달로스Daedalus호의 선장과 장교들은 18미터짜리 짙은 갈색 동물이
배로 다가온 다음 배 근처에서 헤엄치는 광경을 20분 동안 바라보
았다. 이 목격담 역시 수수께끼로 남아 있다.

바다를 알고자 하는 노력은 해상무역의 팽창, 그리고 자연이
가하는 위협에서 해상활동을 보호하는 일에 대한 정부의 관심 증
대에서 비롯되었다. 18세기 말, 영국 정부는 수로국Hydrographic Office
을 설립하여 경쟁국인 네덜란드와 프랑스를 통해서만 구해보던, 신
빙성 있는 해도를 제작했다. 1830년대와 1840년대 미국 정부 역시
해상무역을 촉진할 수 있는 기관에 투자했다. 해상무역을 지원하는
정부의 계획에는 해양 지식을 증진하려는 목적의 초창기의 과학
자금 지원이 포함되어 있었다. 프랑스수로국French Hydrographic Service,
미국해군관측소American Naval Observatory, 그리고 네덜란드왕립기상학
연구소Royal Dutch Meteorological Institute 같은 기관들은 정보를 처리하
던 기관에서 연구 및 개발을 담당하는 기관으로 변모했다.

이러한 국가기관이 만들어 낸 가장 강력한 성과는 해도, 조석
표tide table, 수로지水路誌, sailing directions 등이었다. 이 도구들을 통해 바
다에 대한 지식은 노련한 항해사와 과학자들로부터, 출판인들로,

그리고 제국의 대행인 노릇을 했던 선장들에게로 이동했다. 영국에서는 오랫동안 수로국 책임자였던 프랜시스 보퍼트Francis Beaufort가 자신의 이름을 딴 보퍼트 풍력계급[22]의 이용을 촉진시켰다. 풍력계를 통해 폭풍우와 잔잔한 해상 상태를 경험했던 선원들의 경험이 신뢰성 있고 쉽게 소통 가능한 체계적 지식이 되었고, 이제 관측한 내용을 전 세계에서 비교할 수 있게 되었다. 나라마다 바다를 장악할 수단을 얻기 위해 새 해양 지식을 활용했다. 여기서 바다를 장악한다는 것은 직접적인 정치력이 아니라 본국의 산업에 식민지와 그곳의 원료 및 시장을 연결시켜주는 세계 교역망을 구축하기 위해 바다를 이용하는 능력을 얻는다는 뜻이었다.

정부의 과학 장려정책과, 제국주의를 키운 과학적인 해양 연구는 함께 출현했다. '과학자'라는 용어 자체도 물리학자 윌리엄 휴얼William Whewell이 지구의 조수현상을 연구하다가 새로 만든 말이다. 서구 제국주의 열강이 바다를 이해하고 이용했던 방식은 각 사회 내 과학의 위상을 높여놓았다. 과학자들은 바다의 물리적 특징을 측정 및 기록하고, 법칙을 해석하고, 해도 및 바다를 재현하는 물품을 제작함으로써 바다를 규정했는데, 이는 제국의 힘을 확대하는 데 도움이 되도록 작용했다.

[22] 해상의 풍력을 숫자로 표기한 것.

15세기에 등장한 유럽 해양강국들은 전 세계 바다의 항로를 찾아냈다. 세계 전역의 사람들과 이들이 인근의 바다와 관계를 맺고 살았던 장구한 사연은 바다의 발견으로 이루어진 극적인 변화의 서곡이라고 할 수 있다. 오랫동안 바다의 용도였던 교역과 어업, 전쟁은 규모와 범위가 더욱 커졌다. 16세기와 17세기에 나온 지도와 저서들은 바다를 인간이 활동할 영역으로 보는 문화적 시각을 드러냈다. 선원들과 정부 관료들과 해양 이야기를 탐독하는 독자들은 바다가 항해를 방해하는 바람과 온갖 기상현상과 해류로 가득한 공간, 그리고 깊은 곳에 귀한 자원과 신비로운 미지의 것들을 숨겨놓은 공간이라고 생각했다.

항로의 소유권을 지키려는 남부 유럽 강대국들의 노력은 자유무역을 옹호함으로써 궁극적으로 바다의 자유를 지지했던 북유럽 열강의 반격 대상이 되었다. 과학혁명으로 고대의 학문이나 신화가 아닌 경험에 근거한 지식을 선호하는 경향이 나타났다. 해양 지식의 축적으로 전통적으로 이용되던 지식의 규모와 범위가 더욱 커졌다. 교역과 식민지 개척을 적극 수용하는 정부들은 과학을 후원하는 혁신적 조치를 통해 그 힘을 보호하고 촉진시키려 했다. 해양 활동으로 얻은 바다 관련 지식에 근대과학이 낳은 지식이 통합되었다.

전승된 경험과 새로운 지식의 결합으로 바다괴물은 인간이 알고 있는 세계의 가장자리로 밀려났고, 지도상의 텅 빈 바다는 제국의 이익을 챙기는 대행자들에게 유용한 정보를 전달하는 공간으로 변모했다. 전쟁과 더불어 과학이 바다를 통제할 도구로 합류했다. 과학을 통해 바다의 풍랑과 해류와 윤곽을 제대로 지배할 수 있는 열강이야말로 바다를 사용할 적임자로 등장한 것이다. 바다의 자유라는 개념에 가장 큰 매력을 느낀 나라들은 공해와 심해를 알고 이용할 수 있는 기반시설을 갖춘 유럽 열강들이었다. 서구 열강이 바다를 통해 힘을 발휘할 수 있게 해 준 것은 분명 지식이었지만, 야망과 욕망의 형태를 띤 상상력 또한 과학과 제국주의와 바다가 만나는 지점에 함축되어 있었다. 상상력은 19세기 내내 영향력을 발휘했고, 심해를 비롯한 바다의 모든 것들을 인간 활동의 영역으로 끌어들일 미래 바다의 새로운 용도를 예고했다.

4장　　모든 바다를 헤아리다

그대 눈부신 거울 같은 바다여,

전능하신 신의 형상이 드러나는 곳

영겁의 세월, 미풍과 돌풍과 폭풍우로 떨다가도 고요해지는 곳

극지를 얼음으로 뒤덮거나 작열하는 열대에서

어둠으로 차오르는 곳

어둠을 쌓아가는 곳, 한도 끝도 없이 숭고한 곳

영원의 이미지, 보이지 않는 자의 왕좌

그대의 끈끈한 점액조차 심해의 괴물을 창조한다.

모든 공간은 그대에게 머리를 조아린다.

그대는 앞으로 전진한다.

두려움으로, 헤아릴 길 없는 심연의 깊음으로, 그리고 고독함
으로.

– 조지 고든 바이런 경,
〈차일드 해럴드의 순례Childe Harold's Pilgrimage〉, '칸토4Canto IV' 에서 (1818)

19세기는 심해 발견의 시대였다. 심해의 발견은 인간과 바다 전체가 관계를 맺는 출발점이었다. 바다 전체는 가장 먼 해역과 가장 접근이 어려운 부분까지 포함하는 영역이다. 바다는 헤아리기 힘든 공간이다. 불투명한 데다 궤적이나 흔적을 남기지 않는 광대한 바다는 사람들이 어떻게 바다와 관련된 지식을 쌓아 왔는지 알려주는 동시에 숨긴다. 역사적으로 선원과 항해사, 어부들은 일을 통해 바다를 알아왔고, 이에 신뢰할 만한 도구뿐 아니라 수 세대 동안 힘들게 습득한 전승을 활용했다. 19세기 내내 산업화로 바다가 전례 없는 규모의 일터가 되면서 어업과 교역, 이동과 여행 같은 전통적인 바다의 용도는 더욱 공고해졌다.

공해와 심해의 새로운 쓰임새가 출현했다. 뱃사람들은 정기적으로 다니던 항로와 익숙한 어장을 떠날 수밖에 없었다. 익숙한 해안 인근의 고래가 귀해지자, 고래잡이들은 육지에서 더 먼 쪽으로 긴 항해를 나섰고, 심해를 잠수하는 향유고래까지 뒤쫓았다. 고래에 관한 이야기들로 인해 심해의 생태조건뿐 아니라, 심해에 생명체가 존재할 수 있는가의 여부를 묻는 질문이 터져 나왔다. 과거의 그 어떤 선원도 가 본 적 없는 바다에 머물렀던 고래잡이들의 체험은 작가들에게 영감의 원천이 되어주었고 독자들이 이들의 이야기에 몰입하도록 만들었다. 해저전선의 설치로 단거리이기는 하지만 수중의 길이 열리면서 공학자와 기업가와 정치가들의 야심에 불이 붙었다. 이들은 이제 대양을 횡단하는 해저전신을 꿈꾸기 시작했다. 수송과 어업이라는 종래의 용도를 초월한 새로운 용도가 등장하면서 해양 지식에 대한 유례없는 수요가 생겨났고 각국 정부는 이러한 수요에 부응하기 위해 연구를 후원했다. 19세기 내내, 그리고 그 이전에도 사람들은 바다에 관한 지식을 간접적으로 얻었다. 전통적 형태의 노동과 근대 과학에서 얻은 지식과 기술을 이용하여 바다의 거대한 규모와 심오한 깊이를 파악한 것이다.

바다에서 하는 일의 규모가 늘어난 것보다 더욱 혁신적인 변화는 바닷가와 해상 놀이의 변화였다. 해변 휴가와 요트와 공공 수족관은 유익하면서도 재미있는 바다 접근법을 제공했다. 19세기가 되자 바다의 발견은 가정이라는 사적 영역까지 침투했다. 각 가정은 조개껍질이나 해초를 모아서 집으로 돌아오거나, 어항을 만들어 돌보거나 해양 관련 서적을 탐독했다. 바다는 정치적으로나 경제적으로 새로운 의의를 획득했을 뿐 아니라 문화 전체에 그리고 심지어 개인들에게도 엄청난 반향을 일으켰다.

19세기 이전의 항해자들은 바다의 깊이를 정밀하게 측정하기보다는 얕은 곳을 피하는 데 집중했다. 주의 깊은 측정은 주로 육지 인근의 바다에서 이루어졌다. 1823년 판 『브리태니커 백과사전 Encyclopedia Britannica』의 '바다' 항목에는 "제대로 된 도구가 없기 때문에 특정 깊이 아래로 내려가면 바다는 아직 헤아릴 수 없는 곳이다."라고 되어 있다. 표준적인 항해용 수심 측정 장비는 최고의 장비라도 100패덤[1] 정도밖에 잴 수 없는 수준이었다. 전문 탐험가들이 측정할 수 있는 깊이도 200패덤 정도에 불과했다. '측심추[2]가 미치지 않는 곳에off soundings'라는 표현이 있다. 이 말은 원래 항해사가 관심을 두지 않을 만큼 깊은 해역의 항해를 가리키는 말이었다. 이러한 관행은 '선상에서 심해로 던져진 측심추 등의 물체가 가장 밑바닥에 닿을 수 있을까'라는 의심에 뿌리를 두고 있었다. 그 시절 일부 항해자와 자연철학자들은 물에는 압축성이 있어 깊이가 깊어질수록 밀도도 높아진다고 생각했다. 그렇다면 물체는 물의 밀도와 같은 깊이에서 더 이상 내려가지 못하고 뜨게 된다. 19세기 중반에서 후반에 나온 기록들에는 전신줄이나 동료선원의 시신을 바다 깊은 곳에 던질 경우 '자신에게 맞는 깊이를 발견하여' 수중의 특정 높이에서 영원히 표류할지도 모른다는 두려움이 표현되어 있다.

북유럽의 항해는 지중해에 기원을 두고 있지만 지중해와 달리 독특한 특징이 하나 있다. 수심 측량에 의존해 항해를 했다는 점이다. 지중해의 수로 안내인들은 수심을 측정할 필요가 없었다. 지중해 해역의 경사는 해안가에서 갑자기 가팔라져 아예 접근이 불가능했고 얕은 바다는 맑고 안개가 드물어 수심을 잴 필요가 없었기 때문이었다. 반면 대서양은 해저의 경사가 해역마다 다른 데다 안개도 잦고 물도 맑지 않아 수심에 세심한 주의를 기울여야 했다.

1   바다의 깊이나 측심 줄의 길이 등을 재는 데 쓰이는 단위(1패덤=약 1.83m).
2   수심을 측정하기 위해 사용하는 납추.

선원들은 대서양의 수심이 100패덤을 지난 곳에서 갑자기 깊어진다는 것을 알게 되었다. 이곳이 오늘날 대륙붕 바깥쪽 경계라고 알려진 곳이다. 이런 까닭에 항구로 들어오는 배들은 해안이 가까이 있는지 알아내기 위해 정기적으로 수심을 측정했다. 납으로 만든 추에 기름이나 다른 끈끈한 물질을 발라 바닥 퇴적층에 있는 알갱이들을 끌어올려 보면 수심을 측정할 수 있을 뿐 아니라 배의 위치도 가늠할 수 있었다. 다양한 항구와 해안으로부터 멀리 떨어진 곳에서 측정해 본 해저의 유형에 대한 경험이 쌓이면서 가능해진 방법이었다.

패덤은 바다의 깊이를 측정할 때 쓰는 단위다. 1패덤은 약 1.8미터로, 성인 남자가 양팔을 한껏 벌렸을 때의 길이와 비슷하다. 선원은 수심측정용 납추를 선상에서 던져 추에 붙은 줄이 바다 밑으로 뻗어 나가 진행이 느려지거나 멈추어 바닥에 도달했음을 알려줄 때까지 기다렸다. 그런 다음 바닥 지점에서부터 줄을 한 번에 한 패덤씩 끌어올려, 바닥까지 도달하는 데 걸린 패덤의 개수를 셌다. 비교적 얕은 바다에서도 추가 바닥에 닿는 순간을 알려면, 진행 중인 배에서 수심을 측량할 때처럼 추를 뱃머리에서 던져 배가 진행할 때쯤 추가 위아래로 직선이 되게 하는 등의 기술이 필요했다.

패덤이라는 단위가 인간의 신체와 가깝다는 사실은 전문 항해사들이 바다를 본능적으로 이해하고 있었음을 암시한다. 이러한 지식은 평범한 선원들이 알 수 없었던 것이다. 러디어드 키플링 Rudyard Kipling의 소설 『용감한 선장들Captains Courageous』(1897)에 등장하는 선장 디스코 트루프Disko Troop는 최고의 어부이자 항해사로 선단에서 명성이 파다한 인물이었다. 측심추가 건져 올린 해저 퇴적층의 냄새와 촉감, 맛을 통해 범선이 그랜드뱅크스 어디쯤 위치해 있는지를 알아낸 데 기인한 명성이었다. 그의 선원 중 하나인 톰 플랫Tom Platt은 추를 사용하는 재능이 탁월했고, 이 기술을 습득했던 젊은 주인공 하비Harvey의 능력은 그가 평범한 선원 신분을 벗어나 미래의 전문 항해사 반열에 들어설 것이라는 신호였다.

항해사와 선원들이 일을 통해 얻은 지식이 항로 확립에 도움을 주었던 것처럼, 뱃사람들의 기술 또한 심해의 발견을 촉발시켰다. 수심 측량에 능숙해진 대서양 선원들은 이 귀중한 기술과 관행을 미지의 바다를 탐험하는 데 이용했다. 고래잡이 또한 수심 측량 기술의 최전선에 있었다. 19세기 초까지 대부분의 포경업은 해변에서 이루어졌다. 포경업에서 선호한 고래는 '참'고래였다. '좋은' 고래라는 의미의 참고래라는 이름은 해변 인근에서 헤엄치다가 죽으면 물에 뜨기 때문에 잡기가 용이하고 기름이 풍부하다는 점에서 유래했다. 육지 인근 해변의 고래 수가 줄자 고래잡이들은 더 큰 배를 타고 먼 바다 쪽으로 나아갔다. 선박에서 고래 기름을 짜낼 수 있도록 선박 용광로를 도입하면서 선박이 육지에 들어올 필요가 줄어들었기 때문에 고래잡이들은 기존 해역 사이를 움직이는 데 급급했던 교역상이나 선원들이 가보지 못했던 공해의 일부 해역을 가 볼 수 있게 되었다.

가령 미국의 고래잡이 선장들은 멕시코만류Gulf Sream라는 해류를 잘 알고 있었다. 과학자들이 이에 관한 의문을 품기 전의 일이었다. 미국 식민지의 우정공사 부총재로 재직하던 벤저민 프랭클린Benjamin Franklin은 우편을 싣고 영국에서 미국으로 떠난 배가 북쪽 항로를 이용하면 남쪽 항로를 이용할 때보다 시일이 몇 주씩 더 걸리는 이유를 알아내는 데 골몰해 있었다. 낸터킷Nantucket호의 선장이었던 그의 사촌 티모시 폴저Timothy Folger는 그 답을 알고 있었다. 온갖 항로로 대서양을 건너다녔던 미국의 포경선들은 고래가 유독 특정 해역을 피한다는 사실을 주의 깊게 관찰했고, 그 해역의 색깔과 온도가 주변 해역과 다르다는 것을 알아차렸다. 반면 상선의 선장들은 이동에만 신경을 썼기 때문에 이러한 특징을 알아차릴 필요가 없었다. 포경선의 상세한 기록은 과학자들이 의문을 갖기 시작했을 때, 유용하게 사용되었다. 프랭클린은 폴저의 스케치를 바탕으로 멕시코만류에 대한 해도를 여러 차례 출간했다. 여기에는 1832년까지 거의 모든 멕시코만류 해도의 기초 자료 구실을 했던 1786년 버전도 포함되어 있었다.

포경선들은 낯선 바다를 건넜을 뿐 아니라 포경선을 심해로 이끌었던 습성을 가진 새로운 고래종을 선호하게 되었다. 참고래보다 향유고래를 선호하게 된 변화는 참고래 개체 수의 감소도 원인이었지만 향유고래의 지방으로 만든 기름의 질이 더 월등하기 때문이기도 했다. 향유고래의 지방에서 나온 기름은 공장 기계의 윤활유로도 쓰였다. 또한 향유고래의 두강頭腔, head cavity 안쪽에는 경랍이라는 밀랍 성질의 물질이 들어 있었는데 이 물질은 연기 없이 밝은 빛을 내는 양초의 원료로 쓰였다. 게다가 향유고래의 창자에서 발견되는 물질인 용연향3은 아주 귀한 물질로 향수를 만드는 데 사용되었다. 참고래처럼 향유고래의 사체도 표류하기 때문에 목재 포경선이 추월할 만큼 느리게 움직인다. 그러나 참고래와 달리 향유고래는 심해에 사는 대왕오징어를 먹고 살기 때문에 아주 깊은 곳까지 잠수가 가능했고, 실제로 포경선에서 던진 작살을 맞으면 심해로 잠수하는 경우도 있었다.

향유고래가 어떻게 여러 시간 동안 잠수를 유지하는지 그리고 얼마나 깊은 곳까지 잠수할 수 있는지에 관한 기상천외한 이야기들이 떠돌았다. 과학자들은 수중 약 300패덤 밑에서는 생명체가 살 수 없다고 생각했지만, 포경선들은 작살에 걸린 고래가 심해로 추락해 작살에서 빠져 나가지 못하도록 때로는 200패덤짜리 줄이나 그보다 더 긴 줄을 이어 붙여 써야 했다. 고래에 대한 이러한 정보는 학식이 있는 고래잡이나, 선원들에게 정보를 얻은 소수의 과학자들을 통해 일반 과학자들의 눈과 귀에 가 닿았다. 영국의 포경선 선장인 윌리엄 스코스비William Scorseby는 고래에 대한 지식뿐 아니라 고래를 잡았던 북극해에 대한 지식 발전에 크게 기여한 인물로서 1820년에 『북부 고래어장The Northern Whale Fishery』이라는 유명한 책을 발간했다.

태평양에서 죽임을 당한 한 고래의 지방에는 당시 대서양에

3　동물성 향료의 한 종류.

서 조업하던 포경선의 작살이 박혀 있었다. 이런 이야기들은 북서 항로Northwest Passage4를 탐색해야 한다는 주장에 힘을 실어주었고, 주요 국책 탐험대 설계자들의 관심을 끌기 시작했다. 찰스 윌크스Charles Wilkes가 지휘하는 미국탐험대U. S. Exploring Expedition(1838년–1842년)와, 이보다 덜 알려져 있던 북태평양탐사원정대North Pacific Exploring Expedition(1853년–1856년)를 꾸린 이들은 태평양과 섬을 잘 알고 있는 포경선 선장들에게 자문을 구했다.

포경선 선장들은 포경산업을 후원하기 위해 해저 연구가 필요하다고 제안했다. 해저 유형을 알아야 풍부한 어장을 찾을 수 있다는 논리에 따른 것이었다. 미국의 해양학자이자 해군장교인 매튜 폰테인 모리Matthew Fontaine Maury 또한 북태평양 탐사의 일환으로 해저를 탐사해야 한다고 존 로저스John Rodgers 중위를 설득하려 애썼다. 프랭클린처럼 모리 역시 뱃사람의 바다와 과학자들의 바다 사이에 다리를 놓았다. 모리는 포경업자와 다른 뱃사람이 경험을 통해 습득한 지식을 귀하게 여기고 이들의 이야기를 자신의 저서『바람 및 해류도에 대한 해설 및 항해지침Explanations and Sailing Directions to Accompany the Wind and Current Charts』(1851–1859, 제8판까지 출간되었다.)에 포함시켰다. 그는 기상학계의 국제 협력을 증진시키는 역할을 수행한 업적으로도 유명했지만 바람과 해류에 대한 연구로 후세대에게 더 잘 알려져 있다. 그뿐 아니라 모리는 미군 해군관측소의 소

---

4 북대서양에서 캐나다 북극해를 빠져서 태평양으로 나가는 항로.

장이라는 직위를 이용하여 고래 목격담과 수렵에 대한 정보를 항해일지에서 모아 집대성했다. 그의 목표는 항해사들의 항해 시간을 단축시키는 것으로 명성이 자자했던 해류도海流圖처럼 항해에 유용한 도구를 만드는 것이었다.

해양 정보를 집대성하여 도표를 만들어 사용자들에게 제공하려던 욕망은 모리만의 것이 아니었다. 사실 모리는 프로이센의 탐험가이자 박물학자인 알렉산더 폰 훔볼트Alexander von Humboldt의 자연지리학 연구에서 영감을 받았다. 탐험 관련 저작과 남아메리카 및 아프리카 대륙에 대한 저작들로 유명한 훔볼트는 바다와 해류, 그 밖의 물리적 특성, 그리고 해양 환경에 대응해 살고 있는 바다의 식물과 동물에 매료되어 연구생활을 시작했다. 많은 과학자들이 생명체와 자연 환경 간의 상호연관성에 대한 그의 비전에 매료되어 광범위한 지역에 걸친 데이터를 수집하기 시작했다. 바다야말로 이러한 접근법에 맞는 이상적인 환경으로 보였다.

모리는 바람과 해류, 기상학 관측, 그리고 해양산업을 뒷받침하는 고래 분포에 대한 풍부한 연구를 실행했을 뿐 아니라 1855년에 『바다의 자연지리The Physical Geography of the Sea』라는 저서를 발간했다. 이 책은 실용적인 지식을 보태려는 것뿐 아니라, 훔볼트의 영향력을 기념하는 의미에서 학문적 기여를 멈추지 않으려는 그의 야심을 반영하고 있다.

19세기, 가장 놀랍고 참신한 바다 이용의 사례인 해저전신submarine telegraphy 역시 교역과 마찬가지로 바다의 자유에 기반을 두고 있었다. 향유고래잡이가 심해에 대한 호기심을 자극하는 데 그쳤다면 해저전신은 심해를 과학적으로, 그리고 비유적으로 헤아리려는 움직임을 촉발시켰다. 연안에서 떨어진 공해의 수심을 측정하려는 초기의 시도는 거의 없거나 있다고 해도 지극히 간헐적이었다. 1817년에서 1818년까지 존 로스John Ross 경의 배핀만Baffin Bay 항해, 그리고 대서양 심해의 수심을 측정하려 했던 찰스 윌크스의 미국탐사대의 항해 정도가 수심 측정의 사례였다. 1840년에 로스의 조카인 제임스 클라크 로스James Clark Ross 경은 북극 탐사 중 당시로서는 최고 수준의 심해 수심 측량을 실시했다. 해저에 케이블을 깔 수 있게 되면서 심해 수심 측량은 간헐적인 실험 수준을 벗어나 정부 해양학자들의 책임, 결국에는 전신회사 직원들의 일상 업무가 되었다.

해양 조사와 해도는 산업혁명으로 급성장한 해상무역과 한 배를 타고 발전했다. 대부분의 해양학자들은 당연히 기존에 확립된 항로에 집중해서 해안선과 항구, 육상 접근법을 연구했다. 증기력으로 해안 이동이 혁신적으로 변화하면서 풍력에 기대지 않는 선박에 어울리는 새 항로를 바탕으로 한 해양 지식이 필요해졌다. 항해를 개선하기 위해 과학을 이용하려는 모리의 정력적인 시도는 1840년대 말이 되면서 더욱 확대되어 심해 수심 측량을 실험적으로 시행하는 단계에 이르렀다. 이 수심 측량 중 일부는 증기선이 다니기 시작했던 항로를 대상으로 했다. 모리를 움직이는 추진력은 훔볼트에 영감을 받은 바다의 자연지리에 대한 과학적 호기심, 그리고 해도에서 부정확한 정보를 제거해야 할 필요성이었다. 선원들이 수심이 얕다고 보고한 해역이 사실은 심해라는 것을 알게 된다면 해도의 정보를 교정할 수 있을 터였다. 그렇게 되면 선원들은 최신 해도의 정확성을 믿고 심해로 입증된 해역에서는 최고 속도로 배를 운항해도 될 것이었다.

　　모리는 휘하 해군장교들을 데리고 3년간 집중적인 작업을 한 후인 1853년에 북대서양 해양분지에 대한 최초의 수심 측량 해도를 제작했다. 90여 차례의 수심 측량을 바탕으로 한 이 해도에는 1,000패덤, 2,000패덤, 3,000패덤, 그리고 4,000패덤이나 그 이상 깊이의 바다를 밝기에 따라 각각 표시했다. 측정치 대부분은 아주 단순한 기술과 전통적 수심 측량법으로 산출한 것이었다. 처음에 수로학자들은 노끈을 포탄에 묶어 배에서 바다로 던진 다음 포탄 추가 밑바닥에 닿았다는 판단이 들 때까지 끈을 내렸다. 그런 다음 노끈을 자르고 항해를 계속했다. 모리의 훈련을 받은 젊은 중위는 영리한 혁신안을 내놓았고 그것은 심해 퇴적층 샘플을 갖고 올라올 수 있는 수심 측량 장치를 낳았다. 샘플을 갖고 올라오려면 끈을 다시 끌어올리는 추가 노동이 필요했지만, 최소한 추가 바닥에 닿았다는 것을 확증할 수 있었다. 1855년 모리는 다시 새로운 해도를 만들었다. 처음 만든 해도의 두 배 이상 되는 189회의 수심 측량치가 기록된 해도였다.

모리의 해도에는 유럽과 북아메리카 사이의 인기 있는 증기선 항로 – 다시 말해 항해하는 선박들이 오랫동안 이용해왔던 무역풍대 북쪽 – 를 따라 측정한 수심 측량치가 포함되어 있었다. 이 수심 측량치는 대서양 해저전신을 설치할 후보지 인근의 것이기도 했다. 해저전신을 기획한 사람들은 전신줄을 아일랜드에서 뉴펀들랜드까지 깔고 싶어 했다. 이 해역은 대원거리**5**에 인접한 지대, 다시 말해 대서양을 횡단하는 최단거리였기 때문이다. 모리가 심해 수심 측량 작업을 시작했을 당시에 대서양 해저전신 프로젝트를 알고 있었던 것 같지는 않지만, 어쨌건 해저전신의 가능성은 해저 연구에 즉시 박차를 가했다.

모리의 수심 측량 해도는 유사한 해도 중 최초로 해양분지 규모를 지닌 해도였기 때문에 항해사와 과학자들의 큰 이목을 끌었지만 그가 만든 바닷속 이미지에 관심을 갖게 된 것은 비단 전문가들만이 아니었다. 보통 사람들 역시 바다의 모습을 알고 싶어 했다. 모리의 유명한 〈전신고원Telegraph Plateau〉은 공교롭게도 사업가들이 케이블을 깔려 계획했던 바로 그 장소에서 수로학자들이 우연히 발견했던 해저의 특징을 그려놓은 그림이다. 약 2,000패덤 깊이의 이 평평한 심해 지대는 유럽과 신대륙 간의 최단거리인 대원거리 근처에 위치해 있었다. 이 그림에는 고원 남쪽에 들쭉날쭉 험악한 지형의 해저가 나오며, 고원지대가 대개 험준하고 울퉁불퉁한 해

---

5 지구를 구라고 가정할 때, 지구상의 두 점간의 거리를 구의 표면을 따라 측정한 거리.

저에서 천우신조 격으로 존재하는 예외적 지대라는 당시의 통념을 잘 보여주었다. 이 그림의 이미지와는 전혀 다른 이미지, 즉 해저의 부드러운 진흙에서 발견된, 안전한 규조류와 미생물들의 껍질을 그린 이미지 등은 신문이나 삽화가 든 주간지 앞면에 등장하여 심해가 케이블을 깔 만큼 안전하고 적당한 지대라는 것을 선전했다.

　　모리 밑에서, 그리고 미국 해안탐사소U. S. Coast Survey에서 연구하던 미국인들은 1850년대 초 내내 심해 수심 측량에 가장 적극적으로 달려들었다. 1854년 크림 전쟁Crimean War이 끝나면서 영국 역시 심해 탐사 작업을 위한 자원을 자유롭게 쓸 수 있게 되었다. 이 시기 이후로 심해 측량 기술의 발전은 영국 선박을 중심으로 이루어졌다. 영국이 대서양을 횡단하는 해저전신을 설치하는 데 더 적극적으로 참여했다는 뜻이다. 완성까지 수십 년이 소요되는 동안 이 프로젝트에 참여했던 주요 기업가는 사이러스 W. 필드Cyrus W. Field였다. 1857년과 1858년에 걸쳐 미국과 영국의 선박이 모두 참여한 두 번의 설치 시도는 케이블을 잠깐 가동시키기도 했지만 결국 전기상의 이유 때문에 실패로 끝이 났다. 그 이후 미국의 남북전쟁 등의 이유로 거의 10년이 지나서야 다시 케이블을 설치했다. 1866년 당시 건조된 선박 중 가장 컸던 200미터짜리 그레이트이스턴Great Eastern호는 케이블을 설치하는 데 성공했을 뿐 아니라 그 지난해에 망가졌던 선을 찾아 복구까지 해 놓았다.

　　육지에서는 대서양에 깔린 케이블이 세계 제8대 불가사의로 지정되었고 세계평화를 지켜 줄 통신혁명으로 각광받았다. 항로의

〈세계 제8대 불가
사의〉라는 제목의
석판화. 대서양 횡
단 해저전신을 기
념하는 우화적 장
면을 그린 그림
(1866).

수심 측량에 성공한 것과 심해를 케이블을 깔 만큼 안전한 장소로
새롭게 조명한 것은 군 지도 제작자와 사업가, 공학자들의 책상을
넘어 더 넓은 문화적 발견으로 여겨졌다. 해저전신의 실패와 성공
에 대한 열광적인 언론 보도와 케이블을 설치하는 항해에 대한 대
중적인 이야기들은 빅토리아 시대 가정에서 독자층을 형성했다. 이
들은 〈대서양 전신 폴카The Atlantic Telegraph Polka〉나 〈대양 전신 행진
곡The Ocean Telegraph March〉 따위의 케이블 자체나 케이블이 깔린 깊
은 바닷속을 칭송하는 곡의 피아노용 악보까지 사들였다. '오션스
프레이Ocean Spray'라는 향수를 소지하고 있던 귀부인도 있었을 것이
다. 오션스프레이는 사이러스 필드를 기념하여 제작되어 『하퍼스
위클리Harper's Weekly』지에서 광고한 제품이었다. 열혈 팬들은 귀금
속 회사인 티파니앤드컴퍼니Tiffany & Company가 해저에 깔고 남은 32

모든 바다를 헤아리다

175

킬로미터짜리 케이블을 사들여 만든 50센트짜리 기념품도 구입했을 것이다. 남은 줄 일부로 만든 우산 손잡이, 지팡이, 회중시계도 팔려나갔다. 사이러스 필드는 심해 퇴적층의 희귀 성분을 끼워 넣은 회중시계를 따로 제작해서 갖고 다녔다. 케이블로 대서양을 이어놓는 찬란한 위업으로 인해 심해는 이제 보통 사람들의 가정과 생각 속으로 들어와 자리 잡게 되었다.

대서양을 관통하는 해저전신으로 심해의 발견이 이루어졌지만, 많은 이들은 해안에서 바다를 새롭게 발견했다. 해변에서 보내는 휴가라는 새 유행이 생겨나면서 해양생명체에 대한 과학적 관심이 급성장했다. 전통적으로 해변은 오늘날처럼 매력이 넘치는 장소가 아니었다. 가난한 사람들은 해변에서 식량으로 쓸 해초와 파도에 밀려온 쓸 만한 물건들을 찾아냈다. 난파선 약탈자들이 불빛을 밝혀 일부러 배를 좌초시킨 다음 해변으로 쓸려 오는 표류물을 인양한다는 소문도 나돌았다. 새로운 문화적 의의를 얻기 전의 해변은 식인종과 반란 세력, 난파선의 희생자들을 연상시켰다. 대니얼 디포가 쓴 소설의 주인공 로빈슨 크루소는 난파를 당한 후 해변을 피해 안전한 내륙에 머문다. 점잖은 사람들은 해변으로 가려 하지 않았다.

해변의 부활은 정신과 육신 모두를 포함하는 현상이었다. 유럽 상류층 출신의 청년들은 18세기 중반에 시작된 그랜드 투어

Grand Tour**6**를 통해 네덜란드를 찾아갔다. 네덜란드의 바다 그림에서 보았던 장면들을 직접 보기 위해서였다. 낭만주의Romanticism 열풍에 영향을 받은 이 청년들은 바다가 풍기는 극도의 고요함이나 강렬한 난폭함에서 숭고함을 찾았다. 낭만주의 예술가들은 깊은 생각에 잠길 최적의 장소를 찾아 해변으로 향했다. 헤아릴 길 없이 깊은 바다와 마음속 심연 사이의 소통을 통해 진정한 자신을 깨닫기 위함이었다. 바닷물과 바닷가 공기가 육신의 건강에 끼치는 유익한 영향 역시 정신에 끼치는 영향만큼 매력적인 요소로 각광받았다. 건강에 유익하다 간주되었던 내륙 온천의 사회적인 매력은 북유럽 해변의 차디찬 바닷가에서 즐기는 수영과 맑은 해변 공기를 호흡하는 활동에 대한 열광으로 진화했다.

맨 처음 해변으로 향한 계층은 귀족을 비롯한 상류층이었지만 중류층 역시 해변 휴양지의 사회적 매력에 이끌려 바닷가로 향했다. 미국인이 해변의 매력을 발견한 것은 유럽인들보다 10여 년 후의 일이었다. 엄격한 조절을 거친 물요법hydrotherapy은 우울, 불안, 그리고 분노의 치유를 약속했다. 치료를 목적으로 바다에서 수영을 했던 이들은 병을 극복하기 위해 바다의 공포를 감내했지만, 오히려 바다 수영을 통해 육체적 쾌락을 발견했다. 1840년대 무렵 도시에서 해변까지 철도가 연결되어 거의 모든 사람들이 하루 일정으로 해변 유람을 갈 수 있게 되면서 오늘날 서구인들에게 익숙한 도

6　과거 영·미 부유층 젊은이들이 교육의 일환으로 유럽 주요 도시들을 둘러보던 여행.

시인과 해변 사이의 친밀한 관계가 확립되었다.

품위를 중시했던 빅토리아 시대의 사람들은 새로 발견한 육체적 쾌락과 쾌락을 제공하는 유행의 현장인 바다를 도덕성과 조화시키려 애썼다. 당시 사람들의 눈에 해변은 육체적 쾌락을 제공하는 공간이었을 뿐 아니라 경이로운 자연을 배울 수 있는 관문이기도 했다. 해변의 절벽을 통해 지질학자들이 가설로 제시했던 장구한 지구의 역사를 새롭게 인식하기 시작한 관찰자들은 지질학 연대에 대한 입체감을 잠깐이나마 실감할 수 있었다. 바다를 찾은 사람들은 끝없는 파도와 수평선을 관조하면서 장구한 시간대와 해안, 암석과 절벽을 창조하고 변화시킨 힘을 상상했다.

해변의 모래를 밟아보기 위해 목재 산책로와 발코니를 벗어나 해변으로 나온 산책자들의 발치에는 파도가 깜깜한 심해로부터 실어 온 보물이 깔려 있었다. 아름다운 조가비는 18세기 진기한 물건들의 진열장에 놓일 만큼 인기가 높았지만, 해변 휴가가 유행하면서 조가비 외에도 다양한 해양생물이 자연사 공부의 기초를 제공했다. 휴가를 즐기러 해변으로 간 중산층 출신의 사람들은 해변을 걸어 다니며 해초와 조개껍질, 해양생물과 그 잔해들을 찾아냈고 더 많은 지식을 얻기 위해 해양자연사를 다룬 수많은 대중서를 찾아보았다. 바다의 역사를 다룬 대중서로는 신앙심 깊은 박물학자이면서 과학의 대중화에 앞장섰던 필립 헨리 고스Philip Henry Gosse의 『바다The Ocean』와 『어느 박물학자의 데본셔 해안 산책A Naturalist's Rambles on the Devonshire Coast』(1844) – 해양생명체를 하나님 창조의 상징으로 칭송했고 살아 있는 해양 동물이 물속에 사는 장면을 화려하게 그려놓은 책들 – 같은 저작이 대표적이었지만 그 밖에도 이와 유사한 책이 쏟아져 나왔다. 영국 성공회 성직자이자 케임브리지 대학교의 교수였던 찰스 킹슬리Charles Kingsley는 진화론을 수용했고 『글라우코스: 혹은 해변의 불가사의Glaucus: or, The Wonders of the Shore』 (1855)라는 제목의 해양자연사 책과『물의 아이들Water Babies』(1863) 이라는 유쾌한 동화를 썼다. 그의 동화는 어린 굴뚝 청소부가 도덕적, 사회적으로 진화하기 위해 수중 동물이 되는 이야기다. 미국의 교육자인 엘리자베스 캐리 아가시즈Elizabeth Cary Agassiz는 유명한 동물학자 루이 아가시즈의 부인이자 여성 과학교육 장려를 촉구하는 운동을 벌였던 인물로서『자연사의 해변연구Seaside Studies in Natural History』(1865)를 의붓아들인 알렉산더와 함께 썼다. 훗날 유명한 해양학자가 된 알렉산더는 심해 시료를 채취하는 참신한 방법을 고안해낸 인물이다.

해양자연사는 해변의 즐거움을 탐닉할 수 있는 기분 좋은 구실을 남녀노소에게 제공했고, 해변 휴가라는 문화는 여성들을 과학으로 끌어들이기도 했다. 마거릿 개티Margaret Gatty는 조류학藻類學, algology에 대한 기여로 이 분야의 주요 학자들에게 높은 평가를 받은 여성이다. 개티는 일곱째 아이를 낳고 기관지 질환에 걸린 몸을 회복하기 위해 헤이스팅스Hastings라는 해안 도시에 머무는 동안 해초를 연구하기 시작했다. 평소와 달리 자리를 보전하고 누워 있는 생활에 싫증이 난 개티는 윌리엄 하비William Harvey가 쓴『영국의 조류藻類, Phycologia Britannica』(1846-1851)를 읽고 책에 나오는 해초를 직접 찾아보기 위해 해변을 돌아다녔다. 그녀는 조류 연구에 대한 열정에 사로잡혀 집으로 돌아와 자연사에 관한 글을 쓰기 시작했고, 1863년에 유명한 『영국의 조류British Seaweeds』를 썼다. 개티는 조류 수집에 식구들까지 동원했고, 이들은 결국 휴가 여행을 특이한 종 표본을 수집할 기회로 바꾸어버렸다.

개티와 그녀의 가족이 보통 사람들보다 훨씬 더 진지한 태도로 해양자연사를 연구했다면, 다른 중산층 가정 역시 도덕적으로 적절한 여가활동을 추구하려는 생각으로 표본 수집에 열중하게 되었다. 살아 있는 수중 동물을 잡아 집으로 돌아오는 새로운 취미는 오랫동안 과학과 오락의 도구로 기능해 왔던 수족관의 개발로 탄력을 받게 되었다. 1850년대 중반 무렵 런던

THE FOUNTAIN AQUARIUM.

분수 어항. 수족관 광풍이 거셌던 19세기 중반 어항은 가정에서 수중 동물을 기를 수 있는 인기 있는 많은 방법 중 하나였다.

에는 이미 살아 있는 동물을 사람들에게 제공하는 공급책이 두 곳 정도 있었고 공공 수족관도 있었다. 필립 헨리 고스는 앞에서 언급한 자연사 대중서를 쓴 후『수족관: 심해 신비의 베일을 벗기다The Aquarium: An Unveiling of the Wonders of the Deep Sea』(1854)라는 제목의 수족관 해설서를 출간했다. 그 후 20년 만에 영국에는 열두 곳이나 되는 공공 수족관이 생겨났고 유럽의 주요 도시에도 수족관이 지어졌다. 해변 휴가의 경우가 그랬듯 미국인들 또한 유럽에 이어 곧 수족관을 받아들이게 되었다. 고스의 아들인 에드먼드Edmund는 영국의 암석지대에 있는 조수 웅덩이 '구석구석을 유린한' 자연사 수집가 '떼거지'에 대해 울분을 터뜨린 아버지의 이야기를 전한다.

간혹 해변을 산책하는 사람들이 동물학이나 식물학에서 보물로 간주하는 생명체를 폭풍우가 지나간 해변에서 발견하기도 했다. 그러나 본격적인 해양자연사 탐사에는 선박이 필요했다. 지질학자이자 동물학자인 에드워드 포브스Edward Forbes는 맨섬Isles of Man 바닷가에서 자란 덕에 1830년대와 1840년대 영국 과학계에 자연사에 필요한 심해 채굴dredging을 알리는 데 핵심적 역할을 담당했다. 1831년 에든버러 대학교University of Edinburgh 의과대학에 입학한 포브스는 자연사 연구 자료를 열심히 수집하던 교수와 학생 답사단에 참여하게 되었다. 그는 아버지가 고향에서 어업에 종사했던 덕에 노를 잘 저었고 굴 채집에도 재주가 좋아, 연구용으로 빌려온 어선이나 노 젓는 배를 타고 나가는 답사단의 심해 채굴 작업에 노련한 경험을 제공했다. 당시 답사를 함께 했던 학생들 중에는 풋내기 선원인 찰스 다윈Charles Darwin도 끼어 있었다. 그는 새로운 채굴 경험을 가지고 비글Beagle호 항해를 나섰다. 배를 통해 심해 탐사를 했던 또 다른 인물은 조지 존스턴George Johnston이다. 존스턴은 훗날 노섬벌랜드Northumberland에서 의사가 된 인물로 해양 동물학 발전에 적극 나섰고 버윅샤이어 박물학자 동호회Berwickshire Naturalists' Club를 창설했다.

자연사 동호회들은 정보교환과 토론을 위한 만남의 장소를 제공했을 뿐 아니라 개별 수집가들보다 큰 규모의 심해 채굴 답사단을 조직할 수 있었기 때문에 해양과학 발전의 토대가 되었다. 철도가 해변까지 뻗어 나가 해변에 대한 접근이 용이해지면서 휴가를 맞은 심해 채굴자들은 심해에서 해양 동물을 수집하기 위한 방편으로 요트가 편리하다는 것을 발견했다.

해양과학을 촉진시킨 요트의 전통은 카우스Cowes에서 열리는 왕립 요트 경주 주간Royal Squadron's Regatta Week처럼 고상한 친목경기와 런치파티가 아니었다. 상류층이 해양세계를 구경할 수 있는 방편을 제공한 것은 파티나 친목경기가 아니라 항해였다. 항해를 통해 해양과학자들은 사교 중심부를 떠나 동물학적 자원이 더 풍부한 먼 해역으로 나가 직접 탐사 작업을 할 수 있었다. 요트는 박물학자들에게 빌린 어선보다 편안할 뿐 아니라 심해 채굴 지역을 직접 선택하고 수집 장비를 실험해 볼 수 있는 독립성을 제공했다.

요트는 또한 여성들이 바다에서 과학 연구를 할 수 있는 환경을 제공했다. 여성들은 자연사 동호회의 회원으로 받아들여졌고 과학 연구뿐 아니라 사교적 성격도 띠고 있었던 요트 여행에서 환영받았다. 1871년에 에든버러에서 개최된 영국 과학 발전 협회British Association for the Advancement of Science 회의는 여성들을 포함한 60여 명 회원들의 심해 채굴 작업을 특별히 다루었다. 2년 후 내륙의 버밍햄 자연사 동호회Birmingham Natural History Club는 요트 루비Ruby호를 빌려 일주일간 테인머스Teignmouth로 채굴 답사단을 조직해 떠났다. 여성들이 참여하면서 휴가 여행의 친목성이 추가되었다. '특히 여성들이 최초로 회원으로 인정되었기 때문에' 답사를 연간 행사로 만들었던 동호회 회원들의 결정을 보면 답사의 사교적 성격을 가능해볼 수 있다.

해양학자들과 대부분의 역사학자들은 해양과학 분야의 지배자가 애초부터 남성이었다고 생각하지만 19세기 배의 갑판에서 본 광경은 해양과학 연구가 수심 측량용 연구 선박과 어선뿐 아니라 노 젓는 배와 요트에서도 시작되었다는 것을 드러낸다. 휴일의 해변 소풍이라는 맥락 때문에 여성과 아이들을 비롯한 아마추어들도 전문 과학자들과 나란히 해양자연사를 연구했다. 19세기 중반에서 후반으로 가면서 과학의 전문성이 더욱 뚜렷해진 이후에는 대학과 박물관, 그 외 중요한 기관을 장악한 전문가들이 아마추어 과학자들의 연구를 묵살하기 시작했다. 그러나 이들의 해양과학 연구가 과소평가된 주된 이유는 1870년대 챌린저Challenger호의 유명한 항해가 갖는 역사적 위상 때문인 듯하다.

오랫동안 해양학의 토대가 된 사건으로 여겨졌던 챌린저호의 세계일주(1872년-1876년)는 해양에 대한 과학적 관심의 정점을 상징한다. 1866년 대서양 횡단 전신케이블 설치가 성공을 거두면서 해저전신의 효력이 입증되었고 이는 심해연구와 이를 지원하려는 정부 의지의 강력한 동기가 되었다. 배의 흘수선[7] 근처에서 채집을 시작해 배와 요트의 갑판에서 심해로 들어갔던 박물학자들은 해양 동물의 분포가 알고 싶었고, 가장 깊은 심해에도 생명체가 생존하는지 확인하고 싶었다. 지중해에서 심해 채굴 작업을 마친 후 포브스는 심해 약 300패덤 인근에서 생명체가 사라졌다는 결론을 내렸다. 1854년에 39세의 나이로 요절한 포브스가 도움을 주었던 박물학자 및 심해 채굴 단체는 심해 더 깊은 곳으로 들어가 시료를 채굴하기 시작했고 생명체를 계속 발견했다. 1860년, 지중해 1,000패덤 깊이에서 건져 올린 망가진 케이블선에 낯선 해양생명체가 잔뜩 붙어 나오면서 학계의 논쟁이 사회의 주목을 받게 되었다.

왕립학회에 연줄이 있었던 영국의 한 박물학자 및 채굴 단체는 심해 수심 측량에 익숙한 수로학자들과 해군 조사단 선박이 가지고 있는 오랜 전문성의 이점을 잘 알고 있었다. 이 때문에 로비를 통해 정부의 지원을 얻어 심해 채굴기를 설치했다. 왕립학회의 요청을 받은 해군본부는 1860년대 수백 패덤 아래의 시료 채굴 가능성을 테스트하기 위한 여름 탐사에 기꺼이 선박을 내주었다. 라이

---

[7]　배가 물 위에 떠 있을 때 배와 수면이 접하는, 경계가 되는 선(편집자 주).

트닝Lightning호(1868년)와 포큐파인Porcupine(1869년-1870년)호에 승선한 과학자들은 탐사한 모든 심해에서 생명체를 발견했다. 해양 생명체는 심지어 2,000패덤 이상 밑에도 존재했다. 일정 깊이 이하의 심해에 생명체가 존재할 수 있는가에 대한 논쟁은 심해 생명체의 성질에 대한 더욱 다층적인 질문으로 바뀌었다. 관측자들은 이 문제에 커다란 흥미를 느꼈고, 수백 패덤 깊이에서 발견된 일부 생명체가 과거에는 화석으로만 알려져 있던 것들이라는 데 주목했다. 1866년 노르웨이의 박물학자 게오르그 오시안 사스Georg Ossian Sars는 로포텐Lofoten 인근에서 채굴을 하다 300패덤 깊이에서 바다나리를 발견했다. 사스뿐 아니라 자문을 해 주었던 박물학자들도 이미 이 극피동물을 해안에서 보았고, 이에 대해 잘 알았지만 사스가 발견한 것은 그와는 다르게 줄기가 있고 화석을 닮은 바다나리였다. 훗날 챌린저호의 수석 과학자가 되었던 영국의 한 교수는 노르웨이까지 가서 이 귀중한 시료를 직접 보았다. 이 시료와 이후의 유사한 시료들은 심해지역에 소위 '살아 있는 화석'이 엄청나게 숨겨져 있을 수도 있다는 기대치를 높여놓았다.

예상은 들어맞는 듯 보였다. 1868년 토머스 헨리 헉슬리Thomas Henry Huxley가 저장해둔 심해 시료에서 원형질의 원시 유기체를 발견했다고 발표하면서였다. 헉슬리는 진화론을 소리 높여 옹호한 덕에 '다윈의 불독'으로 유명했을 뿐 아니라 래틀스네이크Rattlesnake호에 승선했던 외과의이자 박물학자, 탐험가다. 그는 이 유기체가 고등생명체의 전신이라고 생각했다. 당시 진화론에 찬성했던 이들의 중요한 난제 하나는 생명체가 어떻게 출현했는가 하는 문제였다. 새로 발견된 이 동물은 독일의 저명한 동물학자 에른스트 헤켈Ernest Haeckel을 따라 바시비우스 헤켈리Bathybius Haeckelii8라 명명되었다. 당시 에른스트 헤켈은 생물 분류학이 이미 확립해 놓은 동물계와 식물계라는 분류체계에 원생생물계Protista라는 제3의 생물계를 추가해놓은 차였다.

심해 시료가 연구자뿐 아니라 대중도 볼 수 있는 대상이 된 시대, 바시비우스 헤켈리 같은 발견들은 광범위한 관심을 끌었다. 1822년에는 보존된 인어가 런던에 상륙했지만 박물학자들은 오랑우탄과 개코원숭이, 연어의 조각을 이어붙인 사기로 판명했다. 미국에서는 1842년에 P. T. 바넘Barnum이 '피지 인어Feejee mermaid'를 전시했다. 실제로는 죽은 아기 원숭이를 물고기 꼬리에 붙인 것이었다. 1880년과 1882년 사이 훗날 내륙포경협회Inland Whaling Association라 알려질 한 단체의 사업가들은 18미터짜리 죽은 대왕고래를 전시했다. 이들은 소위 '괴물 고래'를 기차의 짐칸에 싣고 미국 동부의 대서양 연안 도시들과 중서부 도시까지 가서 대중에게 내보였다. 바넘은 함께 하자는 청을 받았지만 거절했다. 그보다 먼저인 1825년 벨기에의 오스텐드Ostend 해변으로 휩쓸려 올라온 대왕고래는 살을 발라낸 채 박제 형태로 유럽 각지에서 7년 동안 구경거리가 되었다. 1845년 뉴욕 시민들은 독일에서 이민 온 과학 수집가이

---

8 헤켈의 원형질이라는 뜻.

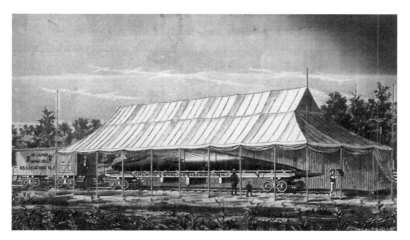

1880년대 초 내륙포경협회가 미국 북동부와 중서부 도시에서 개최한 전시회를 그린 인쇄물. 거대한 대왕고래를 여기서 전시했다.

자 흥행사였던 앨버트 코치Albert Koch가 발견하여 조립한 43미터짜리 바다뱀의 뼈를 구경했다. 코치는 마스토돈Mastodon**9**의 뼈를 싣고 다니며 미국 주요 도시를 순회했다. 대중들은 바다뱀의 뼈에 열광했고 독일 황제 프리드리히 빌헬름 4세Frederick William IV가 뼈를 사들이기까지 했지만, 정작 전문가들은 그 뼈가 한 마리가 아니라 여섯 마리의 동물 뼈로 만든 것이라고 폭로했다. 코치의 바다뱀 전시가 사기극으로 막을 내렸음에도 불구하고, 바다괴물의 표본이 엄밀하게 검토된 경우는 거의 없었다. 짐작건대 플레시오사우루스와 이크티오사우루스 화석의 전시가 바다뱀 같은 동물이

9 코끼리와 닮은 신생대 3기의 큰 포유동물.

모든 바다를 헤아리다

존재할 가능성을 뒷받침해주었기 때문에, 바다뱀만큼은 적어도 일부 과학자들의 생각 속에서 늘 출현 가능한 동물로 남아 있었던 듯하다.

　라이트닝호와 포큐파인호가 수천 패덤 아래 심해 채굴과 수심 측량을 성공시키면서 과거엔 불가능했던 질문에 대한 답을 약속해주는 듯 보였다. 바다 생명체와 생명 자체의 기원에 대한 호기심은 챌린저호 항해의 원동력이었다. 챌린저호는 1872년 12월 21일 포츠머스Poftsmouth에서 항해를 시작해 3년 6개월 만에 12만 7,580킬로미터에 걸쳐 362곳의 과학기지를 항해하고 돌아왔다. 이 탐사대의 채굴기, 저인망, 그물은 모든 채굴지에서 생명체를 찾아냈다. 채취된 7,000종 중 절반이 과학계가 몰랐던 생명체로 입증되었고 일부는 3,000패덤 아래의 심해에서 나왔다. 이 성과는 23년에 걸쳐 50권 분량의 책으로 출간되었다. 이 책에는 유공충[10], 극피동물, 고래목 동물의 뼈, 해파리, 요각류[11], 바다나리, 그리고 수십 가지 다른 종류의 생명체가 기록되어 있다. 신비한 원형질(바시비우스 Bathybius)은 항해 마지막 몇 달까지 챌린저호의 과학자들 앞에 나타나지 않다가 결국 보존해 놓은 해저 표본에서 발견되었다. 이 배에 승선했던 의심 많은 한 화학자는 조사를 통해, 칭송받던 이 원형질이 사실은 바닷물이 보존액과 반응했을 때 형성된 황산칼슘 침전

---

10 아메바형 원생동물로 고생대 캄브리아기에 등장하여 현재까지 살고 있다 (편집자 주).
11 절지동물 갑각류에 속하는 동물.

물이라는 것을 밝혀냈다. 실망이 뒤따랐지만 챌린저호의 발굴물로 해양학이라는 신생 학문의 기초가 마련되었다. 해양학의 기원은 바다의 문화적 발견에 큰 덕을 입은 셈이다.

심해의 과학적·경제적 발굴물과 더불어 바다는 문학 작가뿐 아니라 과학자와 탐험가를 비롯한 여러 저술가에게 영감과 전망을 제공하는 무궁무진한 원천으로 등극했다. 문맹률이 극적으로 감소하면서 일반 독자층이 급증했고, 바다 및 항해에 대한 출판시장은 19세기 들어 크게 팽창하여 해양과 관련 없는 대중에게도 배와 항해의 세계를 알렸다. 해양소설은 바다를 용기와 모험의 공간으로 변모시켰고 선박이라는 세계를 사회의 축소판으로 제시했다. 항해에 대한 비문학 저서들 또한 이러한 변화를 촉진시켰고, 과학자들의 저술 역시 바다를 지식과 효용과 통제의 영역으로 변모시켰다.

　　해양문학은 팽창하는 독서 시장에 큰 매력이었다. 해양문학을 소비하는 독자층에는 대서양을 건너는 정기 여객선의 세계에 살게 된 유럽인과 미국인 첫 세대가 포함되어 있었다. 역사상 최초로 사람들은 깊은 바다라는 관념 및 실재와 접촉하며 살게 되었다. 바다라는 관념과 현실은 원래 바다에서 일하는 가족이 있는 사람들이나 항구도시의 주민 혹은 우연히 바다와 엮여 살아가는 사람들만 알던 영역이었지만 이제 바다는 이들만의 것이 아니었다. 1815년에서 1930년 사이 인류 이동의 역사에서 가장 큰 사건인 미국 이민 때문에 무려 5000만 명의 유럽인이 항해를 경험하게 되었다. 1850년대가 해외 이민의 절정기가 되면서 미국은 바다 이동을 경험한 다수 이민자의 새로운 고향이 되었다. 바다를 건넌 경험은 이민자들에게 큰 영향을 끼쳤다. 바다를 경험했던 세대들은 미국 서부로 이동할 때도 항해의 비유를 이용했다. 바다를 건너 본 대부분의 사람들은 두 번 다시 항해 경험을 해 보지 못했지만, 넓은 바다를 건너는 위업을 달성해 본 체험은 미국인들이 공유하는 역사적 경험이 되었고 이는 해양문학에 대한 새로운 관심을 불러 일으켰다. 증기선 여행의 유행으로 대서양 횡단은 삶을 바꾸는 이민이나 일과 관련된 필요 위주의 경험을 벗어나 부유층과 중산층 가정의 사교생활 중 하나가 되었다. 미국과 영국 두 나라 모두 19세기 초반에 해양국가의 정체성을 수용했지만 바다에 대한 자의식은 특히 영국에 더 강하게 스며들었다. 섬나라에 불과했던 영국은 이제 전 세계 제국의 중심지로 거듭났다.

　　미국과 영국의 독자층은 새로운 해양소설을 반겼다. 디포의 『로빈슨 크루소』(1719) 이후 19세기 초반까지는 대중 해양소설 출판의 소강기였다. 물론 영국의 작가 토비아스 스몰렛Tobias Smollett이 『로더릭 랜덤의 모험The Adventures of Roderick Random』(1748) 같은 풍자소설에서 해군을 등장시키고 바다라는 배경을 차용하기는 했지만 아직 본격적인 해양소설은 나타나지 않았다. 해양소설이라는 장르가 부활한 것은 월터 스콧Walter Scott 경의 『해적The Pirate』(1822)이 출간되면서부터였다. 제임스 페니모어 쿠퍼James Fenimore Cooper는 스코틀랜드 연안에서 사략선을 조종하는 존 폴 존스John Paul Jones의 이야기를 다룬 『키잡이The Pilot』(1823)라는 해양소설을 통해 스콧 경과 그의 주인공에게 경의를 표했다. 쿠퍼와 워싱턴 어빙Washington Irving은 미국 최초의 성공적인 전업 작가로서 인기 있는 해양소설을 썼다. 대서양을 자주 넘나들었던 어빙은 항해와 난파와 해적 보물 이야기를 썼고, 『크리스토퍼 콜럼버스의 생애와 항해의 역사A History of the Life and Voyages of Christopher Columbus』(1828)라는 유명한 책도 썼다. 소설과 사실을 섞어 놓은 이 책은 유럽인이 지구가 평평하다고 믿었다는 신화를 만들어냈다. 쿠퍼는 상선에서 선원으로 일을 했던 경험, 그리고 그 후 해군에서 복무했던 경험을 차용하여 바다에서의 일과 생활을 그럴듯하게 묘사해냈다. 긴 항해를 마친 후의 글은 더 안전하고 예측 가능한 성격을 띠게 되었다. 이 시절 세계 대부분의 해안과 바다가 이미 탐사의 대상이 되었지만, 쿠퍼는 선원의 일상과 작업을 용맹스럽고 모험 가득한 경험으로 제시했다. 쿠퍼의 저작은 대서양 건너 영국과 프랑스까지 건너가 비평가들의 찬사를 받았고 두 나라의 해양소설에도 영향을 끼쳤다. 프레드릭 매리엇 Frederick Marryat은 쿠퍼에게 영감을 받은 대표적인 작가다. 매리엇은 영국 왕립해군 장교이자 찰스 디킨스와도 문학적 교분을 나누었던 인물로서 반 자전적인 『해군 사관생도 이지Mr. Midshipman Easy』(1836)를 비롯한 해양소설을 썼다.

쿠퍼와 매리엇처럼 해양 소설가들은 대개 바다 경험이 풍부했다. 미국의 리처드 헨리 데이너 2세Richard Henry Dana, Jr.와 허먼 멜빌Herman Melville은 쿠퍼 이후 유람이나 여가가 아니라 평범한 선원으로서 바다에서 지낸 개인적 경험을 소설의 토대로 삼았던 최초의 전문작가들이다. 이들이 등장하기 전, 매리엇처럼 은퇴한 선원들이 작가가 된 일은 있었지만 학식 있는 작가들이 풋내기 선원 생활을 잠깐 했다고 바다의 위험을 본격적으로 경험했을 리가 없었다. 영국의 낭만주의 시인 조지 고든 바이런 경처럼 요트를 통해 바다를 경험한 작가들도 있었다. 프랑스 작가인 쥘 베른Jule Verne과 빅토르 위고Victor Hugo 또한 요트의 광팬이었다. 베른은 요트 생 미셸Saint-Michel호를 타고 유람하는 동안 『해저 2만 리20,000 Leagues under the Sea』(1870)의 대부분을 썼다. 그는 또한 그레이트이스턴호가 1866년 대서양 횡단 케이블을 놓은 지 1년 후에 이 배의 승객으로 대서양을 건너기도 했다.

새로운 유형의 해양소설가들은 대개 교육 수준이 높은 청년들로서 항해를 선택했으면서도 동료 선원들과의 사회적 거리를 인식했다. 가령 1830년대 초 바다로 나간 데이너는 부유한 하버드 대학교 학생으로서 건강을 위해 배를 탔다. 바다 공기가 건강에 좋다는 속설 때문이었다. 그는 당시 유행하던 유럽 그랜드투어 대신 상선의 선원으로 들어갔고, 1840년에 『돛대 앞에서의 2년Two Years before the Mast』이라는 소설을 발표했다. 이 해에 그는 또한 평범한 선원들을 대변하고 노예제 폐지를 옹호하는 활동에 전념하는 법률가가 되었다. 그는 자신의 소설이 선원 일의 야만성과 추악함을 미국 대중에게 알려주기를 바랐지만 오히려 육지에 갇혀 있다고 생각했던 소년들은 그의 소설을 읽고 항해를 향한 꿈을 키웠다. 멜빌은 상인이었던 아버지가 돌아가시면서 가족이 경제적 궁핍에 빠지는 바람에 바다로 나가야 했던 소설가로, 악명 높은 케이프혼Cape Horn 12 일주에 대한 데이너의 묘사를 경탄의 눈으로 바라보았다. 멜빌은 자신의 소설 『하얀 재킷White Jacket』(1850)에서 데이너의 케이프혼 일주는 "고드름으로 쓴 것이 틀림없을 만큼 생생하다."라고 평가했다. 멜빌이 상선과 해군함, 그리고 마르키즈 제도Marquesas Islands에서 보낸 경험은 『타이피 족Typee』(1846)과 『하얀 재킷』을 비롯한 많은 소설의 기초 자료가 되었고, 포경선 아쿠시네트Acushnet호에서 일했던 경험은 『모비딕Moby-Dick』(1851)에 영감을 주었다. 데이너 소설의 열혈 독자였던 멜빌의 사례에서 나타나듯, 교육을 받은 학식 있는 청년들은 항해소설을 읽은 다음 자신만의 경험을 갖고 글을 쓰겠다는 야심을 품고 항해에 나섰다.

바다 자체를 연구 주제로 삼았던 최초의 과학자들 역시 항해를 모험의 경로로 제시했던 해양소설에 매료되어 바다로 나아갔다. 이들은 또한 찰스 다윈, 알렉산더 폰 훔볼트, 제임스 쿡 선장, 그리고 지구의 가장 먼 곳까지 대담하게 찾아간 모든 탐험 대가들이 쓴 글도 탐독했다. 챌린저호의 세계일주에 동행했던 과학자들은 로빈슨 크루소의 모험에 대한 기억을 품고 바다로 나아갔다. 이들은 후안페르난데스 제도Juan Fernández Islands에 접근했을 당시 하나같이 알

---

12 남미 최남단의 곶, 혼곶이라고도 한다.

렉산더 셀커크에 관한 이야기를 일기장에 썼다. 셀커크는 실제 후 안페르난데스 제도에서 디포의 소설에 영감을 주었던 경험을 했던 조난자다. 이들은 또한 브라질에서 800킬로미터 떨어진 세인트폴 스락스St Paul's Rocks로 가는 길에 다윈의 비글호 항해(1831년-1836년) 기록에 나오는 섬 이야기를 참고해 다윈이 상어를 낚을 때 쓰라고 권고했던 낚싯바늘을 챙겼다. 챌린저호의 과학자들은 대부분 이 배를 타고 했던 탐사에 대한 대중적인 이야기를 발표했다. 여러 명의 해군 중위 또한 예외가 아니었고 배의 주방장 보조였던 한 승무원은 여러 통의 편지를 집으로 보냈다. 탐사가 끝난 후 가족을 위해 책으로 묶을 작정이었던 것이다. 항해문학이 유행하면서 과학계의 탐험가들 역시 자신의 항해를 글감과 출판거리로 생각하게 되었다. 과학자들은 해양문학 작가, 동료 선원들과 나란히 19세기 바다와의 만남에 수반되는 기회와 위험, 영웅적 행위와 자기 변화의 꿈을 품은 채 자신만의 경험을 위해 뱃길로 나섰다.

해양소설 작가들은 과학자들이 바다에 대해 쓴 책을 읽고 얻은 최신 지식을 소설에 통합시켰다. 에드거 앨런 포Edgar Allan Poe 의 『낸터킷의 아서 고든 핌의 이야기The Narrative of Arthur Gordon Pym of Nantucket』(1838)에는 소위 '지구공동설Hollow Earth' theory **13** 영향이 짙게 배어 있다. 지구공동설은 미국 탐험대가 1838년부터 1842년까지 실시했던 극지방 탐사와 존 프랭클린John Franklin 경 혹은 그의 실

13 지구의 속이 비어 있으며, 남극과 북극에 그곳으로 들어갈 수 있는 입구가 있다는 가설.

종된 탐험대의 잔해를 지구공동설에 나오는 극지방의 바다에서 찾아보려 했던 1850년대 수많은 북극 탐사에 영감을 준 이론이다. 포는 편집자로도 일을 했기 때문에 대중이 해양문학과 바다에 대한 과학적 발견에 관심이 많다는 사실을 잘 알고 있었다. 멜빌의 소설 『모비딕』의 화자인 이스마엘Ishmael은 '고래학'이라는 장에서 윌리엄 스코스비William Scorseby와 『향유고래의 자연사The Natural History of the Sperm Whale』(1839)의 저자인 토머스 빌Thomas Beale을 참고하여 고래에 관한 이야기를 펼친다. 멜빌은 '해도'라는 장 - 이 장에서는 에이허브Ahab 선장이 폭풍우 후 선실로 돌아가 해도를 꼼꼼히 살피면서 옛 항해일지에서 얻은 정보를 해도에 표시하는 모습이 묘사되어 있다 - 을 쓴 다음 모리의 세계 고래 해도용 예비 스케치에 대해 알게 되었다. 멜빌은 모리의 프로젝트를 차용하여 막막한 바다 한가운데서 단 한 마리의 고래(모비딕)를 쫓는 여정에 신빙성을 더했다. 빅토르 위고 역시 『바다의 노동자Toilers of the Sea』(1866)를 쓸 때 쥘 미슐레Jeles Michelet의 『바다La Mer』(1861)와 모리의 저작을 비롯한 새로운 해양 과학서들을 참고했다.

화가들 또한 바다 깊은 곳을 묘사하기 위해 과학 저작을 차용했다. 1864년 미국의 화가 엘리후 베더Elihu Vedder는 유화 〈바다뱀의 은신처The Lair of the Sea Serpent〉를 전시하면서 최초로 대중적 성공을 거두었다. 베더는 허멀 멜빌이 사랑했던 작품을 그린 화가로서 뱀장어 연구를 바탕으로 자신의 바다괴물 모델을 스케치했고 귀스타브 도레Gustave Doré의 기발한 그림에서도 영감을 얻었다. 도

엘리후 베더의 유화 〈바다뱀의 은신처〉(1864). 첫 전시 당시 미술계에 파란을 일으켰던 불길한 느낌의 회화다. 베더는 1889년에 같은 제목의 다른 회화도 제작했다.

레는 당시 바이런 작품의 삽화를 그렸고 더 나아가 위고의 『바다의 노동자』에 등장하는 기이한 바다동물과, 새뮤얼 테일러 콜리지의 1870년 판 『늙은 수부의 노래』에 나오는 바다동물 삽화를 그려낸 삽화가다. 베더의 유화에 묘사된 해변과 그 너머 바다를 내려다보는 모래언덕의 일견 고요한 풍광은 꼼짝없이 누워 있어도 심해의 무시무시한 신비를 연상시키는 바다뱀의 뜬 눈과 미동 없는 자세에 결합되어 알 수 없는 불안한 기운을 풍긴다. 에드워드 모런Edward Moran이 1862년에 제작한 유화 〈바닷속 계곡Valley in the Sea〉은 실제 해저의 땅 전경을 묘사한 그림이다. 이 그림은 미국의 허드슨 유파의 풍경화 양식을 연상시킨다. 제임스 M. 서머빌James M. Sommerville – 필라델피아의 의사이자 아마추어 화가, 박물학자, 심

허드슨 유파의 풍경화의 해저 버전인, 에드워드 모런의 〈바닷속 계곡〉(1862). 최초의
대서양 횡단 케이블의 영향을 받은 작품으로 보인다.

해 채굴자였고 그림의 첫 소유주였다 - 에게 주문을 받아 제작한
이 그림은 1858년의 대서양 횡단 케이블에 영감을 받았을 것이
다. 또한 1855년에 출간된 모리의 『바다의 자연지리』에 묘사된 넓
고 평평한 바다의 계곡 지대를 시각적으로 재현한 듯하다. 서머빌
은 1859년 『바다의 생명체Ocean Life』라는 제목의 짤막한 과학서를
출간했고, 다른 화가와 협업하여 〈바다의 생명체〉라는 같은 제목의
수채화를 제작하기도 했다. 화려한 심해 광경은 이 책에서 논의한
많은 종의 생명체를 시각화한 석판화물 제작에도 쓰였다.

　　모리의 저작은 심해에 대한 수많은 문학과 미술 작품을 엮은
것으로 쥘 베른에게 큰 영향을 끼쳤다. 베른은 아예 모리의 『바다
의 자연지리』를 옆에 끼고 『해저 2만 리』를 썼다. 베른이 그린 노틸

러스Nautilus호**14**의 세계일주는 모리가 논한 항로를 그대로 따라갔다. 아닌 게 아니라 베른의 『해저 2만 리』에 등장하는 항로 전체는 모리의 저작을 반영한 것이며, 이는 19세기 출판업계의 흔한 관행이었다. 이러한 특징은 베른이 지리 및 과학의 최신 정보를 작품에 차용하는 일을 얼마나 중시했는가를 잘 드러낸다. 베른은 자신의 항해 경험과 모리의 텍스트를 통합했을 뿐 아니라 케이블 작업에 관해서도 그레이트이스턴호의 승무원들에게 직접 문의했다. 그는 또한 1867년에 열린 파리 만국 박람회World's Fair in Paris에 방문해 영감을 얻었다. 이 박람회의 특징은 수족관과 새로운 잠수 장비의 시연이었다. 베른의 바다는 사실인 동시에 허구였고 이러한 이중성은 19세기 중반의 심해의 발견이 과학과 상상, 기술과 지식의 결합이었다는 것, 그리고 개인적인 동시에 공적인 성격을 띠고 있었다는 사실과 마찬가지로 당시 문학의 두드러진 특징이었다.

19세기 중반 심해와 공해의 발견은 정부의 수심 측량술, 전문 해양 동물학이나 해저 케이블 설치뿐 아니라 박물관과 수족관, 해양소설 탐독과 아마추어들의 해초 수집을 통해서도 진행되었다. 가정은 자연사 연구실이나 선박만큼 바다의 발견에서 중요한 공간이었다. 바다에서 휴가를 보내고 돌아온 사람들은 빅토리아 시대풍의 거실

14 『해저 2만 리』에 나오는 가공의 잠수함.

에 수족관이나 조개껍질을 자랑스레 진열해놓았다. 그 옆에는 인어나 대서양 횡단 전신선을 기념하는 곡의 악보를 얹은 피아노가 놓여있었다. 각계각층의 사람들은 1866년에 열린 최초의 대서양 횡단 요트 경기를 대서특필한 신문과 잡지도 접했다. 이 최초의 요트 경기는 아메리카 컵America's Cup이라는 유명한 국제 요트 경기가 되어 오늘날에 이르고 있다. 부모들은 아이들에게 세일러복을 입혔다. 세일러복은 요트광들이 즐겨 입던 항해용 옷에 영감을 받은 것이었다. 빅토리아 여왕의 남편과 아들도 요트광이었던 것으로 유명하다. 19세기 말 무렵, 세일러복은 남아와 여아 모두가 입는 대중적인 옷이 되었고 심지어 성인 여성들 사이에서도 유행했다. 취미와 의복, 수집과 독서, 심지어 '심해 도다리' 같은 음식을 선보였던 식당 메뉴조차도 바다 및 그 광대한 심연에 대한 대중의 관심과 애정을 반영했다.

　　바다와 해양 관련 물건을 친숙하게 대하는 태도 역시 19세기에 출현했던 새로운 태도를 반영하고 있었다. 역사상 최초로 바다는 건너야 할 곳이 아니라 목적지가 되었다. 원래 바다 여행자들은 다른 땅에 도달하기 위해 항해를 했고 이들에게 바다는 통행로였다. 해군 함대는 싸워야 할 적의 군함을 찾아 항해를 했다. 항해자들은 검증된 항로를 따랐고 탐험가들은 새로운 해안과 직접적인 항로, 안전한 항구를 찾아다녔다. 어부들은 물고기와 고래를 찾으러 나섰고, 포경업자들이 향유고래를 찾아 뱃머리를 망망대해로 처음 돌렸을 때조차 이들의 목표는 먹을거리였지, 바다 자체가 아니었다. 항해의 중점은 늘 신속한 육지 귀환이었다. 이러한 변화는 사회의 대대적인 변화를 통해 이루어졌고 그 주역은 포경업자, 소설가, 과학자와 다른 항해자들이었다. 이들은 바다로 간다는 관념을 수용하기 시작했다. 수많은 전문 항해사는 풋내기 선원의 이런 관념을 받아들이지 않았지만, 바다를 경험한다는 목표를 향해 길을 나선 새로운 종류의 뱃사람들은 바다 자체를 목적지로 여겼다. 이들의 이야기는 바다에 나가본 적 없는 미래의 뱃사람들에게, 인간이 자연에 맞서 자신을 시험하는 무대이자 용기, 오락, 자아의 성장, 국가의 승리, 혹은 자연력에 대한 통제를 위한 무대로 바다를 보는 새로운 관점을 선사했다. 수심 측량, 과학 그리고 해저 케이블은 바다를 문화로 볼 수 있게 해 주었을 뿐 아니라, 인간과 바다의 관계가 바다 전체를 포함할 만큼 넓어지는 데 기여했다.

5장　　산업과 바다

밧줄을 끌지도, 돛대로 오르지도 마세요.

항해하는 배를 본다면 그것이 마지막일지도 몰라요.

또 한 번 육지로 오르기 위해 사복을 준비하세요.

선원은 선원이 아니니까요.

이제 더 이상 선원이 아니니까요.

그들은 우리에게 오르락내리락 움직이는 엔진을 주었지요.

처음에는 오르락내리락 움직이던 엔진이 이제는 동그랗게 회전하네요.

우리는 이제 증기와 디젤을 알지요. 돛대하활[1]이 이제 무슨 소용이 있겠어요?

화부火夫는 이제 삽을 든 화부가 아니니까요.

－톰 루이스Tom Lewis[2],
〈최후의 뱃노래〉, 《서피싱Surfacing》음반에 수록(1987)

1　돛을 지지하기 위해 돛 맨 아래에 달아놓은 막대.
2　항해 관련 노래를 쓴 작곡가이자 작사가.

19세기 중반, 바다의 문화적 발견으로 인간의 바다 이용에 신속한 통신과 오락, 그리고 과학이 추가되었다. 증기와 철의 이용으로 성장을 거듭하던 자본주의와 산업화는 내륙지역뿐 아니라 바다로도 뻗어 나갔다. 어업과 해운, 권력의 확대라는 전통적인 바다의 용도 또한 20세기 들어 급격히 강화되었고, 서구인뿐 아니라 다른 대륙의 사람들과 바다의 관계 또한 더욱 굳건해졌다. 풍력 대신 증기와 전기가 도입되면서 교역과 여행 속도가 비약적으로 빨라졌고 전세계의 심리적 거리는 더욱 가까워졌다. 잠수함 전은 바다가 전시뿐 아니라 평화 시에도 지정학 정책을 실행할 중요한 공간임을 일깨워주었다. 바다를 정복하는 속도가 빨라진 것과 반대로 바다에서 일을 하는 사람들의 숫자는 나날이 감소했고 그나마 남아 있는 일도 일반 대중의 눈에서 사라져 갔다. 바다에 대한 문화적 인식 또한

1913년, 노르웨이 인근 어장 로포텐Lofoten에서 수확해, 해안에서 말리고 있는 대구.

이러한 변화에 대응하여 바다를 일터가 아닌 성찰과 회복의 공간, 현대 세계의 분주한 생활에서 물러날 시간 밖의 장소로 보기 시작했다.

산업혁명으로 인한 혁신 때문에 근대화를 겪은 국가의 국민은 바다의 식량 및 다른 자원에 더욱 의존하게 되었지만 이미 어장은 그 이전에도 오랫동안 집중적인 개발의 대상이었다. 대서양 횡단 케이블과 수족관이 심해를 정치적, 개인적으로 주목할 공간으로 만들기 훨씬 이전부터 이미 다양한 문화권과 다양한 시대의 어부들은 바다를 입체적인 공간으로 생각하고 있었다. 대서양 대구Gadus morhua는 북대서양 전역의 한류 심해에 살고 있는 어류로, 바이킹이 긴 항해 동안 식량원으로 쓰기 위해 대구를 말리기 시작하면서 국제교역의 주요 상품이 되었다. 20세기 이전에 존재했던 대부분의 어장과 달리 대구 어장은 천 년이라는 어획 기간 동안 거의 인구 중심지에서 멀리 떨어져 있었다. 이 거리 때문에 대구 염장이 장려되었다. 대구의 살은 염장 기술에 적합했다. 뉴펀들랜드 연안의 그랜드 뱅크스에서 조업했던 대구잡이들은 심해와 해수면의 조건에 관해 상세히 알게 되었고 이러한 지식을 통해 이들은 안개가 끼고 폭풍이 불어도 다양한 해역을 돌아다니며 대구를 잡을 수 있었다. 러디어드 키플링이 쓴 소설에 나오는 디스코 트룹Disko Troop 선장은 '사실 한 시간 동안만큼은 스스로 대구였고, 놀라울 만큼 대구와 닮아

보였다.' 선장은 20파운드짜리 대구의 관점에서 바다를 바라보면서 다음번 대구를 잡을 해역을 결정했다.

풍부한 대구는 매사추세츠Massachusetts주의 상징이자, 뉴잉글랜드와 애틀랜틱 캐나다 지역 경제의 대들보가 되었다. 19세기까지 북아메리카의 농부들은 농한기에 물고기를 잡았고, 이 시기의 농업과 어업은 둘 다 상업으로 발전하여 육지와 바다의 자원을 개발하는 별개의 체제로 진화했다. 11세기 민물 어장의 어류가 고갈되어 바다로 나서야 했던 유럽의 어장들처럼 북아메리카의 식민지 역시 처음에는 강의 민물에 집중했다. 대서양 북서부의 연안지역에서는 강이 어류자원을 제공했다. 강에서 잡은 어류는 지역사회에서 소비되었던 반면 바다의 어장은 수출할 어종을 제공해주었다.

강과 해안의 어장 그리고 조개 어장들은 19세기 중반 내내 지역의 규제 대상이었다. 규제 목적 중 하나는 어장자원의 접근 권한을 명료화하는 것이었다. 어획량 감소는 문서 기록이 존재하는 곳마다 어장이 마주했던 익숙한 문제였다. 정부의 규제 요구에 영향을 끼친 것은 대개 전통 장비를 이용하는 어부들의 남획에 대한 우려였다. 전통 장비를 사용하여 어업에 종사했던 어부들은 집약적인 성격의 새로운 기술과 경쟁하게 될 미래가 불안했을 것이다. 공장에서 나오는 산업 폐기물과 인간의 생활 폐기물이 강과 하구를 오염시켜 굴과 연어 어장에 악영향을 끼친 것도 우려와 규제 요구를 낳았다. 반면 바다 어장에서는 바다의 자유라는 원칙이 널리 수용되었기 때문에 바다를 규제 영역으로 보는 일은 상상조차 할 수 없었다. 어획량이 감소한 원인에 관한 바다어장의 전통적인 설명은 국소 해역의 남획과 어류의 이동이었다. 따라서 통상적인 해결책은 새로운 어장을 개척하는 것이었는데, 이는 새로운 농경지를 찾아 떠났던 육지의 패턴과 동일한 전략이었다. 교역에서와 마찬가지로 바다를 이용할 수 있는 지식과 힘이 있는 국가들이 해양 어업을 장려했다. 어업은 국민경제를 뒷받침해주었고 전시에 징집할 선원들에게 적절한 훈련을 제공했기 때문에 정부는 어업을 장려하기 위해 포상금과 조약을 이용했다.

기계화가 대개 산업화 시대 문제의 원인으로 지적되지만, 오히려 새로운 어획 기술이 없는 상황에서의 어업과 다른 해양자원의 이용이 해양생태계에 심각한 영향을 끼칠 수 있다. 가령 19세기 초반 태평양의 해달과 바다표범 어장의 성장은 대양 주변과 그 너머로 힘을 확대하려 했던 러시아와 스페인, 미국의 야심에 발맞춘 것이었다. 러시아의 엄청난 해양포유류 수확은 대개 알류샨 열도에서 온 원주민 노예를 부려 전통 장비를 사용하여 시행되었다. 1812년 전쟁 이후 포경산업이 일약하게 된 데에는 두 가지 이유가 있다. 하나는 대서양의 고래 자원이 고갈되어 포경업자들이 어쩔 수 없이 태평양까지 멀리 항해할 수 밖에 없었다는 점, 또 하나는 산업 기계류에 쓰이는 윤활유 수요가 크게 증대했다는 데 있다. 포경업자들은 돛과 목재를 쓴 선박, 삼나무 줄과 철로 만든 작살 촉, 그리고 인간의 노동을 사용하여 향유고래와 혹등고래 등을 잡았다. 그리고 고래를 해부하여 지방을 정제해 윤활유로 이용했다.

1840년대 느닷없이 출현한 북대서양의 가자미 어장은 기계화되지 않은 어장들이 경제, 사회, 환경에 급격한 영향력을 발휘할 수 있다는 것을 보여주는 흥미로운 사례다. 가자미는 대구처럼 해안에서 멀리 떨어진 해역에 서식한다. 처음에는 원치 않는 어획물 취급을 받으며 버려졌던 가자미는 팔 만한 가치가 있는 상품으로 바뀌었다. 금식하는 날 생선을 먹는 가톨릭 국가 이민자들의 수요가 생겨났기 때문이다. 이 열혈 소비자 대열에 도시인들도 합류했다. 이들은 잘 해 봐야 찰진 식감밖에 주지 못하는, 소금이나 식초에 절인 생선을 먹다가 나중에는 단단한 육질의 신선한 생선을 더 선호하게 되었다.

처음에는 어부들이 낚싯바늘과 낚싯줄로 대구와 가자미를 잡았지만 주낙trawl-lining이라는 방법을 도입하면서 1840년대 말 이들의 수확량이 급증했다. 주낙은 소형 배에 어부 둘이 타고 수백 피트의 낚싯줄을 늘어뜨려, 그 줄에 2미터 정도마다 미끼를 단 바늘을 매다는 식으로 만든 어망이다. 키플링의 소설 『용감한 선장들』에 등장하는 위아히어We're Here호의 승무원들도 주낙으로 고기를 잡고 아예 통을 이용하는 방법을 쓰기도 했다. 10년 만에 가자미는 매사추세츠만과 세인트로렌스만, 조지스뱅크Georges Bank**3**를 거쳐 심해에서도 씨가 마를 만큼 고갈되었다. 기계화를 도입하지 않았는데도 1880년대 이미 대서양 가자미는 영리 목적의 어업으로 멸종했다.

3 메인Maine만의 경계지역.

어부 한 명당 4개에서 400개까지의 낚싯바늘을 쓰는 주낙에 다른 새로운 어획 전략과 기술이 결합되어 19세기 후반의 어획량이 급증했다. 1865년 그물을 만드는 기계가 발명된 후 어망을 쓰는 어장에서 기존의 통발 어업이 더욱 집중적으로 발달했다. 통발과 각망pound net은 어류가 하류나 해안을 따라 이동하도록 조종하는 장치로 어류를 한 곳으로 모이게 한다. 이때 채그물이나 다른 장비로 물고기를 수확하면 된다. 대형 건착망은 물고기 떼를 둘러싸기 위해 설치하는 그물로써 해저에 닿을 때까지 늘어뜨려 물고기 전체를 잡아들일 수 있는 그물이다. 물속에 수직으로 치는 자망gill net 또한 통발처럼 원주민이 이용하던 기술로 대형 통조림 공장으로 보낼 연어를 이들이 태어난 강에 진입하기 전에 잡기 위해 사용되었다. 이러한 기술들은 각각 어선이나 장비 자체가 기계화되기 전에도 어획량을 증가시켰지만 전통 장비를 사용하는 어부들로부터 남획에 대한 반발을 일으켰다.

기계화까지는 아니더라도 산업화된 어업은 얼음 산업뿐 아니라 냉동과 철도를 통해 가자미와 다른 어종의 개체 수를 급격히 감소시켰다. 1880년대 발전한 통조림 제조법과 다른 혁신적인 가공법들은 판매를 위해 어류를 육지로 보냄으로써 부두에서 멀리 떨어진 곳에서 유통될 수 있는 어종의 숫자를 급증시켰다. 존 스타인벡 John Steinbeck이 1945년에 펴낸 소설 『통조림 공장 골목Cannery Row』 (문학동네, 2008) 덕에 유명세를 얻은 몬터레이 통조림 공장Monterey's Cannery Row은 1950년대 정어리 숫자가 급감할 때까지 대량의 정어리를 가공했던 곳이다. 캘리포니아 북부, 캐나다와 알래스카 해안을 따라 생겨난 통조림 공장은 연어를 지역 산물에서 세계적인 상품으로 변모시켰다. 정어리의 급감으로 캘리포니아 남부의 통조림 공장이 날개다랑어를 통조림으로 가공했던 1903년부터 통조림 참치는 미국과 유럽, 일본의 주요 식품이 되었다. 이 제품들의 성공을 위해서는 기술뿐만 아니라 마케팅과 소비자 입맛의 변화 또한 필요했다.

어장들은 다양한 식품용 어류를 더 많이 잡아들였을 뿐 아니라 큰 어류의 먹이가 되는 작은 어류도 잡아들였다. 작은 어류는 기름이나 비료, 그리고 나중에는 동물사료로 가공되었다. 19세기 멘

쾨니그앤선스Koenig and Sons 통조림 공장 내부. 연어 통조림이 보인다.

헤이든menhaden**4**의 어획은 뉴잉글랜드 바다에서 작은 규모로 시작되었고, 이들은 미끼로 쓰이거나 기름으로 압착되었다. 벙커bunker 나 포기pogy라고도 부르는 멘헤이든은 성체가 되는 동안 북쪽 바다로 이동한 후 가장 살이 오르고, 이때 생애주기에서 가장 많은 양의 기름을 내놓는다. 어장은 처음에는 건착망을, 나중에는 선박에 동력을 제공하기 위해 석탄을 때는 증기 기관을 도입했다. 북쪽 어장에 어획고가 줄어들자 어장은 남쪽으로 확대되었고 수익을 낼 규모를 회복하지 못한 채 메인만에서 완전히 사라졌다. 가공 공장은 가죽을 부드럽게 하고 보존하는 기름뿐 아니라 비누와 페인트를 만드는 데 쓰이는 기름을 만들다가 더 가느다란 남부 어장의 생선에 적합한 비료 생산으로 업종을 바꾸었다. 석유산업이 등장하고 태평양 구아노guano**5** 무역이 쇠퇴하면서 이루어진 변화였다. 어획량이 떨어지는데도 불구하고 당시 많은 관측자들은 남획이 아니라 어류의 이동으로 어획량이 감소했다고 믿었다.

남획에 대한 우려는 19세기 후반에 빈번히 터져 나왔다. 어류 자원에 해를 끼친다고 알려진 다양한 어획 기술과 장비, 산업 관행에 초점을 맞춘 우려였다. 특히 저인망 기술이 우려를 더욱 자극했다. 저인망어업은 트롤링trawling**6**이라고도 불리는데, 효율성이 높아

---

4 청어의 일종으로 비료나 기름을 만드는 데 사용된다.
5 해안에 분포하는 새들의 분뇨로 비료로 쓴다.
6 저인망底引網 또는 쓰레그물trawl은 배에 매달아 바닷속을 끌며 수산물을 쓸어 담는 구조의 어망이다. 저인망을 이용한 어업을 트롤링이라 한다.

어업 현대화에서 적극적으로 수용된 어획 방법이다. 저인망어업은 14세기에 시작되었으나 17세기 영국과 네덜란드에서 제한적으로 사용되기 전까지는 거의 쓰이지 않던 방법이었다. 돛을 단 범선에 매달고 다니는 저인망은 대구, 수염대구ling, 헤이크대구, 명태, 가자미, 그리고 넙치 등 바다 밑바닥에 사는 생선을 잡아들였다. 19세기 중반부터 시작된 증기선 트롤링은 영국과 스코틀랜드에서 이루어졌고 1880년대부터는 아예 지속적인 사업으로 확립되었다. 1892년 새로 개발된 '오터보드Otter boards'는 저인망 양쪽과 어망 입구에 부착하는 도구로, 어망이 바다 밑바닥을 쓸고 다닐 때 그물 입구를 크게 벌어진 채로 유지하는 수문 역할을 수행함으로써 저인망어업의 효율성을 35퍼센트나 향상시켰다.

역사학자 제프리 볼스터Jeffrey Bolster에 따르면 증기선이 끌고 다니는 오터트롤otter trawl은 어부와 어류 사이의 관계를 근본적으로 바꾸어놓았다. 초기의 어업 기술은 특정 어종을 겨냥했기 때문에 어부들은 자신들이 찾는 어종만 주로 잡았다. 게다가 전통적인 어업 장비는 걸려드는 물고기만 잡는 수동적인 방식을 사용했다. 반면 오터트롤은 공격적으로 어류를 쫓았고, 특정 크기의 개별 물고기를 잡는 낚싯줄이나 낚싯바늘, 자망 같은 장비와 대조적으로 시장에 팔 만한 물고기뿐 아니라 아직 다 자라지 않은 새끼, 그리고 해저에서 자라거나 살고 있는 다른 모든 해양생명체까지 싹 다 잡아들였다. 이 시대 사람들은 트롤링을 농토 쟁기질에 비유하며 저인망이 바다를 긁어대면 바다의 생산성도 땅처럼 높아지리라 믿었다. 그러나 예로부터 물고기를 잡던 어부들은 심해를 쓸고 다니는 저인망 때문에 새끼와 자라나는 물고기까지 모조리 죽는다고 생각했다. 어업 장비를 둘러싼 초기의 갈등과 마찬가지로 저인망어업으로 성장한 어부들은 서로 간에도 반목했고, 각지에서 고유한 경험과 지식을 기반으로 어업에 종사하던 다른 어부들과도 갈등을 빚었다.

저인망어업은 기계화로 거대 산업이 되었고 지리상으로도 조업 해역을 크게 확대했다. 저인망어업은 일본과 북아메리카뿐 아니라 서유럽 전역으로 확산되었지만, 유럽에서 초기부터 집중적으로 이용되면서 북해를 초토화시켰다. 이 과정을 보면 어업 산업화의 여파가 얼마나 큰 것인지 가늠할 수 있다. 돛을 단 소형 범선은 해안에서 160여 킬로미터 정도 떨어진 해역까지 나갔던 데 비해 증기선은 640킬로미터나 나아간 데다 더 깊은 심해에서 조업이 가능했다. 이러한 원양어업은 육지에 가까운 해역의 어획량이 줄어들면서 불가피해진 면이 있었다. 평균적으로 증기선의 어획량은 범선의 어획량보다 6배에서 8배 정도 더 많았고, 새로 발견한 해역에서는 이러한 어획량 덕에 수익성이 급증했다. 그러나 어획고는 순식간에 줄어들었고 또 새로운 어장을 찾아야 할 필요가 대두했다.

1833년 영국이 실행했던 저인망어업의 궤적을 따라가 보자. 당시 저인망어업은 영국과 네덜란드 사이에 있는 도버 해협Strait of

Dover 북쪽의 작은 해역에서만 실행되었지만 1845년 무렵에는 북쪽으로는 스코틀랜드 영해 경계 쪽 해안, 서쪽으로는 네덜란드와 독일의 영해 쪽으로 뻗어 나갔다. 20년 후, 북해 중앙의 심해도 저인망어업의 대상이 되었고, 30년 후에는 스코틀랜드와 덴마크 연안지역까지 저인망어업의 영향권에 들게 된다. 19세기 말 영국의 저인망어업 선단은 오터트롤을 끄는 증기선들로 이루어져 있었고, 1900년 무렵 이들은 북쪽으로 노르웨이까지 전진해 북해의 모든해역에서 조업했다. 대서양 가자미 어장의 경우처럼 철도와 얼음산업이 증가하고 도시화로 인구가 늘어나면서 식품용 어류의 유통

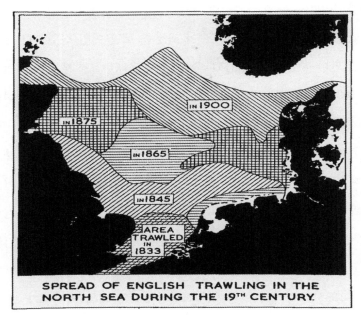

SPREAD OF ENGLISH TRAWLING IN THE
NORTH SEA DURING THE 19TH CENTURY.

19세기 영국 저인망어업이 북해 전역에서 세력을 확장시킨 과정을 표시한 그림.

이 유럽 전역에서 정부의 문제로 대두되면서 어장은 더욱 급속히 팽창했다.

영국 내 저인망어업의 확장은 전통 방식으로 조업하던 어부들의 저인망어업 규제 요구와 맞물려 진행되었다. 이들의 규제 요구는 새끼 어종의 멸종에 대한 우려를 바탕으로 한 것이었을 뿐 아니라 새로운 조업 방식과 옛 방식 간의 경쟁을 반영하기도 했다. 영국 정부는 지속적인 문제제기에 대응하여 1860년에서 1883년 사이 저인망어업이 초래한 어획량 감소 혐의를 조사하고 기존의 규제나 새로운 규제를 정당화할 수 있는가 여부를 평가했다. 이러한 조사들은 어장을 비롯한 여러 분야에서 정부가 과학자와 전문가의 조언에 의지하는 새로운 추세를 반영하고 있었고, 전문적인 조언들은 소위 '저인망어업 문제'처럼 새로 대두한 문제를 해결하는 근거를 제공했다. 많은 북유럽 국가에서 굴과 연어 어장의 조사관들은 어장에 전념하는 새 행정업무의 핵심 인력을 형성했고, 과학을 기반으로 어장을 관리하는 새로운 학문인 수산학과 협력하여 업무를 진행했다.

영국에서 '저인망어업 문제'에 대한 확정적이고 영향력 있는 대응은 정부의 조사 결과와 자유방임 이데올로기의 강점이 결합되어 구체화되었다. 1863년에 실행된 조사의 결론은 불충분한 지식을 바탕으로 한 기존의 규제는 없애야 한다는 것이었다. 1883년에 나온 보고서는 어획량을 유지하기 위해 더 먼 연안으로 이동해야 하는 저인망어선의 패턴 때문에 어종의 감소가 초래되었다고 판단하기에는 통계치가 불충분하다는 결론을 내렸다. 이 보고서는 또한 저인망어업이 어류의 새끼를 멸종시킨다는 혐의 또한 벗겨 주었다. 어류의 알이 표류한다는 새로운 발견을 바탕으로 한 조치였다. 같은 해 국제어업박람회International Fisheries Exposition에서 다윈의 진화론을 옹호했던 것으로 유명한 명망 높은 과학자 토머스 헨리 헉슬리Thomas Henry Huxley는 바다의 어장이 무궁무진하다는 의견을 피력했다. 이러한 견해는 많은 나라의 어장 관리에 근본적인 영향을 끼쳤다. 그의 경고성 마무리 발언, 자신의 평가가 당시에 흔히 쓰이는 장비와 관행에 기반을 둔 것이라는 마무리 발언은 큰 주목을 받지 못했다. 1880년 어업 조사관으로 임명된 헉슬리는 조사에는 최소한의 노력만 기울이면서, 늘어나는 인구를 먹이기 위해 어업을 촉진시키는 일 외에 정부가 어업에 개입하는 것이 옳은 일인지 비판하는 데 자신의 직위를 이용했다. 자유방임 이데올로기가 승리한 셈이다.

캐나다와 노르웨이를 비롯한 북대서양 연안의 수많은 국가에서 정부는 어업 근대화를 촉진하는 데 주요 역할을 담당했다. 물론 그보다 더 많은 어업국은 어업 근대화를 민간 자본에게 맡겼다. 어업의 수직통합은 철강업이 걸어간 길과 비슷했다. 어업의 수직통합이란 기업이 선박을 사들이고 어부를 임노동자로 고용하고 어망 회사와 부두, 가공시설과 유통 조직에도 투자를 하는 문어발식 확장 방식을 의미한다. 저인망어업은 다른 어업 형식보다 정부 관리들이 일반적으로 선호하던 방식이었다. 효율성이 큰 데다 많은 수의 독립 업체보다 소수의 대기업과 일하는 것이 쉽고 편했기 때문이었다.

효율성은 천연자원을 최대한 이용하기 위한 도구로 과학을 적극 수용했던 정부의 단골 슬로건이 되었다. 독일의 삼림은 유럽 및 미국이 보존이라고 생각했던 개념의 사육장 기능을 수행했다. 최적지속생산량optimal sustained yield이라는 개념이 그것이다. 본디 보존은 미래의 사용을 위한 자원 확보라는 목표를 포함하고 있었지만 과학적 삼림관리는 최적지속생산량이라는 새로운 개념을 도입했다. 충분한 재고량의 나무가 남아 있는 한 매년 최대 수확량을 확실하게 예측한다는 개념이다. 이 개념은 어업에도 적용되었다. 어업에 적용된 '효율성의 복음' 논리는 어류를 잡지 않고 내버려두는 것은 낭비라는 개념을 제시했다. 과학은 어획량과 이윤을 극대화할 수 있었고 이로써 남획과 어업 부문의 지속적인 부족 문제를 이론상으로는 해결한 셈이었다.

하지만 현실에서 어업의 진보로 인해 어업의 중앙집권화, 어류 수확과 유통의 근대화, 그리고 과거 지역 층위에서 행해졌던 어업 정책에 대한 연방 정부의 통제 분위기가 조성되었다. 어업 관리자들은 어업에 대한 통제권을 획득하기 위해 비교적 새로운 통계 수단을 수용했다. 과학과 행정에 유용했던 통계는 어업 관리자들에게 어획고에 대한 지식을 제공했고, 이 지식은 가공과 유통 등의 필요를 예측하는 데 이용되었다.

정확한 미래의 어획량을 예측함으로써 어업을 통제하려는 목

미국 수산위원회U. S. Fish Commission 소속 알바트로스Albatross호의 실험 조업에서 잡은 어획 상황을 보여주는 사진(1908). 알바트로스호는 새 어장을 탐사하고 어장에서 잡을 새 어종을 찾을 목적으로 정부가 파견했던 선박이다.

적을 갖고 있었던 국가들은 과학 연구에 투자했다. 1910년 무렵 북유럽과 미국과 캐나다 전역에 26개의 해양연구소가 설립되었다. 많은 연구소들은 나폴리 해양연구소Naples zoological station[7]를 본떠 설립되었고 나폴리 연구소처럼 실험 생물학 발전에 기여했지만 어업 연구도 병행했다. 이 연구소들은 어업 연구를 통해 자금을 지원받

[7] 전 세계 해양연구소의 모태가 된 곳.

았으며, 일부 연구소 과학자들과 책임자들은 정부의 어업 관리직도 겸하고 있었다. 네덜란드의 파울루스 C. 후크Paulus C. Hoek, 노르웨이의 요한 요르트Johan Hjort, 캐나다의 에드워드 E. 프린스Edward E. Prince 같은 관리들은 과학과 새로 출현한 어업 정책 간의 긴밀한 연관성을 상징하는 인물들이다.

20세기에 들어서면서 스칸디나비아와 다른 북유럽 국가의 해양과학자들은 어류와 해류를 효과적으로 연구하기 위해 국제적 협력이 필요하다는 결론을 내렸다. 각국 정부는 의견 일치를 보았고, 1902년에 설립된 새로운 국제기구인 국제 해양 개발위원회 International Council for the Exploration of the Sea(ICES)를 지원했다. 국제 해양 개발위원회는 국제 탐사를 실시하고 정부에 어업 문제 관련 자문을 제공했다. 가령 이 위원회에 소속된 남획위원회Overfishing Committee는 1870년대부터 어업 통계를 분석해 증기선 저인망어업으로 어획고가 감소되었다는 것을 발견했다. 수산학자들은 북해의 청어나 유럽가자미 같은 특종 어종이 남획의 경계선상에 놓여있을 가능성을 인정했다. 하지만 이들 역시 거대한 바다에는 언제나 잡아들일 수 있는 새로운 어종이 있다고 주장했다. 그 결과 수산학은 먼저 부화장을 만들거나, 새끼 어종을 새로운 어장에 이식하거나 이용할 만한 새로운 종을 찾는 등 어획량을 증대시킬 실증적 방안을 찾는 데 주력했다.

어장은 연안에서 원양으로 나아갔다. 기계화와 선박 규모의 증가, 수직통합으로 일군 효율성의 결과였다. 디젤과 휘발유 선박이 증기선을 대신해 바다로 나아갔다. 1890년대 무렵 유럽인들은 아이슬란드 연안에서, 1900년대 초반에는 바렌츠해Barents Sea8와 백해白海, White Sea9에서 고기를 잡았다. 대부분의 어장에서는 어부의 숫자가 늘어났다. 배와 장비의 규모와 가치도 커졌지만 어획량은 오히려 떨어졌다. 가령 아메리카의 어획량은 1880년에서 1908년 사이 10퍼센트가량 떨어졌다. 유럽의 수산학자들은 제1차 세계대전을 가리켜 '위대한 어업실험The Great Fishing Experiment'이라고 불렀다. 전후 어업의 재개를 연구함으로써 어업이 어류의 증감에 어떤 영향을 끼쳤는지 알아볼 심산에서였다. 전쟁 동안 회복된 어종의 숫자를 보호하려는 정부의 노력은 그물망 크기의 증가나 다른 장비 규정 때문에 수포로 돌아갔고, 어장들은 더 효율적인 장비와 관행이 전쟁 전보다 어획고를 더 늘려주면서 번영을 구가했다.

어획량의 극적 증가로 더 많은 이들이 해양자원이 무제한이라는 낙관적 믿음을 갖기에 이르렀다. 어업은 산업화되었고, 신기술뿐 아니라 합리적 관리를 통한 어획고 최대화라는 관념 때문에 큰 변화를 겪었다. 수산학이라는 신흥 학문을 통해 식용 및 사료용 어류와 대형 고래 어장을 비롯하여 살아 있는 해양자원을 대규모로 이용하는 풍조가 마련되어 20세기 중반까지 지속되었다.

---

8 북극해 바깥쪽의 해역으로 동쪽으로는 카라해, 서쪽으로는 노르웨이해에 접해 있다.
9 바렌츠해의 일부.

포경업은 고래가 포유류로 분류됨에도 불구하고 예로부터 고래잡이들에 의해 어업으로 간주되어 산업화 및 기계화와 과학적 관리라는 유사한 궤적을 따랐다. 19세기의 포경업자들은 기름을 정제할 지방을 찾고자 했고 19세기 말에는 코르셋과 우산 등에 쓸 고래수염을 구하려 했다. 고래수염의 단단하고 강하면서도 유연한 성질이 이러한 제품에 제격이었기 때문이다. 석유가 발견되기 전 포경업은 쇠퇴일로를 걸었지만 기술의 발전으로 목재 선박의 포경업자들을 따돌렸던 재빠른 대왕고래와 참고래를 다시 잡을 수 있게 되었다. 현대 포경업의 중대한 혁신은 고래를 식용화한 것이었다. 특히 마가린 산업에 고래가 사용되어 제2차 세계대전 이후 유럽과 일본의 굶주린 사람들에게 중요하게 쓰였다.

현대 포경업은 목재 포경선과 손으로 던지는 작살을 버리고 작살포가 탑재된 증기선을 사용하기 시작했다. 빠른 속도를 가진 증기선은 고래 사체를 해안 기지로 실어 나르는 역할을 했지만 증기선 또한 가공설비를 갖춘 거대한 어선에 의해 대체되었다. 포경업 기술 발전의 치명적 결과는 남극 대륙 인근의 남극해를 중심으로 규제라고는 거의 없는 다국적 어장이 생겨난 것이다. 바다의 거인인 대왕고래도 포경선의 작살을 피해가지 못했다. 포경업자들은 대왕고래를 배 위로 끌어올려 마가린이나 립스틱, 혹은 구두 광택제나 폭발성을 가진 글리세린용 성분인 기름을 뽑아내고 동물과 인간이 소비할 고기를 잘라내고 고래 간에서는 비타민 A를 추출했다. 거대한 고래 한 마리에서 나오는 고기와 기름의 가치는 지구상에 서식하는 야생동물 중 가장 커서 1960년 기준으로 무려 미화 3만 달러어치나 되었다(오늘날의 가치로 환산하면 약 24만 달러다). 물론 포경업에 얼마나 많은 정부 보조금이 들어갔는지 알고 있는 역사학자들은 그 비용을 제하고 나면 고래에서 나오는 산물의 실제 가치가 그다지 크지 않다고 생각했다.

1920년대 내내 고래는 남극해에 넘쳐나는 듯 보였다. 때로 포경선들은 고래 사체에서 최상의 부위만 떼어내고 나머지는 버릴 정도였다. 진보적인 환경보존의 유산을 이어받은 일부 논평가들은 고래의 전부를 활용할 것을 촉구하고 고래 종의 보호를 요청하기에 이르렀다. 미국 자연사박물관American Museum of Natural History의 큐레이터인 로이 채프먼 앤드루스Roy Chapman Andrews는 작살을 직접 잡아 고래를 죽여 보고픈 욕망에 관해 이야기했다. 1909년 북태평양의 고래를 연구하기 위해 포경선을 따라갔던 항해 동안 그는 노르웨이의 포수에게 자신도 고래를 잡아보겠다고 졸라댔다. 고래잡이를 맹수 사냥쯤으로 인식하는 앤드루스의 환상은 분 앤드 크로켓 클럽Boone and Crockett Club **10**의 상류층 도시 사냥꾼들의 활동에서 유래한 것이었다. 이들은 북아메리카의 야생지대를 휩쓸고 다니며 사냥 전리품을 잡아 집으로 돌아올 때는 사냥용 동물의 보존을 외쳐대는 자들이었다.

10 미국의 사냥 환경단체.

포경 국가에서 앤드루스 같은 과학자들과 환경 보호론자들은 고래 개체 수를 보호하기 위한 보존 방책에 대한 압력을 넣기 시작했다. 귀한 참고래, 그리고 임신했거나 젖먹이 새끼가 있는 암컷은 살육을 금하는 등의 상식적인 조치가 포함되었다. 그러나 눈에 보이는 동물이 수컷인지 암컷인지, 더군다나 임신 중인지 아닌지 포수들이 늘 알 수 있는 것은 아니었다. 고래잡이들은 고래를 추적해 잡는 법은 알고 있었지만, 바다 깊은 곳에 숨어 있는 고래에 대해 알고 있는 바는 많지 않았다.

동식물연구가들의 고래 연구는 20세기 포경업에서 얻은 것이 많았다. 이들은 허리까지 올라오는 장화를 신고 해변의 기지와 기름투성이의 선상에서 고래 사체를 가공하는 동안 사체를 해부하고 연구했다. 이들 중 많은 학자들은 바다의 거인인 고래와 미국 서부의 들소 간의 유사성을 이끌어냈고, 영리사업이 이들을 멸종시킬 것이라는 인식을 명료화했다. 1910년 브루클린 자연과학박물관Brooklyn Museum of Natural Science의 관장 프레드릭 A. 루카스Frederic A. Lucas는 이제 들소의 '온혈동물 사촌인 고래를 바다라는 평원에서' 구조할 시기가 왔다고 주장했다. 1940년, 세계 최고의 고래생물학 전문가인 레밍턴 켈로그Remington Kellog는 『내셔널지오그래픽National Geographic』지에 알려진 모든 고래 종을 소개하는 기사를 실었고 여기서 고래가 "과거의 한때 미국의 평원을 누볐던 아메리카 들소 떼와 같은 운명을 맞이할 것이다."라며 경종을 울렸다. 드넓은 바다를 미국 서부와 유사한 자연 환경으로 보고 그 손실을 예측한 견해는 대양에 대한 문화적 인식에 일어난 더 큰 변화의 일부였다.

바다의 산업적 이용이 증대하는 가운데 이와 모순된 경향이 나타
났다. 바다의 산업화가 사람들의 눈에서 점점 멀어져 비가시적 영
역이 되어버린 것이다. 해양 활동은 16세기에서 19세기에 걸쳐 팽
창일로에 있던 제국과 각국의 경제를 떠받쳤다. 연안 국가 대다수
의 국민은 바다와 항해에 관련된 직종에서 일했다. 직접 바다에서

1922년 로스 해Ross Sea(남극해의 일부 – 옮긴이)에서 이루어진 산업 규모의 포경업. 세
명의 노르웨이 노동자가 제임스클라크로스Sir James Clark Ross호 옆에서 화창한 하늘 아
래 고래 가죽을 벗기고 기름을 떼어내고 있다.

일을 하건 산업을 지원하건, 한 해 중 몇 달만 일하건 일 년 내내 바다에서 일하건 대부분의 사람들이 바다와 관련된 일에 종사했다. 19세기 말이 되면서 해양산업은 육지 기반 산업에 비해 눈에 띄게 쇠퇴했다. 자본주의 발전은 내륙을 향했고 내륙에서 투자한 포경업, 해운업 그리고 다른 해양 활동에서 오는 이윤 때문에 이러한 경향은 더욱 가속화되었다. 기계화로 효율성이 커지면서 해양산업이 고용하는 인력의 숫자가 크게 줄어들었다.

19세기 말, 많은 해안 어장들이 쇠퇴했다. 해안에서 좀 더 떨어진 해역의 어장들은 대기업에 수직으로 통합되었고 대기업들의 주요 사업은 해양산업이 아니었기 때문에 바다는 점점 더 보이지 않는 영역으로 침잠했다. 증기선을 주로 사용하게 된 해운회사들은 선원 숫자를 줄이고 승객들을 바다에서 차단시켰다. 해상운송 및 다른 해양 활동의 속도와 도달범위가 확대되면서 상선 및 포경선의 갑판과 어업기술은 노동일의 증가와 노동자 수의 감소와 저임금 등 육지의 산업 지대와 유사한 모습을 띠기 시작했다. 돛을 쓰는 항해기술을 버리지 않았던 기업들 역시 승무원 숫자를 최소한으로 줄였고, 이러한 경향 때문에 뱃노래가 폭발적으로 증가했다. 리처드 헨리 데이너가 『돛대 앞에서의 2년』에서 이야기했던 대로 '뱃노래 한 곡이면 선원 열 명의 일을 거뜬히 해내기' 때문이었다.

더 많은 사람들이 바다를 일이 아니라 오락으로 경험하게 되면서 세일러복, 조가비 수집, 그리고 바다 풍경화에 매료되었다. 또 현실의 바다로부터 대중을 차단하는 미신과 공상, 설화가 인기를 끌어 바다에 대한 새로운 태도가 등장했다. 바다는 이제 유령선이 실제 선박들과 뱃길에서 만나는 신비의 장소이자, 인어와 해적이 일으키던 공포가 더 이상 존재하지 않는 공간으로 변모했다. 범선 메리 실레스트Mary Celeste호의 실종에 관한 실화는 유명한 유령선 신화인 '방황하는 네덜란드인Flying Dutchman'**11**을 연상시켰다. 1872년 대서양에서 표류하다 발견된 실레스트호의 수수께끼 – 배에 탔던 선장의 아내와 아기를 포함한 승무원 전원이 사라졌고, 구명정도 없어졌지만 항해 장비는 그대로인 채, 항해일지나 배의 상태로 보아 그 어떤 사고나 문제의 흔적도 없이 발견되었다 – 는 언론인과 신문 독자뿐 아니라 화가들과 작가들을 매료시켰다. 이 사건을 다룬 가장 유명한 소설은 아서 코난 도일Arthur Conan Doyle의 단편추리소설 『J. 하버쿡 젭슨의 증언J. Habakuk Jephson's Statement』(1884)이다. 이 소설 덕에 실레스트호의 수수께끼는 20세기까지 대중문화에 살아남았다.

대중문학 또한 해적을 무시무시한 역사 속 인물에서 용감하고 때로는 코믹한 인물로 다시 부활시키는 데 일조했다. 19세기 해적의 위협이 거의 사라지면서 소설가, 극작가, 음악가들은 늠름하고 화려한 해적의 이미지를 창조해냈고, 풋내기 선원과 노련한 선원, 아동과 어른을 막론한 보통 사람들에게 여흥과 즐거움을 제공했다. 로버트 루이스 스티븐슨Robert Louis Stevenson은 그의 유명한 소

---

11 항구에 정박하지 못하고 대양을 영원히 항해해야 하는 저주에 걸린 유령선 전설.

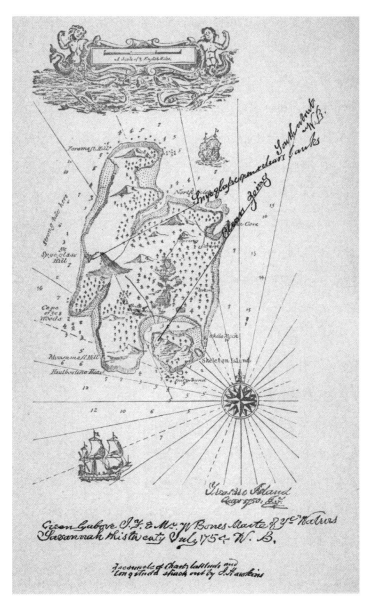

로버트 루이스 스티븐슨Robert Louis Stevenson의 『보물섬』에 나오는 지도. 이 작품은 해적에 대한 대중적 이미지를 창조해냈고 그 이미지는 오늘날까지 이어지고 있다.

산업과 바다

설 『보물섬Treasure Island』(1883)에서 해적을 검은 범선, 보물지도, 섬, 그리고 외다리에 앵무새를 어깨에 얹은 선원의 모습으로 탈바꿈시켰다. 오늘날까지도 대중문화에 꿈틀거리는 해적의 이미지를 혼자서 창조한 것이다. 『보물섬』은 유명한 노래 〈요호호 그리고 럼주한 병Yo Ho Ho and a Bottle of Rum〉에도 영감을 제공했다. 이 노래는 전통적인 뱃노래가 아니라 소설이 나온 이후에 쓰인 19세기 말의 산물이었다. 해적은 후크 선장Captain Hook이라는 모습으로 J. M. 배리 J. M. Barry의 1904년 작 『피터 팬Peter Pan』에 등장한 후 동화의 대중적인 소재로 오랫동안 인기를 누렸다. 후크 선장이라는 이름은 선장의 한쪽 손이 없는 자리에 달린 쇠갈고리 때문에 붙여진 것이다. 해적의 이미지와 마찬가지로 인어의 이미지도 변했다. 자신을 잠깐이라도 보는 선원을 불운에 빠뜨리는 불길한 요물에서 오락거리가 된 것이다. 이제 인어는 요트 경기의 트로피 장식이나 광고의 이미지에도 등장하기에 이르렀다.

풋내기 선원이 바다와 항해에 대한 문화적 이미지를 생산하면서 현실의 선원들을 서서히 몰아냈듯 많은 사람들은 바다를 내다보면서 자신의 내면을 들여다보기 시작했다. 헨리 데이비드 소로Henry David Thoreau는 바다를 '전 세계에 펼쳐져 있는 황야'라 불렀다. 그에게 바다는 문명화되고 산업화된 땅이 아니라 정글과 더 비슷한 자연이었다. 과거에 황야는 피하거나 공격하거나 길들여야 하는 두려움의 대상이었다. 19세기에 나타난 새로운 현상은 황야를 바라보는 경탄 섞인 눈길이었다. 이러한 경탄은 낭만주의 시대 황야를 숭고하고 신비롭고 어둡고 무시무시한 요소로 받아들인 데서 시작해 바다와 내밀하고 강렬하게 만나려는 개인의 욕망으로 옮겨 갔다. 소로는 1849년 케이프 코드Cape Cod(코드곶)[12]의 모래사장에서 바다를 보다가 이민선 세인트존St. John호의 무시무시한 잔해를 목격했으면서도 바다라는 황야를 문명을 치유할 바람직한 해독제로 받아들였다.

바다에 대한 경탄은 바다에 대한 애정을 표현하는 새로운 방식으로 변화했다. 미국의 시인 에밀리 디킨슨Emily Dickinson은 자신이 살던 땅을 떠나지 않았던 은둔자였지만 인간과 바다의 교류를 정의할 수 있는 자신만의 권리를 선언했다. 그녀는 항해를 나서는 '내륙의 영혼'이 느끼는 '도취감'을 표현했고, 노련한 선원은 얻을 수 없는 고유한 바다의 체험이 있다고 주장했다. 1860년에 쓴 디킨슨의 시를 보자.

환희란 내륙의 영혼이
바다로 가는 것,

집들을 지나, 곶을 지나
깊은 영원으로
우리처럼 산 속에서 자라난 이들이

[12] 미국 매사추세츠주 남동부에 있는 반도.

육지를 떠나 처음 바다로 나갈 때 느끼는

숭엄한 도취감을

뱃사람이 이해할 수 있을까?

점잖은 남성들이 바다를 향해 떠나고 내륙의 영혼들은 젖지 않은 발로 바다를 꿈꾸던 시절 바다는 모성, 배는 여성의 모습을 상징하게 되었다. 이는 남녀의 영역을 가르는 산업 이데올로기가 해변의 사회적 영역 또한 강력하게 가르면서 항해와 관련된 남성성이 더욱 확연해졌다는 사실을 어느 정도 반영했다. 바다의 성별화에는 바다를 생명의 자궁으로 보는 비유적인 이해도 포함되어 있었다.

놀이터이자 영적 쇄신의 장소 역할을 수행하는 공간으로 급부상한 바다는 현실적인 ─ 그리고 지속적인 ─ 경제적·정치적 기여도보다 정신 및 상상력과 관련된 기여도가 더 큰 공간으로 부각되었다. 문학 연구자들은 바다의 은유와 이미지가 문학으로 진입하여 서구 문화를 지배하게 되었다는 점에 주목한다. 밀물과 썰물은 인생의 부침을 묘사하는 표현으로 등극했고 난파는 정치적인 것부터 개인적인 것까지 광범위한 비유적 함의를 얻게 되었다. 항해는 미술과 문학 모두에서 인생이라는 여정을 뜻하는 은유로 강력하게 대두되었다. 물론 인생을 항해에 비유하는 장치는 호메로스의 『오디세우스』까지 거슬러 올라갈 만큼, 혹은 그보다 더 오래되었을 수도 있으나 이러한 비유들이 바다 경험의 거의 없거나 아예 전무한 작가들과 화가들까지도 흔히 쓰는 비유가 되었다는 점이 특이하다.

가령 미국의 낭만주의 화가 토머스 콜Thomas Cole의 연작 『인생의 항해Voyage of Life』(1842)에는 아동기와 청년기, 성인기와 노년기가 모두 그려져 있다.

바다가 일하는 곳에서 놀이 장소로 바뀌고, 바다와 관련된 대중문화의 창조와 소비에 내륙 사람들이 새로 참여하게 된 변화에는 돛단배에서 증기선으로의 변화가 일정 몫을 담당했다. 이 모든 변화는 과거에 대한 동경의 물결을 촉발시켰다. 역사학자 존 길리스John Gillis는 이 물결을 '바다의 재발견'이라고까지 주장했다. 이 동경은 그것이 끼친 문화적인 영향력 면에서 제1의 발견, 다시 말해 15세기에서 16세기 사이 탐험가들이 육지들 간의 모든 항로를 발견했던 사건과 유사했다. 뱃노래는 해양문화의 매혹적인 특징 중 하나로 인기를 끌게 되었다. 얼마 안 되는 뱃사람의 손으로 닻이나 그물, 무거운 돛을 끌어올려야 하는 가혹한 노동을 완화시키는 뱃노래의 기능이 원래의 기능을 벗어나 보통 사람들의 문화로 들어간 것이다. 바다에 대한 막연한 동경에 사로잡힌 일부 낭만주의자들은 곧 사라지게 될 가로돛 범선에서 최후의 날을 보내겠다고 배에 오르기도 했다. 가로돛 범선은 제2차 세계대전까지도 케이프혼 Cape Horn **13** 주변과 호주까지의 항로 등 증기선이 대적할 수 없는 장거리 항로에서 운항을 계속했다. 이 항로가 오고가는 지역에서는 질소 비료와 곡물 교역이 이루어졌다. 영국의 여행 작가 에릭 뉴

13 남아메리카 최남단의 곶.

비Eric Newby가 쓴 『최후의 곡물 경쟁The Last Grain Race』(1956)은 1938년 돛대가 네 개 달린 바크형 범선 모슐루Moshulu호의 항해를 소재로 한 작품이다. 낭만주의자들뿐 아니라 청년들도 최후의 목재 포경선을 타고 싶어 했다. 박물학자 로버트 쿠시먼 머피Robert Cushman Murphy는 1912년에서 1913년까지 쌍돛대 범선 데이지Daisy호를 타고 항해한 경험을 토대로 『은총의 항해일지Logbook for Grace』(1947)를 출간했다. 독일 플라잉P라인Flying P Line에 속한 범선들14은 네 개의 돛대가 달린, 빠르고 널찍한 범선으로 선박명이 모두 알파벳 글자 P로 시작되는 것들이었다. 복고주의의 유행으로 돛단배 시대의 추억과 유물을 보존하는 데 관심이 생길 무렵 그나마 옛 모습으로 남아 있던 배들이다. 파사트Passat호, 파미르Pamir호, 페킹Peking호, 파두아Padua호 모두 전쟁의 포화에서도 살아남아, 한 척만 제외하고는 전부 오늘날에도 부둣가 인근에서나마 운행이 되고 있다.

해양 유산을 보존하는 데 전념했던 20세기 초반 복고주의자들이 찾아낸 옛 선박은 또 있었다. 해군함 빅토리Victory호(1765년), 쾌속범선 커티 삭Cutty Sark호(1869년), 그리고 포경범선 찰스 W. 모건Charles W. Morgan호(1841년) 외의 다른 많은 선박들이다. 돛대가 두 개 이상 달린 범선 스쿠너인 블루노즈Blue-nose호는 1921년 건조된 것으로 경주용으로 설계되었지만 캐나다 해양의 위대함을 드러내는 상징으로 중요하게 여겨졌다. 해양박물관들은 목재 선박, 그리

14 독일의 해운회사인 F. 라이츠사에서 발주, 운용했던 선박.

고 그와 관련된 해양 물품의 기술과 문화가 완전히 사라지기 전에 보존해야겠다고 결심한 애호가들의 수집품을 소장할 목적으로 건립되었다. 전통적인 조업용 선박으로 항해훈련을 하는 관행이 등장하면서 모형 선박과 현대풍의 '높다란 배tall ship'를 알리는 새로운 전도 열풍도 생겨났다. '높다란 배'라는 단어는 존 메이스필드John Masefield가 1902년에 발표한 〈바다 열병을 앓다Sea Fever〉라는 시에서 처음 쓰였다. 메이스필드는 1890년대 군함과 상선을 타 본 경험이 있는 시인으로, 함선과 범선과 스쿠너 등의 배를 구분하지 못하고 더 이상 구분할 필요도 없는 문화에 잘 맞는 용어를 새로 만든 셈이다. 어빙 존슨Irving Johnson과 엑시 존슨Exy Johnson 부부는 팀을 이루어 1930년대부터 젊은 남녀들을 양키Yankee라는 이름의 배에 태워 긴 항해를 체험하는 가운데 인격을 수양할 수 있는 항해 교육 모델을 개발했다.

장대했던 과거의 항해 시대를 동경하는 열망은 메이스필드의 시에 나오는 노스탤지어 가득한 낭만에 경탄을 보내던 독자들의 마음을 흔들어놓았다. "나는 바다로 다시 가련다. 뛰노는 파도가 부르는 소리를 좇아, 차마 거절할 수 없는 선명하고 거센 부름을 따라." 해양문화가 부흥하는 분위기를 보면 1920년대 허먼 멜빌Herman Melville의 『모비딕Moby-dick』이 왜 다시 발굴되었는가를 알 수 있다. 1851년 처음 출간되었던 이 소설은 비평가와 일반 독자들의 주목을 받지 못했다. 비평가들은 이 작품이 재발견된 이유가 모더니즘 덕이라고 생각했지만, 독자들 역시 바다를 누비던 과거 찬란한 시

어빙 존슨이 스쿠너양키호의 타륜 앞에 아내 덱시와 아들과 함께 있는 사진. 1938년 청년들에게 항해법을 가르치러 떠났던 세계일주를 마치고 글로스터로 귀환하는 길.

절에 외경심을 보내는 멜빌의 이 작품이 매혹적이라고 생각했던 것만은 분명하다.

　서양문화가 바다를 사회와 동떨어진 공간으로 생각한 전통은 오래되었지만, 이제 '황야'라는 새 역할을 통해 바다는 시간을 초월한 존재로 부각되었다. 소로는 육지와의 대조를 통해 시간을 초월하는 바다를 표현했다.

　육지와 달리 바다는 고대라는 관념과 아무 관계가 없다. 사람들은 천년 전 바다가 어떤 모습이었는지 묻지 않는다. 바다는 언제나 황야

같은 야생의 영역이고 한결같이 헤아릴 수 없기 때문이다……변한
것은 바닷가 기슭의 풍경뿐이다.

시간을 초월한다는 인식 때문에 바다는 인간의 활동에 영향
받지 않는 공간이 되었다. 조지 고든 바이런 경의 설화시인 〈차일
드 해럴드의 순례〉에는 바다에 대한 새로운 인식이 등장한다.

인간은 대지를 파괴로 수놓는다.
인간의 힘은 해안가에서 멈춘다.
평원 같은 바다 위 잔해는 모두 바다 그대가 한 짓.
인간의 파괴는 그림자조차 남아 있지 않다……

바이런은 인간의 활동이 육지에 끼치는 영향은 인정했지만,
바다만큼은 건드릴 수 없는 영역이라고 생각했다.

바다와 시간이 분리되면서, 바다의 자유를 적극 수용함으로써
가동된 사고방식 – 바다와 그 자원을 자유롭게 이용할 수 있다는
관념 – 이 더욱 공고해졌다. 제국주의 이데올로기와 실천은 바다와
해양자원을 이용할 지식과 힘이 있는 자들이 바다를 이용해야 한
다는 확신으로 이어졌다. 인간의 행동에 영향을 받지 않는 듯 시간
을 초월한 바다는 헉슬리가 제시했던 무한한 어류자원에 대한 확
신과 한패였다. 헉슬리와 동시대인들은 심해 또한 먼 옛날의 지질
학 시대에서 남겨진 종들이 무성하게 살고 있는 변치 않는 공간이

라 생각했다. 사회와 동떨어져 있지만, 바다는 인간에게 유용한 공간으로 규정될 수 있었다. 바다를 일하는 공간, 지정학적이고 경제적인 효용이 있는 공간으로 바라보는 시각을 벗어나 시간을 초월한 공간, 인간의 손길을 허용하지 않는 공간으로 바다를 보는 새로운 문화적 관점은 바다의 산업화의 규모와 본질을 은폐했다.

인간에게 친숙한 바다의 쓰임새 – 전쟁과 수송과 어업 – 는 20세기 동안 그 규모가 어마어마하게 커졌고, 양차 세계대전으로 규모의 증가 속도 또한 빨라졌다. 해상의 발견 이후의 전쟁이 대부분 그러했듯 20세기에 발발한 양차 대전 역시 해전의 숫자가 많은 데다 바다 공간을 장악하려는 시도로 점철되어 있었다. 제1차 세계대전에서 효력을 발휘하여 제2차 세계대전에서 급격히 수가 불어난 잠수함 때문에 전쟁은 해수면에서 해저 깊은 곳까지 확장되었다. 제1차 세계대전 동안 독일이 무제한잠수함전unrestricted submarine warfare**15**을 도입하여 중립국 선박까지 공격하면서 선박 운송이 엄청난 해를 입었다. 심해는 숨겨진 위험지역이 되었지만 이는 바다의 자유가 지닌 이점 중 하나를 강화시켰다. 독일의 이러한 전략은 중립을 지켰던 미국이 1917년 1차 대전에 참전하는 계기가 되었다. 미국 역시 제2차 세계대전에서 일본 선박을 상대로 같은 전략을 구사했다.

15 제1차 세계대전에서 독일이 적국, 특히 영국을 공격하기 위하여 취한 해전 전술.

2차 대전의 결과인 연합국의 승리는 잠수함뿐 아니라 항공모함, 구축함, 화물을 운반하고 호송대를 호위하던 많은 선박과 상륙주정[16]의 이용 덕이었다. 온갖 선박을 활용하는 이러한 작전으로 인해 해양 환경에 대한 지식을 넓히려는 대규모 시도가 촉발되었다. 대기와 해수면, 육지와 바다의 경계 그리고 심해를 알려는 노력이 이때 이루어졌다.

제2차 세계대전을 통해 바다에 관한 새로운 지식이 쏟아져 나오면서 평화 시의 바다 이용의 양상 또한 달라졌다. 가령 전시 동안의 물자 수송 기술은 선박 산업을 변모시켰다. 미국의 사업가 말콤 맥린Malcolm McLean은 컨테이너를 이용하여 화물을 나른다는 오래된 아이디어를 한층 발전시켰다. 컨테이너는 하역부대가 나르는 화물의 크기가 달라서 생기는 난제뿐 아니라 육지와 바다 간의 화물수송이 더디어지는 문제까지 해결해주었다. 맥린은 컨테이너의 잠재 가능성을 깨닫고 가업으로 운영하던 대형 트럭회사를 매각하여 운송회사를 사들였다. 1956년 그는 전시에 쓰던 대형 선박 두 대를, 자신이 설계한 강철 컨테이너를 운반할 수 있도록 개조했다. 개조한 배는 컨테이너를 실은 트럭이 직접 드나들도록 설계되어 있었다.

맥린이 새로 만든 회사는 화물을 싣고 부리는 비용을 어마어마하게 절감하는 성과를 거두었다. 물론 이러한 비용 절감은 항만 노동자의 희생을 치르고 가능해진 결과였다. 컨테이너가 생기기 전

---

16 병력, 물자, 장비 따위를 육지로 나르는 날쌔고 작은 배(편집자 주).

컨테이너 선박 운송 시스템을 창안해 낸 말콤 맥린이 뉴어크 항Port Newark이 내다보이는 철책 앞에 서 있다. 1957년.

에는 항만노동자들이 화물을 개별적으로 운반대에 실어 선박으로 옮겼다. 그러나 컨테이너가 생기면서 이들은 직장을 잃었다. 맥린이 추가한 컨테이너의 혁신은 표준 규격의 컨테이너, 즉 배에 직접 실은 다음 장거리 항해 동안 고정시켜 놓는 강철박스였다. 맥린은 특허권을 과감히 포기하고 자신의 기술을 공개했다. 이러한 조치는 결국 영리한 판단으로 판명되었다. 컨테이너 표준화로 수송기관을 모조리 통합하는 체계가 극적으로 발전했기 때문이었다.

전쟁 이후 세계 경제 규모가 확장되면서 전시 군함 건조 기술을 변형시킨 전문 선박 설계가 비약적으로 발전했다. 선박 자체의 설계가 다양해졌고 액체나 기체 화물용 전문선박, 화물용 기중기가 달려있는 벌크화물 선박, 바퀴달린 화물을 싣고 오르내리도록 되어 있는 로로ro-ro선박도 이때 개발되었다. 전용 화물 선박이 개발된 덕에 해상으로 운송되는 화물의 규모는 21세기 초 1840년의 400배로 늘어났다. 1855년 이후 연료 소모량이 97퍼센트 감소되고 노동 비용 감소까지 맞물리면서, 화물 운송비용은 규모의 효율성과 시장 경쟁 때문에 더 이상 올라가지 않았다. 석탄과 석유 같은 핵심 상품의 경우는 20세기 후반이 되어도 낮은 운송비용이 거의 유지되었다. 오늘날 원료 및 제조 상품의 시장은 세계전역이다. 농산물, 목재와 화학물질과 광물 같은 벌크화물, 그리고 공업제품까지 해상 운송 대상이 되지 않은 물건은 아예 존재하지 않았다.

해상운송은 선진국들이 전적으로 여기에 의존했음에도 불구하고 사람들의 시야에서 사라졌다. 사실상 세계 해운 화물의 90퍼센트를 세계 전체 인구의 0.5퍼센트 미만의 사람들이 운반하게 되었다. 컨테이너 운송은 상자를 보관할 수 있는 공간이 필요했기 때문에 전통적인 항구와 달리 주로 도심을 벗어난 곳에 새로운 항구가 생겨났다. 뉴저지주의 포트엘리자베스Port Elizabeth항이 맨해튼항 대신, 캘리포니아주 서부의 오클랜드Oakland가 샌프란시스코 대신 발전했고, 화물선은 런던을 우회하여 영국의 펠릭스토Felixstoe와 네덜란드의 로테르담Rotterdam 항구로 갔다. 이러한 변화는 항구도시의 공동화 현상을 낳았고, 부두의 일자리를 없앴으며 경제의 세계화를 가속화시켰다.

해운업은 사회, 경제 및 기술의 변화를 거쳤다. 해운업으로 인해 사람들과 바다의 관계가 재편되었고 심지어 연안의 생태계까지 달라졌다. 사람들의 일상에서 거대한 해운업의 세계가 사라지고 대양 횡단의 수단이 여객선에서 항공기로 바뀌면서, 바다 자체 또한 건너는 데 소요되는 시간과 건너가야 할 공간으로서의 이미지를 빼고는 사람들의 의식에서 희미해졌다. 선박운송은 안전성 향상과 오염 문제 때문에 광범위한 규제 대상이 되었다. 세계 선박운송 문제를 다루는 국제 합의 네트워크와 국가 규제망이 늘어나면서 해양 영역은 육지산업과 동일한 종류의 공고한 법적, 정치적 통제하에 놓이게 되었다. 목재 선박에서 대형 선박에 이르기까지, 주목조차 받지 못한 무수한 해양생명체가 늘 화물과 함께 (선박 바닥에 붙거나 밸러스트ballast**17**용으로 실은 바닷물 속에 떠서) 이동했다.

샌프란시스코만San Francisco Bay은 현재 다른 어떤 해역보다 더 많은 외래종의 서식처가 되었다. 1849년 골드러시Gold Rush**18** 동안 전 세계에서 입항하는 선박을 통해 외래종이 들어오기 시작했고 많은 선박들이 항구에 그대로 방치되었다. 외래종들은 일종의 바다 이민자들로서 선박을 통해 세계 전역에서 이식되어 토종 생물을 내쫓고 새 서식처의 생태계를 붕괴시키는 경우가 많았다.

전통적인 평시 해양 활동인 어업 또한 제2차 대전이 초래한 변화에서 자유롭지 못했다. 전시 동안 많은 어선이 징발되었고 북해나 북대서양 등의 해역 어업은 중단되거나 심각하게 쇠퇴했다.

17 항해 안전용으로 선체를 물속에 더 잠기게 할 목적으로 화물 이외에 싣는 중량물.
18 19세기 미국에서 금광이 발견된 지역으로 사람들이 몰려든 현상.

다른 어장들은 위험에도 불구하고 계속 조업을 해야 했다. 전쟁 수행에 필요한 식량과 물자 때문이었다. 포경업은 전시에도 태평양 동쪽에서 지속되었다. 원래 포경선단은 1940년 이후로 남극해를 떠났다. 남획 우려와 보존 필요성의 인식은 전쟁 이전부터 지속되었으나, 전후의 굶주림과 유럽 및 일본을 재건해야 할 필요성 때문에 포경어장 재건을 통제하려는 노력이 퇴색되었고 오히려 마구잡이식 어획 경쟁만 횡행했다.

1946년 창립된 국제포경위원회International Whaling Commission (IWC)에 참여한 과학자들과 환경 보호론자들은 미래를 위해 고래 개체 수를 보호하려고 전쟁 이전에 시작했던 국제사회의 활동을 재개했다. 국제포경위원회는 과학과 산업의 균형을 맞추고 과학을 통해 포경업 발전을 도모함으로써 개체 수를 늘리려 했다. 이러한 노력에도 불구하고 1950년대 포경업자들은 다른 많은 어장처럼 고래 개체 수가 감소했다는 증거를 발견했다. 식물성 기름이 고래 기름을 대체하면서 고래 기름값이 하락해 문제는 더욱 악화되었다. 할당량을 줄여 고래 어획량을 규제하는 조치는 국제포경위원회에 내재된 특징 때문에 실행 불가능한 것으로 판명되었고, 어획량을 낮추는 조치의 기반이 무엇인지도 제대로 알지 못했던 탓에 실효성이 없었다. 1960년 무렵 포경업을 하는 기업들은 억지로 낮춘 할당량을 채울 만큼의 고래조차 잡지 못했다. 1960년대 중반 대왕고래와 혹등고래 수가 급격히 줄어들어 포획 자체가 폐지되었다. 고래 포획량을 늘리기 위한 과학적 관리의 꿈은 실패로 돌아갔다.

전시와 그 이후의 식량 부족으로 각국은 어업 선박 투자를 우선순위 정책으로 삼았다. 이를 위한 첫 번째 방안은 전쟁 수행을 할 필요가 없어진 선박의 용도를 변경하는 것이었고, 결국 전통 어장에서 조업을 하는 선박의 숫자가 늘어났다. 정부는 또한 잡은 어종의 가공 규모를 키우는 실험도 지원했다. 가령 미국 정부는 1946년에 129미터짜리 군용 화물선을 퍼시픽 익스플로러Pacific Explorer호로 개조하는 사업을 지원했다. 배를 소규모 선망어선들의 모함母艦으로 만들어 잡은 물고기를 냉동하거나 해안가 통조림 공장으로 운반하거나 바다에 있는 동안 조업을 하기 위함이었다. 이러한 시도는 여러 가지 이유 때문에 67미터짜리 소해정[19]을 어선 페어프리Fairfree호로 바꾸어 실험적 냉동 시스템을 갖추고 1947년 시험 항해를 내보냈던 영국 포경회사의 조치에 비해 크게 성공하지 못했다. 1950년대 중반, 영국과 소련에서 특수 제작한 더 큰 공선식 트롤선factory trawler[20]은 거대한 어획량을 기록했을 뿐 아니라 가공까지 겸하기 시작했다. 이제 선박은 한번 출항하면 바다에서 수개월 동안 조업할 수 있게 되었다. 곧이어 철의 장막Iron Curtain[21] 양편에 속한 많은 선진국들이 공선식 가공 트롤선을 제작해 운영하면서 기존의

---

19 수중에 부설된 지뢰를 발견하고 제거 · 파괴하여 함선이 안전하게 항해할 수 있도록 하는 해군 군함.
20 원양에서 장기간 머물면서 선내에서 완전한 상품으로 처리 · 가공할 수 있는 방법을 수행하는 어선.
21 제2차 세계대전 후 소련 진영에 속하는 국가들의 폐쇄성을 풍자한 표현(편집자 주).

거의 모든 공해 어장을 개척하기에 이르렀다. 산업 규모의 어장은 대구 같은 심해어류는 트롤선으로, 그 위쪽에 사는 청어 같은 표영성 어류는 선망어선으로, 참치처럼 이동성이 큰 원양어종은 주낙으로 잡았다. 거대한 중층 트롤선mid-water trawl도 사용했다. 새로 개발한 어업기술은 바다의 대륙붕과 대륙사면22의 모든 수직 측면과 수평 측면에 접근할 수 있게 만들어주었다.

전후의 극적인 어획량 증가는 어획 조치의 집중적 증강에서 비롯되었고, 해양자원에 본질적 한계는 없다는 인식을 강화시켰다. 반면 산업화 이전의 어부들은 집약적 어획으로 인한 어획량 감소를 인지했고, 때로는 어획량을 제한하려고 했다. 급속히 팽창한 수산학에 뿌리를 둔 전후의 낙관론은 어장을 제한하기는커녕 팽창하려는 야심에 불을 지피는 결과를 낳았다. 그물코 크기에 대한 규제나 어획 해역의 깊이에 대한 규제 조치들은 제1차 세계대전 이전까지만 해도 유럽에서 진지한 논의의 대상이었지만 그 이후 규제는 마뜩잖다는 태도로 실행되었다. 세계 대부분의 지역에서 대양 어장에 대한 규제는 주요 어종의 급격한 감소를 맞이하고 나서야 이루어졌고 그 형식은 각국의 할당량과 어업의 규제 시도였다.

대서양 어장을 규제하는 힘이 있는 기관이 출현한 것은 제2차 세계대전 이후였다. 유럽의 수산학자들은 전시에 '제2차 대규모 어업 실험Second Great Fishing Experiment'을 조직했다. 어업을 재개하기 전

22 대륙붕과 심해저 사이의 급경사면.

전시에 다시 늘어난 어종의 숫자를 유지하기 위해 규제를 실시할 수 있는 기회였다. 전쟁 전 영국의 과학자 마이클 그레이엄Michael Graham은 '어획의 대법칙Great Law of Fishing', 즉 무제한 어획이 이득이 아닐 수 있다는 법칙을 입증했고, 어종뿐 아니라 어획 역시 규제를 받아야 더 이득이 되리라는 주장을 펼쳤다. 전후의 식량부족 때문에 각국 정부는 어업 규제를 꺼렸지만 북유럽 국가들은 1946년 런던남획회의London Overfishing Conference를 소집했고 국제 어장 규제를 실행할 권한을 갖춘 영구위원회Permanent Commission를 만들었다(영구위원회는 조직된 지 10년 후인 1963년 북동대서양어업위원회Northeast Atlantic Fisheries Commission가 되었다). 영구위원회는 어업 운영에 대한 과학적 자문 역할을 확립했고, 곧이어 유사한 다른 국제 어업관리 기관과도 협력했다.

　　수산학자들은 관리자들에게 자문을 제공할 때 도움이 될 도구를 전시의 과학과 기술로부터 얻었다. 그레이엄은 군 복무를 하면서 대포 탄도학 분야에서 일을 했던 덕에 어획 표적을 수학적으로 연구했고, 전쟁이 끝나고 수산학 연구를 재개하면서 생물학자와 수학자들의 협업을 통해 어종의 이동 역학 수량화에 힘썼다. 1957년, 레이먼드 비버턴Raymond Beverton과 시드니 홀트Sidney Holt는 이들의 동료 세대에게 '성서'로 추앙받게 될 『어종 개체군의 역학On the Dynamics of Exploited Fish Populations』이라는 책을 출간했다. 다양한 조건하에서 특정 어장의 어획량 추정에 활용할 수 있는 간단한 모델을 과학자들에게 제공하는 책이었다. 어장을 관리하고 규제하는 업무를 맡은 이들에게 귀중한 정보를 제공하는 모델이 개발된 것이다. 이 모델은 남획이 심한 대서양 어장 감독을 맡은 영구위원회에 적극 수용되어, 어획량 예측을 통해 인간이 해양을 통제할 수 있다는 확신을 과학자와 관리자에게 심어주었다. 1950년대 말 영국 청어 어장이 붕괴되면서 과학자들은 대폭 증강된 해양 지식을 적용하여 어업이 이용할 수 있는 새로운 어종과 개체를 찾아내려는 노력을 배가했다.

　태평양이 제시하는 전망은 또 달랐다. 전쟁이 끝난 후 특히 미국과 일본은 어장을 지정학적 야심을 펼칠 공간으로 인식하게 되었다. 국제관계를 지배한 것은 참치와 연어 두 어장이었다. 미국이 잡아들이는 어획량이 흔들리자 샌디에이고San Diego 참치 선단은 미국 연안을 떠나 남하하여 통조림 공장에 공급할 어종을 찾아냈다. 처음에는 멕시코, 그 다음에는 중앙아메리카 및 남아메리카 국가들이 미국의 남하에 반발했다. 미국이 자국 연안에서 조업을 했다고 생각했기 때문이다. 타국 연안에서 조업을 하는 상황에서 미국은 또 한편으로는 일본 어선이 알래스카 베링해의 동쪽 끝인 브리스틀만Bristol Bay에서 연어 조업을 하지 못하도록 할 방안을 찾고 싶었다. 기업가 정신으로 무장한 투지 넘치는 수산학자 윌버트 채프먼Wilbert Chapman은 미 국무부에 어업을 담당할 직위를 만들었고 이 자리를 활용하여 미국 연안 해역보다 더 먼 해역에서 참치 조업을 하는 한편 일본 어선의 미국 연안 조업은 막는 모순된 목표를 이루기 위한 전략을 개발했다.

　그레이엄과 달리 채프먼은 어업 규제가 낭비라고 생각했지만,

과학이 어획량 증대의 열쇠라는 확신만큼은 그레이엄과 같았다. 채프먼은 최적지속생산량 개념에 달려들었다. 어업자원의 최대 사용을 보장해 줄 수 있는 어획량을 과학이 결정해준다는 개념이다. 그는 1949년 미국 어업정책에 이 개념을 통합시켰다. 그는 헉슬리를 따라, 연안국가가 보존 목적으로 어장을 폐쇄할 필요가 있음을 과학으로 입증하지 못하면 연안 어장을 폐쇄하면 안 된다고 주장함으로써, 미국이 외국의 연안에서 참치 조업을 지속하고 자국 브리스틀만의 연어는 미국에서만 잡을 수 있는 기초를 산뜻하게 마련했다. 최적지속생산량은 과학적인 개념처럼 들렸지만, 채프먼은 과학 학술지에 관련 논문을 발표하거나 과학문헌을 참고하여 이 개념을 논한 적이 전혀 없다. 최적지속생산량은 애초부터 정치적 개념이었고, 수산학자들이 최적어업량을 확정하기 위해 공식을 만든 것은 훨씬 나중의 일이었다. 최적지속생산량은 대형어종을 잡아들여 작은 물고기를 위한 먹이를 남겨야 어업에 유리하다는 가정, 어업에 일정한 압력을 가해도 어종은 늘 회복탄력성이 있다는 가정, 그리고 어종은 자유 시장을 통해 보호받을 수 있다는 가정 등에 기반을 두고 있는 개념이었다.

20세기 들어 세계 전역의 어획량이 급등했다. 제1차 세계대전 초창기 900만 톤이었던 세계 어획량은 제2차 세계대전 직전에 2070만 톤으로 치솟았다. 어획량은 1950년대와 1960년대 내내 상승해, 1961년에는 2740만 톤, 1970년에는 5500만 톤까지 급등했다. 전후의 혁신에는 천연섬유 그물대신 나일론 그물을 사용하는 등 전통어종, 심지어 고래의 조업에 새로운 재료를 쓰는 변화가 들어 있었다. 전시에 잠수함용으로 개발된 음향측심기인 소나sonar라는 기술 덕분에 청어 같은 표영성 어류를 잡는 종래의 선망 방식이 한 치의 오차도 허락하지 않는 정밀한 방법이 되었다. 어류 떼를 정찰하는 정찰기와 음향측심기의 협력으로 어부들은 어류 떼 전체를 둘러쌀 수 있었고 파워블록power block23은 거대한 그물로 어류 떼를 한 마리도 놓치지 않고 잡아들이게 해 주었다. 공장식 어업으로 촉진된 비약적인 어획량 증가는 분명 규모의 변화를 상징했고, 치명적일 만큼의 효율적인 어획 기술은 조업 선박들이 모든 해역을 누비게 해 주었다. 그 결과 특정 해역의 어획량 감소는 불가피했고, 그렇게 되면서 조업어선들은 고국의 항구에서 더욱 먼 해역과 더욱 깊은 심해에서 조업을 하게 되었다. 1960년대와 1970년대의 어업은 아예 기존 조업국의 자국 연안에서 아시아와 아프리카의 빈곤한 신생 독립국 연안으로 옮겨가게 된다.

특정 어장에 규제가 필요하다고 확신했던 그레이엄조차도 바다를 훼손되지 않은 부의 보고이자 인간의 활동에 영향을 받지 않는 공간으로 인식했다. 1956년에 그는 "바다에는 인간이 훼손하거나 빼앗을 수 없는 영원하고 거대한 모체가 존재하는 것 같다."라고 썼다. 선진국들은 "물고기를 잡아 주면 하루를 먹지만 고기 잡는 법을 가르치면 평생을 먹을 수 있다."라는 격언을 마음에 새겼고, 과학

23 그물을 감아올리는 양망기.

전문가들이 관리하는 산업화된 어장은 세계 전역으로 퍼져 나갔다. 냉전시기의 정치적 긴장과 인구 폭증에 대한 우려를 반영하듯, 선진국의 개발도상국 기술원조의 표적에는 농업뿐 아니라 어업도 포함되었다. 현대적인 트롤어선과 장비는 전통적인 방식을 사용하는 생계형 어업이 규범이던 세계 곳곳으로 도입되었다. 수산학자들은 개발도상국의 테크노크라트technocrat**24**에게 대규모 산업어장을 관리하는 새 모델을 이용하는 법을 가르쳤다. 이러한 과학 교육의 목적은 어업과 경제와 사회를 근대화한다는 통합적 목표를 달성하는 것이었다. 기술과 과학은 20세기 어업과 다른 전통적 해양 이용을 극적으로 확장시켰지만, 인간과 바다의 관계는 정치와 이데올로기와 야심에 바탕을 둔 인간 중심의 성격을 그대로 지니고 있었다.

1968년 개럿 하딘Garrett Hardin은 '공유지의 비극the tragedy of the commons'이라는 개념을 표명했다. 개인의 이익 때문에 목초지 같은 공유자원을 과도하게 이용하는 경향을 설명하려는 목적에서였다. 그는 바다의 자유를 간단히 언급하면서 어류와 고래가 공유자원 취급을 받기 때문에 고통을 받고 있다고 주장했다. 그러나 역사학자 카멜 핀리Carmel Finly는 각국 정부와 과학자들이 전 세계의 어업과 포경산업을 사적인 행동에 좌지우지되지 않는 사업으로 확립하

---

24 과학적 지식이나 전문 기술을 가지고 사회나 조직에서 많은 권력을 행사하는 사람(편집자 주).

는 정책을 써야 한다는 타당한 주장을 제시했다. 진정한 비극은 하딘의 주장대로 공유재가 통제 불능이었다는 것, 그리고 그의 논지에 대한 판에 박힌 해석 때문에 해양자원의 과도한 이용을 촉진시키는 정책 및 신념의 기능이 제대로 드러나지 않은 채 은폐되었다는 것이었다.

어업뿐 아니라 바다를 이용하는 다른 전통적 방식 또한 급격히 증가했다. 전투 영역이 심해로 확대되고 냉전시기 동안 잠수함 전략이 지속되었으며 전 세계 해운업 역시 급속도로 팽창을 거듭했다. 이 모든 활동을 통해 인간과 바다의 관계 또한 더욱 단단해졌다. 역설적인 것은 해양개발이 진행될수록 바다와 관련된 일에 대한 인식과 바다에서 하는 일의 참여는 오히려 감소했다는 것이다. 19세기와 20세기 바다가 놀이와 은둔의 공간으로 변하면서 잃어버린 항해 시대를 향한 향수로 오히려 바다는 영원히 산업화 이전의 순간에 고착되어버렸다. 수백 년 전, 뱃사람들과 지도 제작자들과 독자들은 바다가 인간 활동의 영역이라고 생각했다. 바다가 사회 외부의 다른 공간이라 해도 여전히 인간이 활동하는 영역이었다. 그러나 바다가 변하지 않는 공간이라는 인식이 고착화되자 이제 바다는 사회뿐 아니라 역사 밖의 영역으로 밀려났다. 낙관적 미래는 시간을 초월한 바다를 통해 상상 가능한 것이 되었다. 종래의 해양 활동에다 바다를 알고 통제할 수 있다는 전후의 확신을 보여주는 바다의 새로운 쓰임새까지 보태지면서 일어난 인식의 변화였다.

무한한 바닷속 세상을 꿈꾸다

6장

인간은 당연히 바다로 들어가야 한다. 선택의 여지가 없다. 인구는 급속히 늘고 있고 육상자원 역시 그에 비례하여 고갈되고 있기 때문에 바다라는 풍요한 보고에서 생존 자원을 얻어내야만 한다.

– 자크 쿠스토 Jacques Cousteau,
『고요한 세계 The Silent World』(1953)

상상해 보라. 탁 트인 광활한 초원, 농업의 무한한 잠재력이 숨어 있는 공간을. 넓고 비옥한 평야는 거대한 수확을 기다리면서 늘어나는 인구가 먹을 고기나 우유의 제공을 보장한다. 이 거대한 평야 주변의 숲은 동물을 품고 있다. 이들의 윤기 흐르는 가죽은 오랫동안 산업화 도시의 자본을 외부로 흘러 나가게 한 장본인이다. 지하에는 셀 수 없을 만큼 무한한 광물자원이 자신들을 발굴해 달라고 대기 중이다. 공학자들은 그곳에 도달할 신기술을 고안하기만 하면 된다. 지구라는 거대한 입체적 공간은 위로는 셀 수 없을 만큼 많은 조류, 아래로는 심해의 무한한 어류가 살고 있는 자원의 보고다.

어류를 언급하기 전까지 위의 묘사는 소위 미국 서부의 미개척지, 혹은 '프런티어frontier'[1]를 연상시켰을 것이다. 그러나 이 묘사는 사실 20세기 중반의 기업가들과 투자자들의 견해를 표현한 것이다. 19세기의 기업가와 투자자들이 채굴 산업과 환금성 작물, 가축 때문에 서부 평원을 열렬히 환영했듯, 이들도 그런 기회를 열어 줄 바다의 잠재력에 열렬히 환호했다. 바다는 오랫동안 전장이자 자원의 보고 기능을 맡아왔지만 제1차 세계대전 이후에 생긴 새로운 변화는 바다를 '프런티어'라는 문화적 프리즘을 통해 보게 만들었다. 특히 미국 과학자들과 공학자들이 이러한 프리즘의 창시자였다. 이들은 전시와 전후에 해양학과 해양공학, 해양 관련 과학을 괄목할 만큼 성장시켰던 전문가들이었다. '프런티어'라는 비유는 해

---

1 미국 서부 개척 시대의 개척지와 미개척지의 경계 지방을 가리키는 용어. 일반적으로 아직 충분히 개척되지 않은 곳을 가리킨다(편집자 주).

양과학에 자금을 대는 자들, 다시 말해 항공우주공학과 비슷한 첨단 해양산업 부문을 수익 부문으로 만들려는 야심에 들떠 있던 사업가들과 작가, 독자, 그리고 바다를 오락용 공간으로 개발하려는 이들에게도 매력으로 다가왔다. 이들은 모두 바다를 개인적으로 직접 탐험할 수 있는 '미개척지'로 보는 생각을 적극 수용했다.

'프런티어'라는 용어를 바다에 차용한 것은 미국의 역사가 프레드릭 잭슨 터너Frederick Jackson Turner가 만든 '프런티어'라는 용어가 일으키는 유명한 – 심지어 악명 높은 – 연상 작용에서 비롯됐다. 터너가 서부의 미개척지에 결부시킨 많은 특징과 결과는 '해양 붐 조성자들ocean boosters'이라 불린 사람들이 바다의 풍요를 표현하는 데 차용되었다. 터너가 주장한 바를 요약하자면 다음과 같다. 미국 서부로 나아갔던 최초의 유럽 정착민은 모피를 얻기 위해 덫을 놓는 사냥꾼과 교역상, 소를 치는 목동과 광부였다. 마지막으로 자작농이 이들의 뒤를 따라 서부로 떠났다. 결국 집약적 농업이 발달했고 정착지의 규모가 확대되었다. 도시와 공업 지대도 조성되었다. 터너가 기술한 바(그리고 전후의 해양 붐 조성자들이 바다를 놓고 예상한 바) 그로 인한 당연한 결과는 무한한 식량자원에 대한 접근, 채취 및 생산업을 통해 얻을 환상적인 부, 새로운 생활공간의 조성, 그리고 개인 및 정치, 사회 기관의 지속적 발전이었다. 20세기 중반까지만 해도 역사가들은 터너의 프런티어 가설의 내용과 함의에 상당한 의

심을 밝혔지만, 미국 서부에 대한 터너의 묘사는 해양 붐 조성자들에게 저항할 수 없는 유혹이었다. 터너의 서부는 부를 산출하고, 팽창을 위한 자원과 영토를 제공했으며, 혁신과 기술 발전을 이룩했을 뿐 아니라 개인주의, 자기계발, 민주주의와 진보까지 촉진한 것으로 간주되었다.

해양 붐 조성자들은 바다 역시 미래를 향한 지속적인 진보를 가져올 물적자원과 환경의 도전을 제공하리라 믿었다. 이러한 의견을 개진했던 공학자이자 대중저술가 시브룩 헐Seabrook Hull은 1964년 해양을 프런티어로 간주할 수 있는 근거를 다음과 같이 나열했다.

20세기에 열리고 있는 거대한 미개척지 두 곳은 우주와 바다이다. 바다는 우주와 다르다. 닫혀 있지만 만질 수 있는 유형有形의 공간인데다 지구상의 남녀노소 누구에게나 직접적인 의미가 있는 공간이기 때문이다. 또 하나의 전쟁은 저 밖의 먼 우주가 아니라 지구 내부의 깊은 공간인 바다에서 벌어질 것이다. 승자와 패자가 갈라질 것이다. 바다는 인간의 산업을 위한 원료를 제공할 풍성한 보고이자 인간의 위장을 위한 식량의 보고, 건강의 원천, 정신적인 도전의 저장고, 인간 영혼을 위한 영감의 원천이다.

바다는 어떤 종류의 프런티어였을까? 헐은 자신의 세대를 위해 목소리를 높인다. 헐에 의하면 그의 세대는 바다가 식량과 다른 물적자원을 보장해주고, 소설뿐 아니라 생산적인 산업에 영감을 줄

도전을 제공하며, 영적인 요구까지 충족시키리라고 생각했다.

바다를 프런티어로 생각하는 경향이 나타난 것은 전쟁이 끝난 직후였다. 초창기에 가장 빈번히 등장한 프런티어 이미지는 경제적 잠재력이나 새로운 과학 지식에 관한 것이었다. 1953년 11월, 미국과학진흥회American Association for the Advancement of Science는 '해양 프런티어'에 관한 특별회의를 개최했다. 오랫동안 하버드 대학교의 총장이자 국립과학재단National Science Foundation과 원자력위원회Atomic Energy Commission의 자문으로 활동해 온 제임스 B. 코넌트 James B. Conant의 제안으로 이루어진 회의였다. 우즈홀 해양학연구소 Odds Hole Oceanographic Institution의 해양학자와 매사추세츠 공과대학의 공학자가 공동 조직한 회의의 주제는 해저분지의 지질학부터 바다의 생산성과 생물학적 자원, 그리고 민물이나 광물 같은 자원을 뽑아낼 가능성까지 망라했다. 대중 쪽에서는 1954년 미국석유협회 American Petroleum Institute가 『라이프Life』지 광고로 내보낸 자연과의 투쟁이라는 측면이 프런티어 분위기에 가세했다. 광고의 메시지는 다음과 같았다. '멕시코만의 망망대해에서는 바람과 파도, 갑작스레 닥치는 폭풍우의 위험에 맞서 바다로 나간 석유업계 종사자들이 새로운 아메리카 프런티어를 열어젖히고 있습니다.'

경제발전 논리는 탐험과 과학의 발견에 통합되어 '프런티어'라는 비유의 상징성에 신뢰성을 보탰지만, 바다를 프런티어로 칭하는 근거는 경제발전만이 아니었다. 해양지질학자들과 지구물리학자들 또한 해저, 특히 심해의 해저가 '최후의 지리적 미개척지'

라는 생각을 표현하기 위해 프런티어 비유를 구사했다. 해저에는 거대한 봉우리들과 어마어마하게 큰 산맥, 해저분지와 해저 해구 海溝**2**, 그리고 지구물리학 연구가 밝혀낸 넓은 단층대가 있었고 그 밖에도 '다른 것들이 발견을 기다리고 있다'는 것이 해양 과학자들의 믿음이었다. 1968년, 청소년 도서 『심해의 탐험가들Explorers of the Deep』의 저자가 내건 슬로건은 "젊은이들이여, 물에 젖는 것을 두려워하지 말라!"였다. 이 슬로건은 19세기 언론인 호러스 그릴리 Horace Greeley가 내걸었던 "청년들이여, 서부로 가라!"라는 슬로건을 모방한 것이다. 바다의 잠재력을 향한 열의는 높았다. 해양 붐 조성자들은 실용적 목적에 쓸 바다의 자원이 무한하다고 확신했다. 이러한 확신은 이러한 믿음을 공유하는 세계가 문명을 유지할 수단을 찾아 육지 너머의 세계를 신속히 찾아가야 한다는 확신을 증대시켰다. 우주를 향하려 했던 미래학자들도 많았지만 바다 또한 '최후의 프런티어'로 각광받았다. 1960년대 출간된 수많은 대중서의 제목이나 부제가 '최후의 프런티어'였을 정도였다.

바다의 광대한 자원 이용은 과학과 공학의 발전에 대한 기대에 의지했다. 우주와 마찬가지로 심해 또한 기술상의 미개척지였다. 기술의 혁신은 해양식량 및 광물자원의 경제적 이용을 약속했고, 여기에는 심해 기지에서 살면서 일하는 잠수부가 포함되어 있었다. 과학자들과 미래학자들은 바다를 프런티어로 보는 새로운 비

2 심해저에서 움푹 들어간 좁고 긴 곳으로, 급사면에 둘러싸인 해저지형.

독일의 그래픽아티스트이자 미래학자 클라우스 뷔르겔Klaus Bürgle이 그린 그림 〈해저 도시〉(1964).

전을 창조했고, 1945년 프랭클린 D. 루즈벨트 대통령에게 보냈던 선구적 보고서 「과학: 무한한 프런티어Science: The Endless Frontier」라는 제목의 보고서에서 그 실마리를 얻었다. 이 보고서는 민간 부문이 국립과학재단을 통해 과학에 자금을 대는 초석을 놓은 문서다. 보고서는 과학을 터너가 말했던 서부의 프런티어와 닮은 분야로 묘사해놓았고, 과학에 대한 투자가 일자리와 건강, 번영뿐 아니라 혁신과 민주주의의 진보를 창출하리라고 예측했다. 당시까지 역사학자들은 터너의 주장을 미국 서부의 역사에 국한된 것으로 치부했지만, 터너의 주장의 커다란 틀은 과학과 심해로 옮겨갔다.

무한한 바닷속 세상을 꿈꾸다

전시와 전후에 과학과 바다가 강력한 연관성을 얻으면서 프런티어라는 비유의 채택에도 가속이 붙었다. 해양학은 괄목할 만한 성장세를 기록했고, 바다 관련 지식과 통제 기술의 성장 또한 머지않아 보였다. 기존 해양과학의 역사는 물리해양학이나 수산생물학 등 잘 알려진 관련 분야나 하위분야의 형성을 주로 기술하지만, 1960년대의 관점에서 볼 때 해양과학은 물리학과 생물학을 공학, 인간생리학 그리고 고고학과 결합하여 바다, 특히 심해와 인간의 새로운 관계를 뒷받침하려는 태세를 막 갖춘 상황이었다. 당시의 연구시설 계획을 보면 과학과 산업, 수경水耕재배, 정부, 그리고 놀이가 통합되는 미래를 상상하고 있었음을 알 수 있다. 해양과학의 새로운 청사진은 사람들이 바다 위와 아래에서 일하고 놀고 생활하는 방식의 가능한 모든 측면들을 다루고 있었다.

바다를 새로운 프런티어로 보는 낙관론과 열의는 1960년 출간된 두 권의 책에 낱낱이 표현되어 있다. 로버트 C. 코웬Robert C. Cowen의 『바다의 프런티어들The Frontiers of the Sea』, 그리고 아서 C. 클라크Arthur C. Clarke의 『바다의 도전The Challenge of the Sea』이 주인공이다.

공상과학소설 작가로 잘 알려진 클라크는 통신위성을 예측한 것으로 유명세를 떨쳤지만 또한 미래학에 관한 논픽션을 발간했고, 1950년대 초에 스쿠버다이빙을 배운 후에는 인생의 10년가량을 잠수, 잠수 관련 사업, 그리고 바다에 대해 글을 쓰는 일에 골몰했다. 그는 바다 탐사를 우주 탐사에 곧잘 비유하곤 했다.

잠수 중인 아서 C. 클라크. 실론섬(오늘날의 스리랑카)인 듯하다. 클라크의 잠수 친구이자 수많은 해양 사업의 파트너였던 마이크 윌슨Mike Wilson이 1955년 즈음에 찍은 사진.

코웬은 1950년대 초, 매사추세츠 공대에서 기상학으로 석사 학위를 받은 다음 학계를 떠나 『크리스천 사이언스 모니터Christian Science Monitor』지가 과학 취재의 수준을 올리는 일을 도왔던 인물이다. 수차례 과학 저술 관련 상을 받는 긴 경력이 시작될 즈음 그는 바다 관련 저서를 썼다. 기름부터 광물, 어류와 플랑크톤의 단백질에 이르는, 바다에서 끌어낼 수 있을 것으로 예상되는 풍부한 자원을 망라했을 뿐 아니라 에너지와 민물 등 다른 가능성 또한 다룬 책이다. 1960년, 두 사람은 심해탐사선 트리에스테Trieste를 타고 북태평양 마리아나 해구Mariana Trench의 최심부인 챌린저 해연Challenger

Deep**3**까지 갔다. 이 기술의 성과는 인간이 심해를 정복할 날이 멀지 않았다는 것을 확증해주는 듯했다.

클라크와 코웬이 활동했던 시기는 바다로부터 곧 끌어낼 부를 상찬하거나 해양자원이 세계 모든 이들의 생활을 향상시킬 역량이 머지않았다고 떠들어대는 유사 저서들의 발간이 최고조에 다다랐던 시절이었다. 『해양학의 신세계New Worlds of Oceanography』 (1965) 같은 책들은 르네상스 시대 유럽인이 발견한 북아메리카와 남아메리카처럼 바다를 신세계로 제시했다. '프런티어'라는 단어는 『바다 밑 프런티어Undersea Frontiers』(1968), 『해양학: 최후의 프런티어』(1973), 『바다: 지속되는 프런티어Oceans: Our Continuing Frontier』 (1976)와 수많은 다른 저서에서 빈번히 등장했다. 『풍요로운 바다 The Bountiful Sea』(1964)와 『바다의 풍요The Riches of the Sea』(1967) 같은 책은 바다에서 기대할 수 있는 많은 자원을 환기시켰던 반면, 『해저 광물자원The Mineral Resources of the Sea』(1965)과 『바다 양식Farming the Sea』(1969) 같은 책처럼 특정 자원에 집중한 책들도 있었다. 청소년들을 위한 책도 비슷하게 많았고 제목과 부제도 유사했다. 『깊은 프런티어의 도전The Challenge of the Deep Frontier』(1967), 『바다로 향하라Turn to the Sea』(1962), 『바다 밑 세계, 심해의 탐험가들Underwater World, Explorers of the Deep』(1968), 그리고 『수중 공간: 바다 밑 프런티어Hydrospace: Frontier beneath the Sea』(1966) 등이 청소년용 해양도서로

---

3   해저지형 중에서 가장 깊은 곳. 대부분 9,000미터 이상의 깊이이다(편집자 주).

출간되었다.

이러한 책의 저자들에게 바다는 늘어나는 인류가 쓸 수 있는 새로운 영토가 되어 이들을 먹여 살리고 광물과 민물, 에너지, 심지어 생활공간까지 제공하리라 약속하는 듯했다. '수중 영역hydrospace'이라는 낱말은 바다가 자원을 뽑아낼 곳일 뿐 아니라 미래 세대에게 새로운 종류의 일자리를 제공할 신산업지대임을 암시했다.

바다와 관련된 새로운 일에는 심해, 그리고 그곳에서 일하는 '잠수사aquanaut'가 포함되었다. 독자로 호흡이 가능한 장비를 쓰게 되면서 제2차 세계대전 당시 용감한 군 잠수부를 위해 등장했던 전문 군장비가 보통 사람이 수중으로 들어갈 수 있게 돕는 장비로 변모했다. 새로운 원료, 바다에 대한 과학 지식, 공학과 해양관리 지식은 바다 이용에 대한 환상 섞인 전망에 불을 지폈다. 과학자와 공학자, 사업가들은 누구나 해양기술 산업부문이 항공우주산업과 경쟁하리라 기대했다.

심지어 가장 오래된 바다의 용도인 선박 이동조차도 해양 붐 조성자들의 눈길을 피해가지 못했다. 1959년, 호버크래프트hovercraft**4**라는 새로운 이동수단이 영국 해협English Channel을 성공적으로 횡단하면서 이 신기술의 무궁무진한 용도에 대한 희망이 넘

---

4 아래로 분출하는 압축 공기를 이용하여 수면이나 지면 바로 위를 나는 탈것.

쳐났다. 호버크래프트를 이용하게 되면 선박 소유주와 선장들은 기존의 선박을 위험에 빠뜨렸던 암초와 모래톱에 대한 우려에서 벗어나, 신중한 선원들이라면 피해야 할 많은 해역을 누빌 수 있게 될뿐 아니라, 빙하나 설원, 농지와 습지, 심지어 녹은 용암을 비롯하여 선박이 전혀 접근할 수 없던 곳까지 갈 수 있게 된다.

컨테이너화와 마찬가지로 호버크래프트 기술 또한 바다와 육지 간의 화물운송 문제를 해결하려 한 시도였다. 호버크래프트를 이용할 경우 바다와 육지를 이동할 운송수단을 구분할 이유 자체가 없어진다. 바다를 건너 육지를 지나 목적지까지 그대로 이동하면 끝이기 때문이다. 호버크래프트 화물수송은 당시 미국에서 건설 중이던 거대한 고속도로망이라는 기반시설 자체를 무용지물로 만들 참이었다. 게다가 호버크래프트를 사용하면 바다의 자유라는 개념을 육지까지 확장할 수 있을 터였다. 중요한 정치적 장애물을 해결할 수만 있다면, 그리고 바다의 자유가 세계 바다의 관례법으로 남아 있기만 하다면 얼마든지 가능한 혁신이었다. 그러나 그러한 변화는 일어나지 않았고 호버크래프트는 이를 개발한 이들이 상상했던 약속을 지키지 못했다.

개발자들은 호버크래프트의 아래쪽인 바닷속, 그 거대한 공간에서 작동하는 화물운송 시스템을 구축하려는 야심도 가지고 있었다. 오랫동안 그 어떤 국가의 영토로도 간주되지 않았던 수중 영역에 이동의 자유가 생길 참이었다. 양차 대전 당시 잠수함들이 중대한 역할을 수행했던 수중 영역은 강대국 및 소수의 다른 선진국의 군사작전과 전략의 기본 요소로 부상했다. 1954에 진수한 노틸러스 Nautilus호는 극찬을 받았던 세계 첫 핵잠수함이다. 노틸러스호를 위시한 핵잠수함들은 한 번에 여러 달 동안 수중 작전을 수행할 수 있었다. 다양한 종류의 실험 잠수정들은 수중 선박이 운행할 수 있는 깊이의 기록을 갱신해나갔다. 수중 화물운송 계획은 이러한 배경을 등에 업고 당시 부상하던 해저 석유시추 산업의 부속물로 등장했다.

액체나 기체를 수중으로 운송하는 것은 여러 면에서 이로워 보였다. 첫째, 잠수함은 우회할 필요 없이 직진할 수 있고 폭풍우나 역해류, 역파도 같은 수면 현상이나 다른 선박을 피해 다닐 수가 있었다. 둘째, 심해의 압력은 압력을 보강하여 보관하거나 수송해야 하는 기체 같은 물품에게는 오히려 유리했다. 또한 수중 환경은 온도가 일정해 온도에 민감한 물품들을 보호해주었고, 공기 노출로 산패되는 물품의 산화 역시 막아주었다. 또 한 가지 중요한 물류상의 이점은 액체나 기체 자원을 싣고 다니는 대형 선박들이 자원을 목적지에 배달하고 나면 빈 배로 돌아온다는 사실에서 비롯되었다. 석유나 다른 액체를 거대한 고무백에 담아 잠수함 엔진으로 끌고 갈 경우 목적지 운송이 끝나면 고무백을 접어 작은 공간에 보관해 돌아올 수 있기 때문에 이동시 연료비를 절감할 수 있었다.

해양 붐 조성자들이 미래의 수중 활동으로 꿈꾸었던 종래의 해양 활동은 화물운송만이 아니었다. 바다에서 나오는 식량은 늘 중요했으나, 그제서야 무계획적이고 임의적인 해양자원 이용을 탈

피하려는 계획이 마련되었다. 어류 추적은 심지어 전시 방어 연구에서 새롭게 변형된 소나sonar5기술을 사용할 때조차, 낡은 수렵모델을 반영하고 있었다. 해양 붐 조성자들이 지적한 바대로 이미 육지에서는 오래전부터 농경재배로 방향을 전환했는데도 말이다. 육지의 농경재배와 유사한 수경재배의 표적에는 심해와 수면 근처, 그리고 그 사이에 서식하는 온갖 종류의 해초와 조가비류, 새우, 바닷가재와 일반 어류가 포함되었다. 1969년, 자칭 세심한 언론인이자 SF소설을 탈피해 과학을 제시하는 데 몰두했다는 한 저널리스트는 실제 실험만 다룬 수경 재배서를 썼다. 이 책에 등장하는 실험에는 게와 바닷가재를 양식하려는 것뿐 아니라 인공어초6를 만들어 연구하려는 시도, 그리고 새우를 양식하는 방법을 개발하려는 작가의 노력이 담겨 있었다. 그의 '논리적 결론'은 수경 재배를 하려면 재배업자들이 결국 수중에서 생활해야 한다는 것이었다.

수경재배에 관한 논의들은 세계 전역의 인구 증가와 그에 수반되는 식량자원 마련에 대한 불안을 들먹일 수밖에 없었다. 대체로 과학자들과 기술 전문가들은 플랑크톤을 일정 종류의 단백질원으로 변형시켜야 개발도상국의 굶주림 문제를 해결할 수 있다는 믿음을 분명하게 드러냈다. 물론 자국 시민들의 먹을거리로는 양식 연어를 들먹이는 경향을 보였지만 말이다. 오늘날의 양식은, 소

---

5 음파를 사용해 바닷속 물체를 탐지하는 음향장치(편집자 주).
6 수산생물의 산란, 서식장소를 조성하고 어린 고기와 정착성 생물의 보호와 은신처를 위해 해저나 수중에 설치한 인공 어장시설.

수의 종들에 국한되어 연안 근처 해역에서만 주로 이루어지고 있다. 오늘날의 빈약한 양식 관행은 공해에 비료를 뿌려 어류를 목장식으로 양식하고 대규모로 플랑크톤을 수확하며, 심지어 고래 떼를 기른다는 프로젝트를 야심만만하게 기획했던 1960년대의 비전이 고꾸라진 광경이라고 할 수 있다.

고래를 식량자원으로 보는 견고한 인식은 1960년대 해양 붐 조성자들이 포경을 포기하고 양식으로 선회하는 계기를 마련했다. 고래 양식에 대한 제안들은 지금은 어이없을 만큼 터무니없어 보이지만 고래가 단백질과 다른 상품의 대량 원료가 될 수 있다는 논리와 현대 포경업이 고래를 멸종시킬 수 있다는 우려가 결합하여 나온 것이었다. 고래와 빈번히 동일시되었던 미국 서부의 들소처럼, 거대한 고래 또한 특정 해역에 가두어 기르면 미래 세대를 위한 비축량을 마련할 수 있다고 여겨졌다. 미국 환경보호운동의 아버지인 기포드 핀초Gifford Pinchot의 아들 기포드 핀초 2세는 환초[7]가 고래 양식을 위한 천혜의 방어물을 제공할 수 있다고 제안했고, 미래학자들은 고래가 먹이를 구하는 극지방에서, 새끼를 낳으러 이동하는 열대 바다에 이르는 거대한 해역에 고래를 가둘 수 있는 거품망을 상상했다. 클라크는 한 논픽션에서 미래 세대는 '농장'이라는 단어를 보면 남극해를 연상하리라 자신 있게 예언했다. 남극해의 고래는 '가장 풍부한 수확물'을 보장해주기 때문이다.

[7]   고리모양으로 배열된 산호초.

클라크가 1957년에 펴낸 소설 『해저 방목지The Deep Range』는 오늘날에는 망상으로 보일망정 나름 낙관적이고 개연성 있는 과학을 바탕으로 한 작품이었다. 이 소설에서 미래 지구는 세계 전역의 엄청난 인구를 먹여 살리는 난제를 해결했다. 바다를 경작지로 만드는 데 성공했기 때문이다. 바다는 물에 떠다니는 거대한 수확기로 플랑크톤을 수확하는 구역과, 고래를 방목하는 구역으로 양분되어 있다. 소규모 잠수함을 타고 일하는 현대판 바다의 카우보이들은 고래 떼를 몰고 다니며 그들을 탐욕스러운 육식고래의 위협에서 보호하고 손질이 잘된 거품 울타리 안에 두고 지키면서 달아난 고래가 수확용 플랑크톤 구역에서 플랑크톤을 훔치지 못하도록 막는다. 양치기 개처럼 육식고래를 훈련시켜 거대한 고래 떼를 몰고 다니자는 아이디어까지 등장했다. 돌고래 훈련의 성과를 반영하는 제안이었다.

좋은 바다 이야기가 다 그렇듯 클라크의 소설도 신참 훈련으로 시작된다. 독자들을 새로운 환상의 세계로 안내하기 위함이다. 이번 신참은 고래 관리인이다. 새로 온 관리인 월터 프랭클린 Walter Franklin은 지구의 바다로 파견되기 전에 우주에서 경력을 망쳤다. 그의 전기적 세부사항은 대단원 부분에 다시 등장한다. 클라크의 『해저 방목지』는 터너의 서부 미개척지와 매우 닮아 있다. 인간의 발전을 촉진하는 방목지의 역할에 대한 정열이 묻어나는 것이다. 많은 해양 붐 조성자들처럼 클라크 역시 바다가 우주보다 더 큰 도전거리를 제공할 뿐 아니라 즉각 접근할 수 있는 자원 또한 훨씬 더 많이 제공하리라 믿었다.

고래 살육을 반대하는 목소리를 높였던 불교 지도자와 만난 프랭클린은 당시 고래국Whale Bureau의 국장으로서 놀랍게도 고래의 고기가 아니라 젖을 이용하자는 데 합의한다. 이 아이디어는 클라크의 대부분의 아이디어처럼 현대 과학 연구와 일치한다. 1940년 이미 생리학자들은 돌고래 젖의 구성성분을 연구해놓은 상태였다. 1960년대 이들은 바다표범 여러 종의 젖 성분 중 50퍼센트가 지방이라는 것을 발견했고, 이 분야 연구자들은 태평양 번식지를 찾아가 코끼리물범과 바다코끼리뿐 아니라 다양한 종의 바다사자와 바다표범을 구해 분석용 젖 샘플을 수집했다. 인간이 고래 젖을 식용으로 쓴다는 상상력의 도약은 플랑크톤 햄버거를 상상하는 것이나 비슷한 변화였다. 이 두 가지 미래 식량 모두 스크립스 해양대학Scripps Institution of Oceanography과 협업했던 캘리포니아의 교육자들이 1967년에 제작한 청소년 도서 『바다: 새로운 미개척지』에 소개된 바 있다.

살아 있는 해양자원을 이용하자는 야심찬 제안들은 현실 과학이나 기술과 별 연관성이 없는데도 불구하고 바다를 프런티어로 생각했던 독자들의 대대적인 주의를 끌었다. 거대한 해역을 양식장으로 개조하여 생산성을 높인다거나 해저에 핵반응로를 설치하여 인공용승지대를 만든다는 생각은 진지한 제안거리였다. 1959년 미국 국립과학아카데미National Academy of Science의 위원회는 인공 용승 지대에 대한 준비조사가 필요하다는 제안까지 내놓았다.

전후의 해양 붐 조성자들은 바다의 자원을 한정적이라고 보기는커녕 바다가 '고갈되지 않는 무한한 문명자원의 보고'를 나타낸다는 확신을 표명했다. 이러한 확신을 표현하는 데 해저 광업의 경제적 분석이 필요하다는 주요 연구자들의 언어가 이용되었다. 1961년, 새로 선출된 미국 대통령 존 F. 케네디는 다음과 같이 선언했다. "바다에 대한 지식은 호기심의 문제가 아니라 인류의 생존이 달려 있는 문제입니다." 핵공포가 새로운 위협으로 대두되던 1967년, 육군 장교를 지낸 저널리스트 버논 파이저Vernon Pizer는 불안을 해소해주기라도 하겠다는 듯, 육상자원이 갑자기 모조리 사라져도 "바다만 있다면 인류는 거의 모든 생필품을 조달함으로써 적정 수준의 안락함 속에서 스스로를 지탱할 수 있다."라고 썼다.

'모든 생필품'은 말 그대로 모든 것을 의미했다. 인류는 이미 오래전부터 어류와 소금과 수송, 조가비와 산호초에서 진기한 호박석과 진주에 이르기까지 수많은 자원을 바다에서 채취했지만, 전후 전문가들은 금속과 광물 등 육상자원을 늘리거나 대체할 수 있는 새로운 자원이 바다에 있다고 주장했다. 건조한 해안가 지역의 수자원을 충당하기 위해 담수화 공장에서는 담수가 흘러 나올 것이다. 바다의 조류와 열의 질량에서 나오는 에너지도 이용할 수 있을 것이다. 약리학자들은 바다를 새로운 약물의 보고로 이용하리라 예상했다. 석유와 다이아몬드, 황 또한 가능성이 무한한 해양자원이었다.

화학자들은 바닷물의 성분을 적극적으로 분석했다. 최소한 32개 원소를 바닷물에서 찾아냈고, 심지어 구리나 금 같은 극미량의 원소도 이를 바닷물에서 추출할 방법만 발견하면 잠재적 이익이 상당하리라는 데 주목했다. 소금과 칼륨과 브롬bromine 같은 중요한 산업 원료 또한 상당량 발견되었다. 육지에서 쉽고 싸게 얻을 수 있는 구리와 칼륨 같은 원료는 가까운 미래 바다에 그대로 방치된 채 남아 있으리라는 것이 해양 붐 조성자들의 예측이었다. 그러나 곧 여러 사업체들이 등장하여 바다의 풍부한 자원을 뽑아낼 수 있는 최첨단 신생 산업을 대표하게 되었다.

브롬은 바닷물에서 산업용으로 채취한 최초의 원소였다. 원래 브롬은 바다에서 직접 채취하는 원료는 아니었고, 해초나, 고대의 바다에서 남겨진 퇴적물을 태우고 남은 재의 잔해로부터 추출해 염료와 사진 용액과 약물로 쓰였다. 미국의 종합화학기업인 다우케미칼사Dow Chemical Company는 브롬을 염정鹽井의 염수에서 추출하여 생산량을 증대시키는 방법을 알아냈다. 이브롬화에틸렌ethylene dibromide이 휘발유 첨가제인 테트라에틸납tetra-ethyl lead에 녹는다는 사실이 발견되면서, 안티녹anti-knock**8** 제제를 가솔린용으로 만들어 내연기관을 보호할 수 있다는 것이 알려져 수요가 급증했을 때였다. 이 공정 규모를 확장하여 바닷물에서 브롬을 얻으려는 노력은 1934년 이미 대형 공장이 매일 2억 2700만 리터의 브롬을 처리하

---

8   내연기관중의 폭음을 막기 위해 연료에 혼합한다.

는 결과를 낳았고, 이제 브롬은 적정가의 산업용 원료로 변모했다.

바닷물에서 구한 두 번째 원소인 마그네슘 또한 전시 수요에 발맞추어 브롬과 유사한 변화 과정을 겪었다. 마그네슘은 소이탄과 조명탄 등의 군용 물질로 쓰였다. 연합군의 전쟁에 필요한 양은 독일이 마그네슘을 경량 비행기 건조에 쓰이는 금속에 사용했다는 것을 알아낸 후 극적으로 상향조정되었다. 영국과 미국은 바다에서 마그네슘을 추출하는 생산 공정을 개발하는 일을 극비리에 추진했다. 1938년에 미국에서 생산된 2,400톤의 마그네슘은 1943년에는 24만 톤까지 증산되었고, 가격 또한 1916년에 파운드 당 4달러였던 것이 20센트까지 떨어졌다. 전쟁 말기 마그네슘의 생산량이 지나치게 많았던 탓에 일부 관측자들은 새로 늘어난 양을 활용할 만큼 민간용이 확대될 수 있을지 의구심을 표명할 정도였다.

해양자원의 개발 잠재력을 인식한 기업들은 연구개발에 투자했다. 1966년 '해양자원의 효과적 이용'에 관한 대통령 과학 자문위원회President's Science Advisory Committee 보고서는 미국의 투자 및 판매 현황을 기록했다. 원유업체의 연안 석유와 가스에 100억 달러, 모래 및 자갈 준설업에 9억 달러의 투자가 이루어졌고, 해저의 황과 패분貝粉, oyster shell**9**은 4500만 달러어치가 팔려나갔다. 1960년대 중반, 자유진영 국가들이 사용한 석유의 16퍼센트는 해저 유정油井에서 채굴했다. 다음번 10년의 예상치는 두 배에 이르렀다. 전 세계

9 굴, 조개류의 껍질, 산호 및 자개 부산물 등을 건조 분쇄한 것. 주성분은 탄산칼슘으로 석회질 비료로 사용된다.

100곳 이상의 기업이 60개국의 바다에서 시굴 사업을 실행했고, 미국의 바다에서는 매년 7억 달러어치의 석유와 가스가 추출되었다.

　　신흥 연안 석유업에서 온 기술은 전후 시기 놀랄 만큼 야심찬 해양 프로젝트에서 핵심적인 역할을 수행했다. 심해 지대 가장 얇은 지각을 뚫어 맨틀에 도달하려는 계획이었다. 지각과 맨틀의 경계선인 모호로비치치 불연속면Mohorovicic Discontinuity, 혹은 줄여서 모호면은 '모홀Mohole' 계획이라는 이름의 바탕이었다. 1957년 당시로서도 여전히 논란이 되고 있던 대륙이동 문제를 규명하고자 제안된 모홀 프로젝트는 1961년 실험 시추를 위해 국립과학재단으로부터 자금 지원을 받았다. 개조한 잉여 해군 화물 바지선인 커스CUSS I호가 작업을 담당하기로 했다. 석유회사 컨소시엄이 연안 석유시출용으로 개조한 배였다. 프로젝트의 가동은 1966년 비용 증가로 모호 불연속면에 도달해보지도 못한 채 취소되었지만, 이를 통해 지질학을 위한 심해 굴착의 실행 가능성을 입증했고, 이 기술을 석유업에 응용할 가능성도 있다는 것을 보여주었다. 이동위치제어dynamic positioning 기술도 이 프로젝트로 인해 가능해졌다. 이동위치제어 기술은 수많은 산업 및 연구용 목적으로 선박을 단일한 위치에 유지하기 위해 널리 채택되었다. 석유회사들은 굴착 장비와 수상선박, 심지어 반잠수형 플랫폼까지 석유가 있는 해역으로 끌고 가 정박시키고 굴착 실험을 실행했다. 파이프라인**10**을 깔고 시

10　석유·가스 등의 장거리 수송을 위해 지하에 매설하는 관.

미래의 해저 석유산업을 그린 상상도. 시추와 정제와 보관과 수송이 전부 수중에서 이루어질 것으로 예상되었다. 기술 및 포화잠수법이 개발되어야 가능한 일이었다.

추를 시행하는 일은 수중에서 해야 했다. 멕시코만에서는 중소기업이었던 테일러 잠수 인양사Taylor Diving and Salvage Company가 더 깊은 바다에서 굴착을 하려는 야심으로 수중 건설과 잠수장비와 기술을 시험했다. 이 기업의 경영진은 해군 실험 잠수부대Navy Experimental Diving Unit의 전문성과 경험에 기대어 1960년대 중반에서 후반 사이 수중 30미터에서 60미터 깊이에서 조업을 할 수 있는 역량을 갖추기에 이르렀고, 그 후 10년 동안 더 깊은 심해로 들어가 국제산업 표준을 확립했다.

테일러 잠수 인양사의 성공은 최초의 재압실recompression chamber11과 수중에 파이프라인을 나란히 배열하여 용접하는 장비 등의 기술 혁신뿐 아니라, 잠수사들이 더 오랜 시간 동안 더 깊은 수

11 잠수가 초래하는 감압증 및 공기전 막힘에 대한 재압을 목적으로 한 압력 용기.

중에서 작업할 수 있는 역량을 기르도록 하기 위한 실험적 접근법에 힘입은 것이었다. 심해에 존재하는 고압의 환경에서는 잠수사의 폐 속 공기가 혈액과 조직 속으로 녹아들어가기 때문에 지나치게 빨리 해수면으로 올라오는 잠수사는 통증을 경험하거나 때로는 치명적인 감압증, 흔히 '벤즈bends'[12]라 불리는 증상을 겪게 된다. 미 해군은 1930년대 감압표[13]를 개발했다. 광산의 갱내에서 벤즈로 고통받는 노동자를 연구하던 영국의 생리학자 존 스콧 홀데인John Scott Haldane의 연구를 기반으로 한 성과였다. 몸속 조직이 질소로 포화상태가 되면 잠수부가 안전하게 수면으로 돌아오는 데 요구되는 감압시간은 잠수 시간이 늘어나도 더 늘어나지 않는다. 석유기업들은 감압시간은 줄이고 생산적인 수중 잠수 시간의 비율은 늘리려는 목적에서 포화잠수saturation diving[14]의 개발을 간절히 고대했다.

곧이어 공학자들과 해양 붐 조성자들은 전면적인 수중 석유시추 사업체를 구상하기에 이르렀다. 이동식 시추장비와 정제소, 거대 수중 보관시설, 수중 파이프라인, 석유로 가득 찬 고무백을 수송하는 핵 화물 잠수함, 그리고 수중 노동자들이 일하고 생활하는 시설까지 포함된 어마어마한 시스템이었다. 노스럽사Northrop Corporation는 수중 시추단지 개발을 위해 공학 연구에 투자했다. 석

---

[12] 잠수부가 너무 빨리 수면 밖으로 돌아올 때 겪게 되는 극심한 호흡 곤란.
[13] 잠수사의 신체에서 잔여 불활성 기체의 배출을 위해 일정 수심에서 멈추어야 할 시간을 명시해 놓은 계획표. 수심과 시간으로 표시된다.
[14] 잠수사의 체내에 불활성 기체를 포화시킴으로써 수압에 따른 기체 중독 등 잠수에 따른 문제점을 해결한 잠수 방법.

유 시출 작업 캠프를 수중 최대 300미터에 설치하는 것이 목표였다. 시추 노동자들을 3층 구조물의 꼭대기까지 운송해주는 승강기가 설계되어 있으며, 중간층에는 연구실과 숙식 및 휴식 공간으로 만들어진 다섯 채의 곁채가 불가사리의 팔처럼 뻗어 나가 있다. 이 시스템 한 곳이면 50명의 노동자를 수용할 수 있다. 1층에는 세 곳의 석유시추 시설로 이어지는 터널 입구, 그리고 전기 및 공기, 그리고 다른 시설이 있다. 추산된 건설비용은 650만 달러로 당시의 해양조사선 비용과 비슷한 액수였다.

노스럽사의 설계와 다른 석유업체의 수중 건설을 보고한 해양 붐 조성자들은 미 해군이 이와 비슷한 실험을 하고 있다고 생각했다. 해군이 멕시코만에 18만 9,270리터 용량을 갖춘 석유 저장탱크를 건설해놓았다고 주장하는 사람도 있었다. 이러한 시설은 소수의 해양 언론인이 주장한 대로 해군이 전 세계의 전략지에 설치하려 했던 수중 방어기지의 기반시설이었을 가능성이 있다.

더 널리 알려진 계획은 조지 본드George Bond 박사가 이끈 미 해군의 포화잠수 프로그램이었다. 본드 박사와 함께 일했던 잠수사들은 애정을 담아 이 프로그램을 '파파 탑사이드Papa Topside'라고 부르기도 했다. 해군에서 본드가 했던 첫 연구는 고장 난 잠수함에서 탈출할 확률의 증가에 초점을 맞췄다. 바다에 대한 본드의 관심은 인류의 생존이 '지구 4분의 3을 차지하는 해양 생물권의 산물을 활용하는 인간의 능력을 확대하는' 수중 역량 개발에 달려 있다는 확신에서 비롯되었다. 그는 포화잠수를 개발하는 실험 프로그램의 이름을 '창세기 프로젝트Project Genesis'라고 지었다. 자신의 연구가 구약성서의 기원설화에 약속된 바 바다에 대한 인간의 지배를 확장시키는 것이라고 믿었기 때문이다. 창세기 프로젝트의 '잠수'는 1962년과 1963년에 육상 연구소에서 시행되었다. 수소를 호흡하는 방법으로 30미터와 거의 60미터 깊이의 심해 압력에서 생존할 수 있는지를 시험하기 위함이었다. 이때의 잠수 실험은 바다에서 행해진 수많은 포화잠수 실험에 영향을 끼쳤다.

미국의 발명가 에드윈 A. 링크Edwin A. Link는 프랑스의 리비에라French Riviera(일명 코트다쥐르)에 있는 빌프랑슈만Villefranche Bay의 공해에서 창세기 프로젝트 실험 결과를 최초로 테스트했다. 비행 시뮬레이션 산업이라는 신생 산업을 일으키게 될 비행 시뮬레이터를 만든 것으로 유명한 링크는 수중고고학에 대한 관심을 갖게 되었고 잠수 기술 향상에 힘을 쏟았다. 그는 미국 지리학 협회National Geographic Society와 스미스소니언협회Smithsonian Institution**15**의 지원을 받아 사람들이 해저에서 오랜 시간 작업할 수 있는 잠수 시스템을 개발했다. 이 시스템 개발을 위한 첫 실험에서 그는 직접 해저에 설치한 좁은 원통형의 가압실로 들어가 2시간에서 8시간 동안 머물렀다. 첫 실험의 성공으로 용기를 얻은 링크는 1962년 '해저 인간 IMan-

---

15 워싱턴 D.C.에 있는 박물관, 미술관, 연구소, 도서관 등 문화기관의 집합체.

in-the-Sea I' 실험을 계획했다. 벨기에의 수중고고학자이자 해저보물 탐사 일을 했던 로베르 스테뉴이Robert Sténuit가 60미터 깊이에 설치한 링크의 원통형 가압실에 들어가 24시간을 보냈고 여러 차례 모의실험을 거친 끝에 스테뉴이는 최초의 잠수기술자, 즉 잠수사가 되었다.

스테뉴이가 성과를 낸 지 바로 며칠 후, 고작 160킬러미터 떨어진 곳인 마르세이유Marseilles 연안에서 자크 쿠스토Jacques Cousteau가 한 가지 실험에 돌입했다. 사람들을 수중으로 보내 일주일간 생활하도록 하는 '프리 콘티넌트 IPre Continent I'혹은 '콘셸프 IConshelf I' 실험이었다. 쿠스토는 1940년대에 이미 수중 호흡장비를 공동 발명하여 전쟁이 끝난 후 열정적으로 판매한 전력이 있는 인물이었다. 프랑스 정부의 자금 지원을 받은 쿠스토는 해저 10미터 깊이에 원통형의 강철 거주실을 정박시켜, 잠수사 두 명이 거주할 공간과 조업기지를 제공했다. 이들은 매일 다섯 시간 동안 어류 양식장을 짓고 어류 사진을 찍고 수중 지형을 조사하는 작업을 수행했다. 디오게네스Diogenes라는 이름의 거주실로 돌아온 잠수부들은 그곳에서 먹고 자고 라디오와 축음기, 전화와 폐쇄회로 텔레비전을 이용했다. 성공이라는 평가를 받은 이 프로그램은 이듬해 6월 '콘셸프 II' 프로젝트로 이어졌다.

콘셸프 II는 수중 거주실 실험을 훨씬 뛰어넘는 대규모 실험이었다. 여기서도 일차적 목표는 잠수사 다섯 명이 비교적 얕은 10미터 수중에서 4주 동안 일하면서 생활할 수 있는지와 18미터 깊이에서 일할 수 있는지를 알아보기 위한 것이었다. 두 명의 잠수부가 25미터 깊이의 소규모 기지에서 일주일을 보내고, 거의 50미터나 되는 심해에서 작업하는 프로젝트도 포함되어 있었다. 프랑스의 한 석유컨소시엄이 비용의 절반을 대는 등 콘셸프 II를 적극 후원했다. 쿠스토의 잠수사들을 통해, 석유 관련 작업을 하러 들어간 잠수사들이 해저에서 긴 시간 동안 일을 할 수 있는 가능성이 입증되리라 희망했기 때문이었다. 잠수사들은 쿠스토가 고안한 비행접시형 잠수정diving saucer이 드나들 공간으로 수중에 격납고를 지었다. 잠수정은 잠수사들이 거주실에서 나와 연구, 촬영 및 다른 활동을 할 때 광범위하게 사용되었다. 콘셸프 II의 거주실은 검소한 형태였지만 또 다른 거주실인 스타피시하우스Starfish House는 식사, 수면, 다른 일상생활과 노동구역이 완전히 분리되어 있었을 뿐 아니라 냉난방 조절 장치도 갖추고 있는 호화 형태의 거주실이었다. 잠수요원 중에는 요리사와 클로드라는 이름의 앵무새를 데려온 잠수사도 있었다. 스타피시하우스는 사실 작업 기지보다는 영화 세트장에 더 가까운 형태였다. 쿠스토의 프로젝트 비용의 절반을 후원한 컬럼비아 픽처스Columbia Pictures라는 영화사의 의도를 반영한 것으로, 이들은 《햇빛 없는 세계World Without Sun》라는, 이 거주실의 설치와 용도를 다룬 다큐멘터리 영화를 위해 시설에 투자했다.

콘셸프 II가 가동을 시작하기 두 달 전인 1963년 4월 10일에 미국의 해군 잠수함 스레셔Thresher호가 수중 2,600미터 지점에서 침몰했다. 이 사건은 인간을 심해에서 살게 하려는 군사적 동기에 다시 기름을 부었다. 쿠스토의 프로젝트들은 표면잠수를 하는 잠수사가 도달할 수 있는 깊이에서 포화잠수 역시 성공할 수 있음을 입증했다. 1964년에 시행된 두 차례의 실험이 더 깊은 심해잠수를 테스트했다. 링크는 두 명의 잠수사들을 바하마Bahamas 연안 122미터 깊이에 49시간 동안 잠수시켰다. 잠수사들은 잠수하는 시간 동안 공기를 주입해주는 거주실을 기지로 사용했고 잠수 감압실도 이용할 수 있었다. 미 해군의 시랩 ISealab I 프로젝트는 조지 본드의 감독하에 네 명의 잠수사를 11일 동안 60미터 깊이의 7미터짜리 거주실에서 생활하게 하는 프로그램이었다. 이러한 활동들은 포화잠수의 실행 가능성을 입증해주었다. 이후의 프로젝트들은 포화잠수 기술로 방위와 과학과 산업이 무엇을 이룰 수 있는가를 탐색하기 위한 실험이었다.

제2세대 수중 거주실 프로젝트인 시랩 II와 콘셸프 III은 1965년 여름에 서로 다른 해역에서 동시에 실행되었다. 시랩 I은 버뮤다 Bermuda의 따뜻한 바다에서 시행되었지만 시랩 II는 캘리포니아의 라호야LaJolla에 위치한 스크립스 해양대학의 연구용 부두에서 조금 떨어진 해역의 수중 60미터에 설치되었다. 미국 주변의 차가운 대륙붕에서 발견되는 조건과 유사한 조건에서 잠수사들이 유용한 일을 할 수 있는지 알아보기 위해서였다. 10명의 잠수사들이 거주실에 살며 2주를 보냈다. 잠수사이자 전직 우주비행사인 스콧 카펜터 Scott Carpenter는 이곳에 4주 동안 남아 있었다. 그가 이 실험에 참가한 것은 우주 탐사에 대한 대중의 관심을 해저로 끌고 오려는 계획의 소산이었다. 시랩과 제미니Gemini 우주캡슐 사이의 무선교신을 널리 광고한 덕에 카펜터는 전 동료 고든 쿠퍼Gordon Cooper와 교신으로 인사를 나눌 수 있었고, 이는 대중이 바다와 우주의 유사성에

전직 우주비행사이자 잠수사인 스콧 카펜터가 시랩 II 위에 서 있는 사진. 1965년, 캘리포니아 라호야 연안의 바닷속에 수중 거주실을 침수시키기 전에 찍은 것이다. 카펜터는 해저에서 4주를 보냈다.

무한한 바닷속 세상을 꿈꾸다

주목하는 계기를 마련했다.

이 프로젝트에는 압력에 대한 인간 신체의 반응 – 정부는 국방과 우주탐사에 응용하기 위해 이 반응에 관심이 컸다 – 에 대한 연구, 그리고 장비의 시험과 개발, 그리고 해저와 해양 동물군에 대한 지질학 및 생태 연구에 주력했던 스크립스 해양대학의 전문성을 활용하는 일이 포함되었다. 해군이 훈련시킨 돌고래인 터피Tuffy는 거주실에서 떨어져 작업하는 잠수사들에게 메시지와 장비를 날랐다. 업계에 포화잠수의 가치를 입증하고 싶었던 거주실 프로젝트 조직가들은 가라앉은 비행기 선체를 올리는 데 쓰는 포말을 검증하는 일, 접을 수 있는 인양 폰툰pontoon**16**을 배치하는 일, 그리고 다양한 동력 장비를 가동해보는 일 등 인양과 관련된 성과를 가장 자랑스러워했다. 이들은 450인일시日**17**을 해저에서 보낸 28명의 잠수사들이 불리한 조건하에서 유용한 작업을 400시간 넘게 완수하고 수중 거주실의 수익성을 효과적으로 입증한 것을 대단히 흡족해했다.

시랩II 임무가 끝나기 열흘 전, 미국의 잠수사들은 콘셸프 III에 살고 있는 쿠스토와 그의 승무원들과 이야기를 나누었다. 콘셸프 III는 지중해 연안 모나코 동쪽의 카프 페라Cap Ferrat 등대 인근에 설치되어 있으며, 그것이 위치한 심해 100미터 지점은 캘리포니아 연안의 멕시코만과 페르시아만의 해저 석유 매장지가 새로 발

---

16 부유 구조물.
17 1인의 하루 노동량 – 보통 하루 8시간으로 계산.

견됨에 따라 선정된 구역이었다. 이 구역에서 석유가 발견되면서, 석유 기업들은 90미터 이하의 해역에서 잠수부가 작업을 할 가능성을 탐색해보고 싶어했다. 쿠스토가 칭한 바 프랑스의 '오세아노트oceanaut'(잠수부)들은 100미터 지점에 설치한 2층짜리 구형 거주실에서 22일 동안 지냈다. 이들은 전처럼 잠수정을 이동기지로 사용하면서 밸브wellhead18를 이용해 수중 석유시추 장비를 설치하고 유지하는 작업을 수행했다. 파리에서 폐쇄회로 텔레비전을 통해 이를 지켜본 석유회사 중역들은 잠수사들이 45분 만에 180킬로그램짜리 밸브를 교체하는 장면을 보았다. 해저 석유개발에 포화잠수가 유용하다는 희망적인 증거였다.

해양 붐 조성자들은 심해 거주실과 포화잠수 기술을 중심으로 신산업이 발전하리라 기대했다. 1965년 이후 많은 거주실이 건설되고 가동되었다. 페리 잠수함 제조사Perry Submarine Builders, Inc.가 만든 하이드로랩Hydrolab, 사업가로 변신한 과학자인 테일러 A. 프라이어Taylor A. Pryor가 창립한 기업인 마카이레인지사Makai Range, Inc가 제조한 아에기르Aegir가 대표적인 사례다. 그러나 콘셸프 III 후 석유업계는 쿠스토의 거주실뿐 아니라 다른 거주실에도 결별을 고했다. 각 기업 내부에서 기술을 개발하는 쪽으로, 그리고 포화잠수 전문가들을 해저 거주실이 아닌 해수면 압력 공간이란 비교적 안전한 선택지를 사용하는 쪽으로 방향을 선회했기 때문이다. 테일러

18 유전油田의 분출 방지 장치.

잠수 인양사는 브라운앤드루트Brown & Root사의 모기업인 핼리버튼 Halliburton사의 인수로 자금을 구해 1969년에 루이지애나주의 벨 샤세Belle Chasse에 연구 및 훈련 시설을 건립했다. 300미터 심해잠수를 시뮬레이션할 수 있는 시설이었다.

1960년대 말에는 민간투자자나 기업가가 아닌 정부가 대다수의 새 거주실에 자금을 지원했다. 미국의 시랩 III(지어졌지만 가동되지는 않았다.)와 텍타이트Tektite I과 II, 소련의 체르노모르Chernomor, 일본의 시토피아Seatopia 그리고 독일의 헬골란트Helgoland가 정부의 지원을 받은 거주실 프로젝트의 명칭들이다. 1960년대 말과 1970년대 초의 짧은 전성기 동안 수중 거주실은 과학실험을 수행하고 공학 성과를 테스트하기 위해 설계되었지만, 더 이상 산업과 관련된 작업을 수행하는 기지로는 쓰이지 않는다.

해양기술 산업부문은 수중 거주실 이상의 성과를 낳으리라 예상되었지만, 바다의 소유권에 대한 질문만 제기하는 결과를 낳았고 바다의 자유는 침식당할 위기에 처했다. 1966년 미국의 대통령 과학자문위원회는 "미국 산업은 향후 10년에서 20년 동안 해양 환경으로 나아갈 중대하고 수익성이 있는 발전을 이끌 것이다."라고 예측했다. 대개 자리를 잡은 방위산업체나 항공우주 기업의 자회사였던 신생기업들이 해양기술에 투자했다. 1966년 『사이언스Science』지에 등장한 록히드Lockheed사의 광고는 "연구개발 분야에서 인간의 한계는 어디일까요?"라는 질문으로 바다에 새로운 책무가 건재함을 알렸고, 스스로 던진 질문에 낭만주의적 인상을 물씬 풍기는 대답을 제공했다. "머나먼 행성, 1970년대의 육상 수송수단, 그리고 오늘날 인간이 잡지 못하는 저 너머에 있는 깊은 바다. 록히드사의 주요 연구개발 프로그램은 머나먼 우주에서 저 깊은 바다까지 갑니다." 1965년 록히드사는 새로운 해양과학연구시설을 건립하겠다고 발표했다. 노스아메리칸North American사, 에어로제트제너럴Aerojet General사, 그리고 제너럴다이내믹스General Dynamics사 같은 기업들도 유사한 시설을 갖추거나 거의 완성했다.

수중 거주실을 지은 해양기술 기업은 소수였지만, 소형 잠수정은 거의 모든 기업이 다양한 산업용으로 연구 및 설계해 건조했다. 소형 잠수정을 건조하기 위해 제너럴다이내믹스사가 만든 오션다이내믹스Ocean Dynamics, 그리고 자사용 해양 탐사 및 대여용으로 개발한 스타Star I, II, III가 대표적인 사례다. 록히드사 또한 딥퀘스트Deep Quest를 만들었고, 웨스팅하우스Westinghouse사는 쿠스토와 제휴하여 딥스타 4000Deepstar 4000을 만들었다. 이 소형 잠수정들은 수중 거주실보다 더 오래 유용하게 쓰였다. 우즈홀 해양연구소의 유명한 앨빈Alvin이나 미 해군의 소형 핵잠수함 NR-1처럼 원래 수명을 여러 배 이상 늘려 쓴 잠수정도 소수 있었다. 그러나 이러한 잠수정은 예상만큼 산업용 대량 생산으로 이어지지 못했고 대부분 가동이 중단된 후에는 명맥이 이어지지 못했다.

해양기술 산업부문의 장비와 전문성은 방위용이나 산업용으로 쓰이리라 예상되었고 그중 가장 큰 기대를 받았던 것은 심해저에서 망간단괴團塊**19**를 채굴하는 작업이었다. 망간단괴는 망간, 코발트, 지르코늄, 그리고 구리 같은 광물로 이루어진 둥근 덩어리다. 이 덩어리는 대개 상어의 이빨 같은 것을 핵으로 삼아 거기에 붙어 자란다. 1960년대 망간단괴의 경제적 잠재력에 대한 논의가 일어나면서 엄청난 흥분이 들끓었다. 망간단괴는 바다에서 가장 잠재적 가치가 큰 자원으로 간주되었다. 심지어 일부 해양 붐 조성자들은 망간단괴가 해저에서 지속적으로 형성된다는 이유로 이것을 '재생 가능한 자원'으로 홍보하기까지 했다. 과학자들이 망간단괴 형성에 필요한 금속부착을 촉진시키는 조건을 밝혀내자, 미국 해안측지국 Coast & Geodetic Survey의 수석 해양학자는 '금속 양식장' 설립안을 제시했다. 바다 양식 가능성을 무생물자원까지 확대한 조치였다.

해양자원의 채굴은 민간 이윤이 달린 문제일 뿐 아니라 시급한 국익이 걸린 과제였다. 바다의 광물자원, 특히 망간단괴는 심해저에 대한 관심, 그리고 이 자원의 소유권에 대한 국제적 합의가 없다는 현실에 대한 관심을 불러일으켰다. 한 언론인의 말대로 서부 미개척지의 무법성에 대한 비유를 빌리자면, "인간과 그의 기술은 차갑고 냉담한 바다 깊은 곳을 향해 급속히 움직이고 있는데 슬프게도 이 미개척지를 관장하는 법률은 존재하지 않았다." 클라크의 소설 『해저 방목지』는 해양자원을 활용하려면 국가가 종말을 맞

---

19 바닷물이나 해저 퇴적층에 녹아 있는 금속 성분이 뭉쳐 만들어진 광물 덩어리.

아 세계정부가 출현하여 자원을 집단적으로 소유하는 시대가 와야 한다는 통념을 반영하고 있다. 강력한 국제법이나 단일 세계정부가 없다면 지구적 규모의 고래 양식이나 플랑크톤 수확은 어렵거나 아예 불가능할 것이다.

국제주의라는 이상은 자본주의 산업의 현실과 경합을 벌였다. 자본주의 산업 입장에서는 자원에 대한 통제야말로 새로운 해양 산업에 요구되는 상당한 투자의 선결요건이었다. 해저와 해저 무생물자원의 군사적 이용 가능성은 선진국 연안 해역의 통제에 대한 논쟁을 촉발시켰다. 고삐 풀린 기술 낙관론의 시대, 바다에 대한 정치적 통제 – 특히 해저와 심해에 대한 통제 – 라는 쟁점은 새로운 산업의 유일한 장애물로 보였다. '바다를 식민지로 삼기 전에 바다의 자원을 공유하는 새로운 법 개념을 개발해야 한다.'라는 것이 『바다의 수확Harvest of the Sea』(1968)의 저자 존 바다치John Bardach의 경고였다.

1950년대와 1960년대에 바다를 놓고 상상했던 대부분의 용도는 심해와 관련된 것들이었다. 해양 붐 조성자들의 '프런티어' 비유는 1950년대 말부터 1970년대 내내 '해양법'이 제정되는 과정에서 수중 및 해저 영역의 중요성에 대한 관심을 불러일으켰다. 19세기 무렵 그리고 나폴레옹 전쟁 후 영국은 특히 교역과 항해를 위한 바다의 자유, 그리고 5킬로미터(3마일) 영해 해리 정책을 집행했다. 1930년 국제 해양법을 성문화하려던 국제연맹League of Nations의 시도는 실패로 돌아갔다. 군소 해양 국가들이 5킬로미터 너머의 어장을 보호하기 원했기 때문이었다. 그러나 공해는 계속해서 자유롭게 드나들 수 있는 해역으로 남았고, 1945년까지 공해에 대해서는 그 어떤 의미심장한 영해권 주장도 없었다. 제2차 세계대전 후 영해권 주장이 촉발된 것은 어류자원뿐 아니라 해저 석유자원이 발견될 것이라는 전망 때문이었다.

전쟁이 끝난 직후인 1945년 9월, 미국 대통령 해리 S. 트루먼 Harry S. Truman은 두 개의 선언서를 발표했다. 첫째, 미국이 자국 연안의 어장을 규제한다는 것(물론 항해 규제는 제외했다), 둘째, 미국은 해안지대에서 연안으로 이어지는 대륙붕 자원에 대해서도 관할권을 행사한다는 것을 골자로 한 선언이었다. 이 트루먼 선언 Truman Proclamation은 어떤 학자가 이른바 '20세기에 일어난 바다로의 거대한 움직임' 현상의 촉매제가 되었다. 기존 국제법으로는 이러한 통제를 막을 수 없었다. 이 선언으로 각국은 어류 이외의 심해자원 및 다른 잠재적 해양자원에 주목하게 되었다. 미국의 선언에 대응하듯 많은 나라가 자국 연안의 대륙붕에 대해 비슷한 권한을 선포했다. 특히 칠레와 페루와 에콰도르는 좁은 대륙붕 경계를 넘어 320킬로미터 해역에 대한 권리까지 선언했다. 이러한 선언에 대응하여 유엔은 해양 관련 국제법 성문화에 착수했다. 1958년, 86개국이 최초의 유엔해양법협약(UNCLOS) 제정을 위해 모였고, 영해와 대륙붕, 공해와 공해의 생물자원에 대한 법률을 다루는 4개 조약을 채택했다.

회의는 여러 가지 미진한 부분을 남기고 폐회되었다. 1960년

해양법 제정을 위해 유엔 회의에 모인 각국 대표들(1958).

에 열린 2차 후속 회의에서도 남은 문제를 해결하지 못했다. 영해의 범위도 모호했고, 특정 국가 연안 관할구역의 외부 경계를 결정하는 기준치 선정도 이루어지지 않았으며, 미래 해양산업에 가장 중요한 대륙붕의 정의도 확정되지 못했다. 1958년에 채택된 조약을 모든 국가가 받아들인 것도 아니었다. 조약에 반대한 국가들은 대개 새로 독립한 아시아와 아프리카, 라틴아메리카의 국가들이었고, 여기에 연안 해역을 통제해야 이익을 보는 다른 신생 독립국이 가세했다. 이들 국가는 바다의 자유 원칙을 고수하려 했던 주요 해양강국과 이해관계가 상충되어 법적 교착상태에 빠지게 되었다. 제3차 유엔해양법협약은 1973년이나 되어서야 회의를 소집했기 때문에 과거 회의에서 제기된 중요한 문제들은 1960년대 내내 풀리지 않은 채 방치되어 있었다. 그러는 동안 해양 붐 조성자들은 프런티어 비유를 더욱 키워 해저 세계를 통제하는 자신들의 비전을 현실화하려 했다.

최종 결과로 나온 법 체제는 대체로 바다 및 심해의 새로운 용도를 중심으로 제정되었다. 물론 종래의 군사 및 어업의 이해관계 역시 결과에 영향을 끼쳤다. 바다는 냉전의 각축장이 되었고, 각국의 해군은 이동성을 극대화하기 위해 영해를 좁게 설정하면서도 해역 대부분은 자유의 공해로 남겨놓았다. 원양어업을 하는 이들은 전통적인 바다의 자유가 줄어들었다고 저항했고 연안 국가들, 특히 공장식 어업선박이 없는 국가들은 반칙이라며 반발했다. 먼 나라들이 자국 근해에서 어획을 한다는 관념에 반기를 든 것이다. 심해에 숨어 있는 전설 같은 부의 보고에 깊은 인상을 받은 석유기업 및 다른 기업들은 해저와 대륙붕, 그리고 320킬로미터가 넘는 곳을 포함하는 영해권을 원했다. 결국 배타적 경제수역Exclusive Economic Zones(EEZS)이 해양법 제정 과정에서 등장했다. 배타적 경제수역은 타협책의 일환으로 수용되었고 민간인 선박에게는 무해통행권innocent passage을, 군함에게는 통과통행권transit passage을 허용했다. 그러나 연안과 해저의 생물 및 무생물자원 소유권은 연안 인근 국가에게 귀속시켰다.

해양자원 활용을 바라보는 낙관론이 정점을 찍던 1967년, 몰타의 유엔 대사인 아비드 파르도Arvid Pardo는 국가 관할권 밖의 바다를 '인류 공동 유산'으로 보자는 개념을 제안했다. 그는 공해의 자원은 지구상의 모든 사람들에게 속한 것으로 생각해야 한다는 비전을 펼쳤다. 바다에서 나오는 풍부한 자원을 공유해야만 개발도상국의 굶주림과 빈곤을 해결할 수 있다는 것이다. 도달할 수 없기 때문에 여태껏 주인이 나서지 않던 지구의 자원을 이용하여 지구의 급박한 사회 및 경제 문제를 해결한다는 전략은 여러 나라 수많은 사람들에게 깊은 인상을 남겼다. 그러나 해양산업에 종사하는 기업가들은 국제 통치라는 개념을 마뜩잖게 여겼다. 이들은 예측 가능한 국가 통제가 자신들의 이익에 부합한다고 생각했다. 그러나 대부분의 관측자들은 바다의 일부 해역이 국제사회의 공유 영역으로 남아야 한다는 것을 인정했다.

미국의 유명한 해양학자 로저 르벨Roger Revelle은 바다를 구획하여 분배한다는 관념을 신랄하게 비판했다. "바다를 국가의 영토로 분할할 경우의 장기적 결과는 생각하기조차 끔찍하다. 민족국가라는 관념이 터무니없는 결론으로 직행했듯 바다 분할 또한 말도 안 되는 결론으로 이어질 것이다." 각국의 배타적 경제수역 너머의 바다를 공해로 보존한다는 생각은 바다의 자유라는 오랜 전통과 파르도가 제시했던 비전이 결합된 유산이었다. 그러나 아무도 건드리지 못한 해양의 풍부한 자원을 불평등한 세상을 개선하는 데 쓴다는 대단한 낙관론이라는 기여 요인은 과소평가되었다.

20세기 후반, 바다를 바라보는 새로운 프리즘은 '프런티어'라는 문화적 시각이었다. 잠수함전이라는 혁신에 대응하여 폭발적으로 성장한 해양과학으로 인해 바다는 과학자들이 프런티어로 보려 했던 세계 체제로 변모했다. 제2차 세계대전과 그 이후의 냉전기 동안 심해는 과거와는 전혀 다른 지정학적 중요성을 띠게 되었다. 각국은 참치와 연어와 고래 같은 귀한 어종을 잡아들이는 어업을 통해 영해권을 행사하려 했다. 이러한 권한은 공식적인 영해권은 아니었지만 국력 행사와 관계가 있었다. 실제 및 가상의 해양자원에 대한 경쟁은 일련의 논쟁, 특정 국가의 일방적 조치들을 낳았고, 배타적 경제수역은 바다에 울타리를 치는 결과를 낳았다. 바다를 미개척지로 간주하는 프런티어의 비유는 바다의 자원이 본질적으로 무한하다는 가정, 그리고 공학과 기술이 바다 및 심해에 대한 견고한 인간 통제를 가능하게 하리라는 기대를 한껏 부풀렸다.

바다가 끝없는 식량 및 광물자원을 제공한다는 인식은 심해를 비롯한 해양 환경이 일을 위해 쓸 수 있는 공간이라는 생각을 촉진했다. 깊은 수중 영역은 놀이를 위한 경기장으로 수용되었고, 이로써 해저 영역은 19세기에 재발견된 바다의 이미지를 연상시키는 방식으로 대중문화의 영역에 다시 진입했다. 7장에서 기술할 주제인 레크리에이션은 크루즈 산업의 발전과 스쿠버[20]의 열혈 수용, 그리고 고래 관광을 낳았다. 이러한 활동들은 1960년대 사람들이 상상했던 미래주의적 수중 작업과는 전혀 다른 경제부문을 구성하게 된다. 바다와 심해를 상대로 한 프런티어의 비유는 이후 수십 년에 걸쳐 느릿느릿 다른 이미지에 다시 자리를 내주게 된다. 이제 다시 바다는 야생의 영역, 즉 인간 사회 외부에 존재하나 보호가 필요한 공간으로 대중의 뇌리에 인식된다.

[20] 잠수용 수중호흡장치.

7장   다가가기 쉬운 바다

자기 집 뒤뜰에서 달로켓을 쏘아 올릴 수 있는 사람은 없지만,
바다 탐사는 누구나 할 수 있다.

— 알렉산더 매키Alexander McKee,
『바다 양식Farming the Sea』(1969)

고래 양식, 플랑크톤버거, 해저 정유소, 잠수함 운송은 1960년대 바다 붐 조성자들의 꿈이었다. 하지만 그들의 꿈은 다 이루어지지 않았다. 인간이 일을 할 수 있는 미개척지로 남은 공간이 해저 영역 하나만도 아니었다. 수중 세계에 접근이 가능해지면서 바다는 이제 일 대신 유희를 위한 공간으로 변신했다. 바다는 갑자기 개인적인 체험의 공간, 대중문화 매체, 특히 수중 촬영 매체를 통해 사람들이 환히 들여다볼 수 있는 공간이 되었다. 수중 세계는 19세기 바다의 발견 시기보다 더 온전히 대중문화의 영역으로 진입했다. 과학의 전유물이었던 수중 세계 탐험은 레크리에이션과 대중매체를 통해 바다를 알기 위한 수단이 되었다. 아서 C. 클라크는 바다에 대한 열정이 최고조에 이르렀던 1960년, "바다로 들어가는 사람은 누구나 과학자가 된다."라고 단언했다. 우주와 달리 해저 영역은 1954년에 이미 스킨다이빙 장비 – 스노클과 고글과 오리발 발갈퀴 – 에 10달러만 투자하면, 혹은 영리 목적으로 판매된 최초의 독립 호흡장비인 애퀄렁Aqualung1을 사용할 의지와 경제적 여력이 있는 사람이라면 누구나 들어갈 수 있는 장소가 되었다. 컬러텔레비전 값이 1,000달러가 넘던 시절이고 우주 탐사는 미래의 꿈으로 남아 있었다. 1957년 러시아는 스푸트니크Sputnik 인공위성을 쏘아 올렸고, 1961년에는 유리 가가린Yuri Gagarin을 우주 궤도로 내보냄으로써 최초의 우주인을 탄생시켰다. 미국의 머큐리Mercury 프로그램2과

1   고압 압축 공기가 들어 있는 수중 호흡기. 잠수할 때 등에 멘다.
2   미국 최초의 유인위성 발사계획.

아폴로Apollo 우주 프로그램은 스푸트니크호의 발사에 자극을 받아 1969년 닐 암스트롱Neil Armstrong과 버즈 올드린Buzz Aldrin을 달에 착륙시켰다. 초강대국들이 고작 몇 명의 사람을 우주로 보내는 데 수십억 달러를 쓰는 동안 수천 명의 사람들은 개인적으로 해저를 탐사하기 시작했고, 수백만 명의 사람들은 책과 영화를 통해 바다 깊은 곳을 탐험하기 시작했다. 이들의 집단 경험은 인간과 바다의 관계를 혁명적으로 재구성하는 출발점이었다.

잠수종**3**이나 헬멧 달린 수트, 혹은 전문 장비가 아닌 전통적 기법을 사용하는 전문 잠수사 외의 사람들이 해저로 들어가기 전, 수중 영역은 상상의 대상, 혹은 인위적인 창조의 대상이었다. 19세기 중반, 수족관이 발명되기 수십 년 전에 지질학자 헨리 드 라 베시 Henry De la Beche는 화석 증거를 차용하여 지질학 시대의 모습을 최초로 재현해냈다. 베시의 그림에는 수중의 플레시오사우루스, 이크티오사우루스, 데본기Devonian era**4**의 다른 해양 동물이 서로를 공격하는 장면이 포함되어 있었다. 그는 아마 도싯Dorset 해안에서 잠수를 했던 경험에 영감을 받았을 것이다. 실제 수족관 덕분에 사람들은 처음으로 수중에 있는 동물과 식물을 잠깐이나마 볼 수 있게 되었다. 소규모 가정용 수조나 어항을 통해 바다가 가정으로 들어왔

3 사람을 태워 물 속 깊이 내려 보낼 때 쓰는 잠수 기구.
4 고생대 중기에 해당하는 지질시대(편집자 주).

고, 대규모 공공 수족관은 19세기 후반에 처음으로 런던과 미국에서 설립되어 유럽의 많은 나라와 일본까지 퍼져 나갔다. 인기를 끈 이 명소들은 먼저 해안 및 주요 도시에 살면서 이곳을 방문한 이들에게, 20세기 초창기 몇십 년 동안에는 내륙 먼 곳에 사는 이들에게까지 바다의 동물과 수중 환경을 선보였다. 가령 시카고의 셰드 수족관Shedd Aquarium은 1929년에 건립된 후 20세기 내내 미국 최대의 수족관으로 남아 있었다.

1938년, 플로리다주의 세인트오거스틴St. Augustine에 마린스튜디오Marine Studio라는 신기한 시설이 문을 열었다. 해양 동물 전시와 당시 급성장하던 영화 산업을 짝지은 시설이었다. 마린스튜디오 창립자들은 수조를 설계하여 방문객에게 스크린에 나오는 장면을 방불케 하는 해저 광경을 제공했다. 이곳에 전시한 상어와 대왕 쥐가오리, 돌고래의 장관으로 인해 인상적인 대형 동물이 없는 수족관은 그 빛이 퇴색되어버렸고, 수천 명의 관광객이 이곳으로 몰려들기 시작했다. 그러나 관광객 유치는 마린스튜디오의 사업 중 일부에 불과했다. 건립자들은 영화 및 다른 매체의 수중 장면에 대한 시장 수요 증가에 발맞추기 위해, 영화제작자들이 쓸 수조를 설계했다.

최초의 수중 영화는 수조가 아니라 바하마Bahamas 연안의 바다에서 직접 촬영한 것으로서, 마린스튜디오의 개장보다 20년 이상 먼저 개봉했다. 쥘 베른Jules Verne과 빅토르 위고Victor Hugo의 애독자였던 존 어니스트 윌리엄슨John Ernest Williamson은 선장이었던 아버지의 발명품을 개조해 썼다. 주로 인양과 수중 수리 작업에 쓰이던 장비였다. 윌리엄슨은 바다 밑에 촬영을 할 수 있는 '촬영구 Photosphere'를 설치해 촬영자가 들어가게 한 다음 아코디언처럼 접었다 펼 수 있는 커다란 관을 통해 공기를 내려 보내 촬영구 안에서 작업하는 사람이 물에 젖지 않고 숨을 쉬도록 했다. 촬영구는 일종의 관측대로 촬영자는 그곳에서 바닷속 광경을 마음대로 촬영할 수 있었다. 조명은 이 장치를 내려 보낸 수면 위의 배에서 보내는 빛을 이용했다. 그는 1916년에 영화《해저 2만 리》를 위한 수중 장면을 찍도록 의뢰 받았고 영화는 박스오피스에서 엄청난 성공을 거두었다. 잠수함 전투 소식에 관심이 많은 관객들이 특히 좋아했다. 윌리엄슨은 그 이후 인어와 난파선, 침몰한 보물, 혹은 바다괴물을 주인공으로 하는 영화를 제작하며 경력을 쌓아나갔고

존 윌리엄슨의 촬영구에서 수중에 있는 여배우를 촬영한 사진.

다가가기 쉬운 바다

1936년에 쓴 자서전 『바다 밑 20년20 Years under the Sea』에 그동안의 작업을 소개해놓았다. 그는 뉴욕의 미국 자연사박물관American Museum of Natural History과 시카고의 필드박물관Field Museum의 과학자들과 함께 일하면서 암초 모형(디오라마)을 제작하기 위해 산호와 어류 표본을 수집하기도 했다. 윌리엄슨은 일하는 내내 바다를 촬영했지만 할리우드 감독들은 그의 촬영구보다는 통제가 더 용이한 수조 환경을 선호했고, 이 때문에 마린스튜디오와 유사한 시설들이 시장을 형성하게 되었다.

마린스튜디오가 개장한 것과 거의 비슷한 시기에 미국의 전직 파일럿 가이 길패트릭Guy Gilpatric은 스킨다이빙이라는 새로운 오락거리를 도입하여 독자들을 수중 탐사의 세계로 초대했다. 수천 년 동안 세계 전역의 해안 문화권들은 잠수를 이용하여 식량과 주요 교역용 물품을 모아들였다. 잠수는 전시에 특히 유용했다. 고대 그리스의 잠수부들은 해면海綿을 잡고 수중에 방어물을 세웠다. 적의 배를 파괴하고 난파선에서 보물과 대포를 인양하기도 했다. 잠수종을 이용하여 해저를 탐험했던 알렉산더 대왕에 관한 이야기에는 3일간 수중에 들어갔다는 부분이 등장한다. 포위작전 동안 수중 장애물을 제거하도록 잠수부들을 썼다는 사실에 기반을 두고 있는 듯하다. 알렉산더 대왕은 잠수종을 이용하여 잠수 활동을 직접 관찰했을 것이다. 19세기 소수의 과학자들이 한 차례나 여러 차례의 잠수를 직접 했지만, 잠수는 주로 등대를 건조하거나 교량의 기초를 놓는 경제 활동 및 적선을 부수거나 인양, 구조하는 군사 활동의 일환이었다. 길패트릭은 코트다쥐르French Riviera의 따뜻한 지중해 바다에서 스킨다이빙을 생각해냈는데, 처음에는 비행기 조종사들이 쓰는 고글을 개조해 방수처리를 했고 다음에는 물고기를 잡기 위해 수중에서 쓸 수 있는 작살을 직접 만들었다. 길패트릭은 훗날 수많은 책을 저술했다. 그가 창조한 유명한 캐릭터인 스코틀랜드의 선박 엔지니어 미스터 글랜캐넌Mr Glencannon의 행적은 그가 쓴 단편들에 기록되어 있다. 그뿐 아니라 길패트릭은 '고글링goggling'이라는, 자신이 만든 새 스포츠를 소개하기 위해 해학 넘치는 가이드북인 『완벽한 고글러The Compleat Goggler』(1934)를 썼다.

다른 문화권의 전통적인 잠수부와 마찬가지로 가장 초창기의 스킨다이버들은 물고기와 다른 해산물을 잡았다. 미국에서는 대공황 때문에 다이버들이 직접 작살로 가족을 먹일 물고기를 낚았다. 캘리포니아의 차가운 해안도 예외가 아니었다. 그러나 고글링으로 출발한 스킨다이빙 열풍은 다이빙을 일하는 수단으로 쓰는 관행에서 점점 멀어지게 된다. 20세기 대부분의 스킨다이버들은 생계나 전쟁, 임노동이 아니라 오락을 위해 수중으로 들어갔다. 그러나 스킨다이빙이 완전히 대중화되기 전, 제2차 세계대전 동안 수행된 다이빙의 쓰임새는 해군 잠수부들의 공적을 숭앙했던 신참 다이버들에게 새로운 기술과 영감을 주었다. 프랑스의 툴롱Toulon에서 해군 장교로 복무하던 자크 쿠스토Jacques Cousteau는 길패트릭의 책이 출간된 직후 친구에게 수중고글을 빌렸다. 제2차 세계대전이 발발하기 전과 전쟁이 계속되는 동안 그는 군대 동료들과 함께 다이빙 장비를 손보면서 지냈다.

　스쿠버다이빙의 대중화는 군 잠수장비 개조를 통해 잠수가 더 쉽고 안전해지도록 기술을 혁신하지 않았다면 불가능했을 것이다. 1943년 쿠스토는 에밀 가뇽Émile Gagnan이라는 엔지니어와 함께 다이버에게 공급하는 산소를 조절하는 밸브를 개발해 애퀄렁 Aqualung이라는 스쿠버장비로 특허를 냈다. 원래 두 사람은 자신들이 개발한 장비가 군대나 직업 잠수사들의 흥미를 끌리라 생각했지만, 전쟁이 끝나고 가뇽이 캐나다로 이민을 가자 이들은 애퀄렁을 북아메리카에서 팔기로 결정했다.

　쿠스토의 애퀄렁은 일반인들이 구매할 수 있는 최초의 독립 호흡장비가 되었다. 수중 영역에 대한 기술적 접근이 가능해지면서 부를 창출할 바다의 자원을 뽑아낼 야심이 생겨났을 뿐 아니라 해저 영역을 레크리에이션 공간으로 인식하는 움직임도 나타났다. 1940년대 스쿠버다이빙 기술의 산물이 상점에 등장한 순간부터 많은 이들이 이 새로운 체험을 향해 돌진했다. 다이빙 매뉴얼은 아서 C. 클라크의 영향을 받았고, 해저 스포츠는 이제 하나의 발견이 되었으며 이 스포츠에 능숙한 이들에게 과학 탐사를 위한 모험 이상의 것에 뛰어들라고 촉구했다. 1970년에는 초보 단계를 졸업한 다이버들을 다룬 『기초부터 배우는 요리Bottoms Up Cookery』라는 요리책이 등장해 다이버들에게 바다에 사는 동물을 잘 잡으려면 이들의 습성을 공부해야 한다고 권고했다. 이 요리책의 표지 삽화에는 돋보기로 바다 밑바닥을 훑어보는 다이버가 그려져 있다. 과학을 수중 영

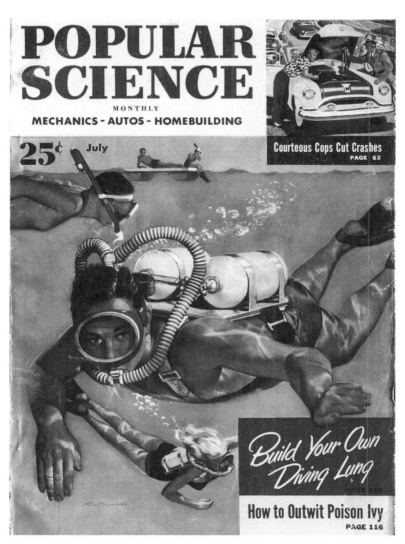

『파퓰러 사이언스Popular Science』지의 표지(1953). 스킨다이빙 열풍은 남녀 및 아이들을 수중 세계로 이끌었다.

역과 관계 맺는 의미심장한 방법으로 해석하고 있음을 보여주는 그림이다. 설사 그 목적이 저녁거리를 잡는 것이라 해도 말이다.

1949년 미국에 수입된 최초의 애퀄렁 장비를 사용했던 가장 초창기의 다이버 중에는 캘리포니아 대학의 대학원생 두 명과 샌디에이고 바텀스크래처스San Diego Bottom Scratchers 다이빙 클럽의 멤버들이 포함되어 있었다. 이 클럽은 1933년에 호흡을 참고 수중 사냥을 하는 이들의 동호회였다. 1950년대가 되자 이 클럽은 수중 촬영과 고고학, 해양과학을 위해 스쿠버다이빙을 처음 사용하게 된 다이버들의 본거지 기능을 수행했다.

자리를 잡은 바텀스크래처스 클럽은 미국 내 200곳 이상의 다이빙 클럽 및 전 세계 50곳에 가까운 클럽들과 1950년대 중반 무렵까지 수중을 누볐다. 말장난으로 만든 클럽들의 이름을 보면, 다이버를 교육하고 작살 낚시 경연대회를 운영하고 수색과 구조 활동을 수행하며, 이들의 전문성을 필요로 했던 지역 경찰 같은 기관과 다이버들을 연결시켜주던 이들 단체의 사회적 성격이 드러난다. 린우드Lynwood에 있던 '데이비 존스 레이더스Davy Jones Raiders'5, 로스앤젤레스의 '켈프토매이니악스Kleptomaniacs'6, 롱비치Long Beach의 '선스오브비치스Sons of Beaches'는 모두 캘리포니아 지역을 부대로 활동한 다이빙 클럽이었다. 다이빙 역사학자 에릭 하나우어Eric Hanauer에 따

---

5 데이비존스는 바다귀신, 혹은 해마를 가리키는 말이다.
6 절도광을 뜻하는 kleptomaniac의 maniac과 해초를 뜻하는 kelp를 합성하여 해초 훔치는 자들이라는 의미로 쓴 것.

샌디에이고 바텀스크래처스 다이빙 클럽의 원년 멤버들(1939). 라호야 코브La Jolla Coves 지역에서 찍은 사진. 왼쪽에서 오른쪽 방향으로 글랜 오르Glen Orr, 잭 코벌리Jack Corbaly, 벤 스톤Ben Stone, 빌 배츨로프Bill Batzloff 그리고 잭 프로다노비치Jack Prodanovitch.

르면 이들이 누비던 해변은 스쿠버다이빙을 부화시키는 장치 기능을 수행했다.

　다수의 다이빙클럽은 캘리포니아 서부해안West Coast에 있었지만 동부해안에서도 많은 클럽이 형성되었다. 박식한 이름을 가진 뉴헤이븐New Haven의 '코네티컷 앤스로피스카토랄협회Anthro-Piscatoral Society', 뉴욕과 플로리다의 클럽, 그리고 뉴잉글랜드 주들과 뉴저지 대부분 지역에 있던 소수의 클럽들이 그 예다. 대서양과 태평양 연안 사이의 지역에도 다이빙클럽이 존재했다. 뉴올리언스 두 곳, 시카고 네 곳, 그리고 미시건과 위스콘신 같은 오대호 주변 주들의 클럽들이다. 심지어 육지로 둘러싸인 피닉스Phoenix에도 '애리조나 사막 다이버 클럽Arizona Desert Divers Club'이라는 단체가 있었다. 1956년, 세계 대부분의 다이빙 클럽들은 미국이나 미국령 영토 내에 있었지만, 이탈리아에 스물네 곳, 호주에 여섯 곳, 프랑스와 멕시코에 각 세 곳, 캐나다와 남아프리카공화국과 영국에 각 두 곳 그리고 일본과 알제리와 퀴라소Curaçao에도 각 한 곳의 다이빙클럽이 있었다. 1958년에는 18개국 출신의 다이버들이 벨기에의 브뤼셀에 모여 국제 조직을 만들었다. 세계 수중활동연맹Confédération Mondiale des Activités Subaquatiques이라는 명칭의 단체로 연락소는 모나코에 있었다.

미국 수중협회Underwater Society of America는 세계 수중활동연맹이 설립된 지 1년 후에 만들어진 단체다. 일리노이주 샘페인Champaign에 있는 협회 본부는 '수중'이라는 범주가 바다에만 국한된 것이 아님을 강조했다. 인기 있는 다이빙 매뉴얼의 저자 빌 바라다Bill Barada가 설명한 바에 따르면 '우리가 마주하는 새로운 풍광은 모두 우리를 탐사로 초대한다. 바다뿐 아니라 버려진 수중채석장, 작은 호수나 고요한 강 모두 무한한 모험 기회를 제공한다. 수영할 만큼 깊은 거의 모든 수중 영역을 스킨다이버들이 탐사하고 있다.'

스쿠버다이버의 숫자는 다이빙 클럽보다 훨씬 빠르게 증가했다. 1949년에 샌디에이고 바텀스크레처스 클럽에 대한 기사를 실은 『내셔널지오그래픽』 지에 따르면 당시 캘리포니아 남부를 본거지로 활동하는 다이버들은 8,000여 명에 달했다. 1951년에 열혈 다이버들은 『스킨다이버Skin Diver』라는 자체 잡지를 발간하게 된다.

이 잡지는 캘리포니아 콤프턴Compton에 있는 '돌핀스Dolphins' 다이빙 클럽 회원 두 명이 자기 집 부엌 식탁에서 탄생시킨 것이다. 1957년에 이 잡지의 구독자들은 길패트릭의『완벽한 고글러』재판본을 선물로 받았다.『스킨다이버』는 머잖아 최고의 독자수를 자랑하는 다이빙 잡지가 되었고, 1963년에는 한 출판사가 사들일 만큼 성공을 거두었다. 1965년, 한 다이빙 대중서는 600만 명 이상의 미국인이 다이버라고 추산했다.

스쿠버다이빙이 레크리에이션으로 자리를 잡던 초창기 몇 년에 걸쳐 여성과 아이들까지 남자들과 함께 다이빙을 즐겼다. 군사적 목적의 다이빙은 원래 남성의 전유물이었지만, 1955년에는 미국 국립잠수부클럽National Frogman Club의 회원 5만 명 중 10퍼센트가 여성이었다. 다이빙 교본에는 여성과 아이들이 다이빙을 배우는 사진이 실려 있었다. 다이빙이 누구에게나 안전한 스포츠라고 독자들을 안심이라도 시키는 듯 했다. 다이빙 훈련과 잠수복이 도입되면서 다이빙은 또 한 번 변신했고 초심자와 남녀노소 모두 이 스포츠를 즐기게 되었다. 유명한 장비제조업체인 에이엠에프 보이트AMF-Voit사가 1959년『라이프』지에 실은 스포츠 장비 광고에는 오하이오주 내륙의 셸비Shelby에 있는 청소년 경찰교육기관인 익스플로러 포스트 3Explorer Post 3[7]에서 온 남자아이들이 월튼호수Walton Lake에서 새로 습득한 다이빙 기술을 선보이기 위해 서로 스쿠버 장비 착용

7 경찰직에 관심 있는 청소년을 위한 교육 기관.

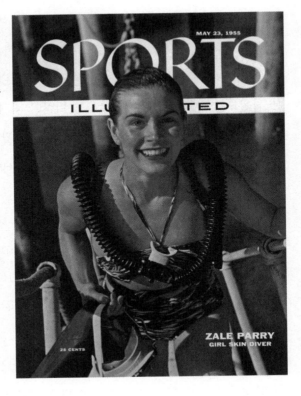

『스포츠 일러스트레이티드Sports Illustrated』지의 표지에 등장한 제일 패리Zale Parry. 수심 60미터 이하에서 잠수한 최초의 여성이 된 후 찍은 사진.

을 돕는 모습이 실려 있다. 그로부터 2년 후『라이프』지의 또 다른 특집기사는 뉴햄프셔주의 위니페소키 호수Lake Winnipesaukee에서 잠수하기 위해 한 아빠가 네 살짜리 아들에게 잠수복과 스쿠버다이빙 장비 착용을 도와주는 사진을 실었다. 사진 아래에는 '올챙이옷 입기'라는 표제가 붙어 있었다.

여성들은 가장 초창기의 스쿠버다이빙클럽 중 일부를 조직했을 뿐 아니라, 최초의 공인 스쿠버 강사, 수중 영화배우, 그리고 스턴트 대역 등의 일을 했다. 최초의 여성 다이빙클럽인 시님프Sea Nymphs는 바텀스크래처스 클럽 회원들의 아내와 여자 친구들이 만들었다. 시님프의 회원이었던 제일 패리Zale Parry는 남자친구와 그의 다이빙 동료들이 체온이 떨어져 쉬고 있을 때 이들의 에어탱크에 남아 있던 공기를 이용하여 다이빙을 시작했다. 그녀는 그 시절을 이렇게 회고한다. "새 산소 탱크로 다이빙을 하게 된 건 한참 지나고 나서였어요. 물 위로 올라갈 때 세상 누구보다 가볍게 올라간 건 아마 저일 겁니다. 별로 어렵지 않고 재미있었어요." 1954년, 패리는 수중 60미터 아래까지 내려감으로써 여성의 심해잠수 기록을 갱신했다. 스킨다이빙을 일반 대중, 특히 여성들에게 홍보하기 원했던 다이빙 기업들이 후원한 다이빙 행사에서였다. 『스포츠 일러스트레이티드』지는 그녀의 성공을 표지에 실었다. 미국에서 세 번째 공인 여성 스쿠버 강사가 된 패리는 스턴트로 영화계에서 경력을 시작했고 텔레비전 시리즈 《시헌트Sea Hunt》에서 몇 차례 주연을 맡기도 했다.

패리의 이력은 다이빙을 하고 바다를 다루는 과학서 및 대중서를 쓰는 여성들이 바다를 접근 가능한 환경으로 변모시키는 데 기여했음을 예증한다. 신흥 다이빙 공동체에서 두각을 드러낸 패리는 장차 여성 다이버가 될 이들의 모범이 되었고, 스쿠버다이빙 교육과 텔레비전 촬영에 참여함으로써 수중 활동이 쉽고 흥미진진한 활동이라는 것을 적극적으로 홍보했다. 과학자이자 다이버인 유지니 클라크Eugenie Clark 역시 다이빙과 일상생활과 글을 통해 보통 사람들도 바다를 탐험할 수 있음을 입증했다. 그녀의 저서 『작살을 든 여인Lady with a Spear』(1953)과 『여인과 상어The Lady and the Sharks』(1969)는 (물속에 들어갈 때 수면에서 숨을 쉬고 들어가 숨을 참는) 프리다이빙freediving의 혁신적 응용에 관해 기술했고, 훗날 스쿠버다이빙을 통해 어류와 무척추동물, 상어를 연구한 바를 기록으로 남겼다. 클라크에게 다이빙은 가족의 여가활동이었다. 그녀는 신혼여행 때 남편에게 다이빙을 가르쳤고 이후에 네 아이들에게도 다이빙을 가르쳤다. 한 어머니이자 식물학자, 해양탐험가, 작가면서, 패리보다 수십 년 늦게 경력을 시작했던 실비아 얼Sylvia Earle도 마찬가지였다. 남편이 의사였던 클라크와 얼은 임신한 중에도 다이빙을 했다. 이는 당시의 의사들과 다른 전문가들에게 아주 자연스러운 일이었다. 클라크는 대중서를 써서 다이빙을 보통 사람들이 바다를 알 수 있게 해 주는 활동으로 제시했고 독자들에게 "일단 바다의 위험에 익숙해져 위험이 예상되는 구역과 피하는 방법을 알게 되면 예전 같으면 꿈도 꾸지 못했을 경이로운 세계를 안전하고 확실하게 돌아다닐 수 있다."라며 독자들을 안심시켰다.

유지니 클라크와 레이첼 카슨Rachel Carson의 글은 제2차 세계대전 이후 새롭게 접근하게 된 바다를 과학적으로 이해할 수 있는 길로 독자들을 이끌었다. 두 저자들은 같은 저작권 대행과 일했고 윌리엄 비브William Beebe를 존경했다. 비브는 1930년대 초, 둥근 창

유지니 클라크Eugenie Clark. 다이빙을 이용하여 어류를 관찰하고 표본을 수집하고 상어의 행태를 연구한 해양생물학자다.

문이 달린 구형 선체를 강철 케이블에 실어 바다로 내려 가는 잠수구bathysphere를 타고 수심 900미터 해역에서 심해 동물을 관찰한 후 관찰한 내용을 글로 썼다. 수중 영화와 공공 수족관이 대중의 관심을 끌던 시절, 비브의 깊은 바다 다이빙은 여러 매체에서 큰 각광을 받았다. 비브는 수중 다이빙을 모험적인 기록 갱신의 도구로 쓰기보다 과학 탐구의 도구로 쓰자는 입장이었다. 1932년에 다이빙을 라디오로 중계할 때도, 파트너인 오티스 바튼Otis Barton이 잠수구를 타고 수심 800미터 – 훗날 그가 쓴 대중서 『해저 0.5마일Half Mile Down』(1934)의 제목을 제공했던 깊이다 – 까지 내려갔을 때도 비브는 다이빙을 모험보다는 과학으로 제시하고자 했다. 바다 밑 심해 어류와 칠흑 같은 심연에서의 경험에 대한 비브의 글은 인간이 광대한 바다에서 얼마나 하찮은 존재인지를 여실히 보여주었다. 그는 압력의 위험, 어둠의 공포와 고적감, 그리고 인광성 동물의 이국적인 색깔을 기술하면서 심해를 숭고하고 신비로우며 아름다운 공간으로 그려냈다. 레이첼 카슨은 비브가 창조해 낸 글의 전통을 확장시켰다. 비브는 카슨이 따라갔던 전통의 시조인 셈이다.

비평가들의 극찬을 받은 카슨의 저서 『우리를 둘러싼 바다The

잠수구 왼쪽에 서 있는 비브와 오른쪽에 서 있는 프레드릭 오티스 바튼 2세Frederick Otis Barton Jr. 1930년에서 1932년경에 찍은 사진.

Sea around Us』(에코리브르, 2018)는 바다를 다룬 두 번째 저작이었다. 학생 시절 카슨은 전업 작가가 될 것인지 과학을 전공할 것인지 결정하기 위해 고심했다. 그녀는 이 두 가지 일은 서로 어울리지 않는다고 생각했다. 결국 과학을 선택한 카슨은 (미 어류 및 야생동물관리국Fish and Wildlife Service의 전신인) 어업국Bureau of Fisheries 공무원으로 일을 시작했지만 돈을 더 벌기 위해 대중을 위한 글을 썼다. 그녀의 첫 책 『바닷바람을 맞으며Under the Sea Wind』(에코리브르, 2017)는 스컴버Scomber라는 이름의 고등어와 앵귈라Anguilla라는 이름의 뱀장어 그리고 린찹스Rynchops라는 이름의 검은집게제비갈매기black skimmer의 여정을 추적했다. 의인화를 피하기 위해 세심한 주의를 기울인 카슨은 연안과 원양, 심해를 동물들의 관점에서 묘사했다. 그 어떤 화자도 없었고, 인간은 오직 포식자나 파괴자로만 등장했다. 독자들은 자연의 영원한 순환이 보여주는 경이로움을 생생히 보여주는 카슨의 시적이고 상상력 풍부한 글 솜씨 덕에 바다동물이 모두 상호의존하고 있다는 사실을 알게 되었고 바다를 바라보는 생태적 관점을 갖게 되었다. 그러나 일본이 진주만을 공격하기 한 달 전에 발간된 『바닷바람을 맞으며』는 탁월하다는 평가에도 불구하고 실망스러운 판매고를 기록했다. 전 국민이 너도나도 할 것 없이 전쟁에 정신이 팔려 있었기 때문에 어쩔 수 없었다.

전쟁이 벌어지는 동안 정부의 후원을 받는 과학자들은 잠수함 전투와 공중전, 수륙양용 상륙, 해군의 수면작전을 지원하려는 목적으로 바다에 대한 상당량의 연구 성과를 쏟아냈다. 전쟁이 끝난 후 카슨은 새로 기밀이 풀린 문서 보고서들을 편집하는 일을 업무에 추가해야 했고, 그 덕에 최신 해양 지식을 볼 수 있는 특권을 누릴 수 있었다. 카슨은 전시 과학이 해양 환경에 대해 알아낸 새로운 지식을 알리는 첫 대중서인 『우리를 둘러싼 바다』를 발간함으로써 다른 작가들을 제치고 특종감이 되었다. 그녀의 두 번째 저서 『우리를 둘러싼 바다』는 전미 도서상National Book Award뿐 아니라 미국 자연사박물관이 수여하는 명망 높은 존 버로스 메달John Burroughs Medal을 비롯하여 많은 상을 받았다. 책은 1년 만에 25만 부가 팔려

1952년 대서양 연안의 조수웅덩이를 밥 하인스Bob Hines와 살펴보는 레이첼 카슨. 『우리를 둘러싼 바다』를 출간해 갈채를 받은 지 1년 후다.

나갔고 32개국 언어로 번역되었다. 바다의 새로운 발견에 대한 관심의 크기를 입증하는 결과였다. 카슨이 책에 쓴 감사의 말을 통해 고마움을 표명했던 주요 과학자들의 목록은 그녀가 이 저작과 다른 대중 과학서를 쓰기 위해 의지했던 전문 인력의 네트워크가 얼마나 큰지 그대로 보여주었다. 『우리를 둘러싼 바다』가 성공을 거두자 카슨은 공무원 일을 그만두고 집필에 전념할 수 있게 되었다.

카슨은 뱃사람도 다이버도 아니었지만 집필 작업을 하는 동안 미 어류위원회Fish Commission의 해양탐사선 알바트로스 III Albatross III호에 동행하면서, 마이애미 대학교University of Miami의 새 해양기지 책임자와 함께 다이빙할 기회를 십분 활용했다. 알바트로스호의 갑판에선 카슨은 지질 연대라는 거대한 관점으로 바다를 바라보았고 매혹적인 동물을 가득 담은 채 심해에서 올라오는 그물의 광경에 지울 수 없이 깊은 인상을 받았다. 마이애미 연안에서 먼 해역의 험한 바다로 나간 카슨은 잠깐 동안이었지만 다이빙 헬멧을 착용하고 수중에서 시간을 보내야 했다. 그녀는 사다리에 매달려 불안에 떨기도 했지만, 바다 아래에서 위쪽으로 보이는 수면이 어떤 모습인지를 본 아름다운 기억에 흡족해 하면서 돌아왔고, 이러한 경험이 바다에 대한 글을 제대로 쓰는 자신의 역량에 중요한 기여를 했다고 확신했다.

글을 쓰기 위한 연구비를 신청하면서 카슨은 책의 목적을 '바다 생명의 역사에서 인간에게 흥미롭고 의미심장한 것들을 향한 상상력 넘치는 탐색'이라고 설명했다. 동시대의 다른 저술가들과 마찬가지로 카슨 역시 '소금 바다의 부'가 제공하는 약속에 매료되었지만, 그보다 지구의 역사 속 바다의 역할, 그리고 생명을 키우는 바다의 역할이 지닌 아름다움과 신비를 전달하고 싶어했다. 그녀는 인간이 자행한 파괴에 굴하지 않았고, 바다에 대한 경탄을 불러일으키고 해안 보존에 대한 참여를 이끌어내도록 영향을 끼치기 바랐다.

물론 바다에 대한 대중서를 쓴 것은 여성만이 아니었다. 비브의 저작이 입증하는 바대로, 1951년의 베스트셀러 목록에는 『우리를 둘러싼 바다』와 함께 바다에 대한 독자들의 호기심이 컸음을 보여주는 다른 책들도 올라가 있었다. 토르 헤이에르달Thor Heyerdahl의 『콘티키Kon-Tike』(한길사, 1995)와 허먼 워크Herman Wouk의 『케인호의 반란Caine Mutiny』이 대표적이다. 대개 비전문가였던 여성과 아이들은 책을 읽으면서 상상을 통해, 그리고 레크리에이션을 통해 몸소 해양 탐사를 겪으면서 바다에 친숙해질 수 있었다.

바다가 여성과 아이들에게 친숙해지기 전인 1950년대 첫 다이빙 세대에게 심해는 위험으로 가득한 곳이었다. 클라크는 상어를 연구하기 시작했다. 상어는 오랫동안 선원들을 공포로 떨게 한 동물이었고, 제2차 세계대전 동안 연구자들이 개발하려 애썼지만 결국 실패로 돌아간 상어 격퇴제 - 바다로 가라앉은 조종사들을 보호할 목적으로 개발하려던 것이다 - 에 영감을 준 동물이다. 문어와 상어,

곰치와 다른 위협적 해양 동물들은 초기 다이버들에게 아주 위험해 보였다. 이 다이버들이 사냥을 하러 바다로 들어갔다는 사실은 바다를 보는 적대적 인식에 불을 지폈다. 그러나 얼마 지나지 않아 작살을 휘두르는 모험가들은 카메라로 수중 생명체를 뒤쫓는 다이버들, 혹은 그저 수중 세계를 관찰하고 체험하고 싶어 했던 사람들과 물속에서 만나 함께 바다를 누비고 다니게 되었다. 수중 체험을 통해 거대 문어는 괴물에서 은둔자로 재규정되었고 다이버들은 곰치 같은 동물 주변에서 무사히 움직이는 방법을 터득하게 되었다. 다이버들이 습득한 바에 따르면 상어는 예측 불가한 동물이었다. 하지만 그 정도의 인식은 상어가 인간을 보자마자 덤벼드는 피에 굶주린 괴물이라는 편견보다는 덜 무서운 편에 속했다.

스쿠버다이빙이 레크리에이션으로 변모한 지 불과 10년 만에 평자들은 가장 큰 위험은 바다가 아니라 인간이라는 데 합의했다. 기존 장비와 기술의 한계를 넘어 심해로 돌진해 들어간 다이버들은 '심해 황홀증rapture of the deep' 이라는 이름의 질소중독[8]을 겪었다. 순수 산소를 흡입하는 동안 지나치게 깊은 곳으로 내려간 데서 유래된 증상이었다. 그러나 또 한편으로 이러한 문제는 더 나은 기술과 훈련으로 위험을 상쇄시킬 수 있다는 함의를 내포하고 있었고, 혼합기체를 흡입하게 되면서 질소중독의 위험은 실제로도 줄어들었다. 1960년대 중반, 바다에 대한 다이빙 교본의 의견은 수중 환

---

8   잠수 시 고압력 하의 혈중 질소 과다로 인한 인사불성 상태.

경이 최소한 레크리에이션용 다이빙 심도한계로 입증된 곳에서는 '안전하고 친근한 공간'이라는 클라크의 의견과 일치했다. 물론 다이버들을 안심시키는 이러한 정보에도 불구하고 《시헌트Sea Hunt》 같은 텔레비전 드라마는 상어와의 무시무시한 조우나 심해의 질소 중독과 싸우는 인간의 장렬한 투쟁 같은 내용을 중심 소재로 다루었다.

　이제 수중이라는 공간은 영화와 텔레비전 드라마와 책을 통해 사람들의 뇌리에 각인되었다. 거실과 학교, 지역 영화관으로 들어온 수중 관련 프로그램은 독자와 시청자들에게 대리경험을 제공하고, 일부는 직접 다이빙을 체험하라고 부추겼다. 수중을 일터로 보는 시각에서 벗어나는 계기를 마련해 준 한 가지 사건은 콘셸프 III 수중 거주실 실험에서 촬영한 쿠스토의 영상을 미국 CBS 방송국에 한 시간짜리 특별 방송물로 팔 수 있게 되었다는 것이다. 석유 회사의 재정 지원을 잃은 쿠스토는 영화와 텔레비전 업계의 수중 활동에 대한 관심이 급증한 데서 수익을 얻을 가능성을 발견했다. 그가 1953년에 발간한 『고요한 세계Silent World』는 3년 후인 1956년에 개봉해 아카데미상을 수상한 동명 영화에 영감을 주었고, 곧 이어 바다 밑을 눈여겨보던 다른 매체들도 수중 세계를 다루는 대열에 합류했다. 1954년 쥘 베른의 『해저 2만 리』를 영화로 만든 작품은 관객의 인기를 끌었고 그 자체로 고전이 되었다. 1955년에 나온 괴수영화 《놈은 바닷속에서 왔다It Came from Beneath the Sea》에서 해군 잠수함 사령관인 주인공은 거대하고 무시무시한 문어를 뒤쫓는다. 놈은 수소폭탄 실험으로 방사능에 피폭된 놈이었다. 주인공은 애퀄렁을 착용하고 문어와 아주 가까운 거리에서 사투를 벌인다. 이러한 줄거리는 그 전해에 개봉한 《고질라Godzilla》라는 영화의 영향을 받은 듯 보인다. 1955년에는 또 기인으로 유명한 기업가이자 억만장자인 하워드 휴스Howard Hughes가 제인 러셀Jane Russell을 주연으로 내세워 새로운 스쿠버다이빙 기술을 홍보한 《해저의 황금Underwater!》을 제작했다. 1958년부터 방영되기 시작한 《시헌트》 시리즈는 1960년에 나온 비슷한 텔레비전 시리즈물 《해저 임무Assignment Underwater》에 영감을 줄 만큼 인기를 끌었다. 두 시리즈 모두 1961년에 종영했다. 이 해에는 어윈 앨런Irwin Allen의 영화 《해저여행Voyage to the Bottom of the Sea》이 개봉했다. 동명의 텔레비전 시리즈물은 1964년 방영을 시작해 4년간 계속되었다. 1953년 앨런은 카슨의 책 『우리를 둘러싼 바다』의 다큐멘터리 버전을 제작했다. 이 작품은 부정확성과 의인화로 분노한 작가의 항의와 비판을 들어야 했지만 아카데미 다큐멘터리 부문에서 상을 받았다. 콘셸프 III의 잠수부들이 새 주거실로 들어갔던 1965년, 제임스 본드 시리즈물인 《선더볼 작전Thunderball》은 상어와 악한이 등장하는 장시간의 수중 액션신으로 관객을 열광시켰다.

스쿠버다이빙은 다양한 제품의 광고에도 사용되었다. 제품을 야외활동이나 모험과 연관시키기 위함이었다. 세븐업과 펩시콜라 광고, 그리고 밸런타인Ballantine 맥주와 커네이디언 클럽 위스키Canadian Club Whiskey 광고에도 스쿠버다이빙이 등장했다. 코퍼톤

Coppertone의 태닝 로션은 당연히 스쿠버다이빙을 이용하여 광고할 만한 상품이었지만 탐폰 기업인 탬팩스Tampax조차 능동적인 여성 다이버용 제품으로 광고되었다. 그리고 오스틴 힐리Austin Healey, 폰티악Pontiac, 크라이슬러Chrysler와 머큐리Mercury 등 거의 모든 자동차 제조업체가 다양한 차종을 홍보하는 데 스쿠버다이빙을 이용했다. 광고는 영화와 텔레비전 드라마, 다이빙 교본과 대중과학서가 전달한 메시지, 즉 수중 지대는 위험한 미지의 세계가 아니라 직접 탐험해야 하는 신비롭고 아름다운 세계라는 메시지를 강화했다.

바다라는 아름다운 세계는 전후 번영기 동안 북미 서부의 부유층과 중산층 관광객을 끌어들였다. 서핑은 스쿠버다이빙보다 더 연원이 깊어, 원래는 고대 폴리네시아 문화의 일부로 탄생했지만 20세기 초반 하와이에서 다시 등장해 호주와 캘리포니아로 퍼져 나갔다. 인기를 끌었던 영화 《기젯Gidget》(1959)은 실제 캘리포니아에 살던 젊은 서퍼 캐시 코너 주커먼Kathy Kohner-Zuckerman에 관한 영화로 서핑이 인기 스포츠로 등장할 것을 예언하는 전조 역할을 했다. 서핑은 미국의 록그룹 비치 보이스Beach Boys가 1962년에 낸 앨범 《서핑 사파리Sufin' Safari》 같은 고유한 음악까지 탄생시켰다. 수중 영역의 산업적 용도를 위한 포화 다이빙 실험과 함께, 온화하고 유순한 수중 세계의 산호초 위에 세운 물속 호텔에 관광객을 수용할 수 있으리라는 예상까지 등장했다. 1960년에 미래학자들은 손님들이 거대한 관측 창에서 유람을 떠나는 친구들에게 손을 흔들 수 있는 수중 호텔이 등장하리라 자신 있게 예상했다. 유람을 떠난다 함은 가이드와 함께 초현대식 제트 추진기를 타고 호텔에서 멀리 떨어진 수중 세계 구경을 나가는 것을 의미한다. 1964년에 개최된 뉴욕세계박람회New York World's Fair에서 제너럴모터스General Motors사가 마련한 미래생활전시회Futurama는 남극대륙과 우주를 비롯하여 인간이 지배하는 먼 극한의 환경 중에서 심해가 가장 새로운 휴양지가 될 것이라 광고했다.

수중 호텔은 결국 실현되지 못했지만 바다 관광을 키우려는 욕망은 제트 여객기가 여객선을 제치고 바다를 건너는 여객 운송을 담당하게 된 1960년대 말에 현대적 크루즈 산업이 부상하면서

1964년 뉴욕세계박람회의 미래생활전시회에 소개된 아틀란티스 호텔Hotel Atlantis.

먼 바다에서 성공을 거두었다. 1977년에 시작된《사랑의 유람선Love Boat》이라는 텔레비전 드라마가 큰 인기를 끌면서 크루즈 산업을 홍보했다. 스쿠버다이빙이 바다를 알기 위한 수단으로 부상했을 때 대중문화가 맡았던 동일한 역할을 맡은 셈이다.

제너럴모터스사가 제시했던 미래생활전시회의 비전은 자연의 극한지대 정복을 칭송했지만, 위험이 제거된 접근 가능한 수중 공간 주변으로 새로운 비유가 등장했다. 클라크와 레크리에이션 스쿠버다이버들은 바다를 친숙한 공간으로 만들었던 반면, 레이첼 카슨은 독창적인 바다중심주의를 창조했다. 바다는 여전히 수수께끼의 공간이지만 그래서 더더욱 경이롭고 매력적이라는 관념이었다. 그녀는 심해에 관해 이야기하면서 "심해를 탐사하고 견본을 채취하는 온갖 초현대식 장비가 있다 해도 현재로서는 누구도 바다의 궁극적 수수께끼를 풀 수 있으리라 자신 있게 말할 수 없다."라고 실토했다. 역사학자 개리 크롤Gary Kroll의 주장대로 프런티어 비유가 대세였던 시절에도 많은 작가들과 관측자들은 바다를 수수께끼의 야생 공간으로 보는 개념을 받아들였다. 1967년 『라이프』지는 하와이 최초의 해양수족관인 시라이프 파크Sea Life Park를 창설한 전 해양생물학 대학원생 탭 프라이어Tap Pryor에게 '바다의 개척자'라는 칭호를 부여했다. 그는 수족관과 나란히 해양협회Oceanic Institute도 세웠다. 그의 바람은 수족관으로 끌어들인 관광객 수익으로 해양협회의 과학 연구를 지원하는 것이었다. 그의 아내이자 사업 동반자였던 캐런 프라이어Karen Pryor는 고래 훈련을 담당했다. 이듬해 『리더스 다이제스트Reader's Digest』지는 '흥미진진한 오락과 최고의 해양학 연구'의 결합을 칭송하는 기사를 실었고 프라이어 부부를 '물기 가득한 황무지를 탐험하는 개척자들'이라 불렀다.

바다의 포유류, 특히 돌고래는 바다를 산업현장에서 인간의 보호가 필요한 원생지, 즉 보호구역으로 바꾸는 데 중요한 존재였다. 첫 단계는 해양포유류에 대한 인식의 결정적 변화였다. 해양포유류를 고래처럼 헤엄치는 상품으로 보거나 어업의 골칫거리로 보는 시각을 탈피한 것이다. 특히 마린스튜디오는 돌고래가 친근하고 지적인 동물로서의 명예를 회복하도록 분위기를 조성했다. 플로리다주 세인트오거스틴의 마린스튜디오는 신흥 수중 영화 산업을 일으켰던 기관으로 과학과 볼거리를 결합시켰다. 마린스튜디오의 시설은 애초에 연구 지원용으로 만든 것이었고 과학자들은 1940년대와 1950년대 내내 수중 포유동물의 호흡 생리를 연구하기 위해 이곳으로 왔다. 전쟁이 끝난 후 돌고래의 소통 능력과 반향정위echolocation[9] 능력이 중요한 연구 분야로 등장했다. 이곳으로 온 과학자들은 수질뿐 아니라 전시 동물의 건강을 증진시키는 조언을 제공함으로써 볼거리를 지원했지만 돌고래 쇼가 인기를 끌면서 다른 활동들은 급속히 빛을 잃었다.

9   동물이 스스로 소리를 내어서 그것이 물체에 부딪쳐 되돌아오는 음파를 받아 위치나 자세를 정하는 일(편집자 주).

초창기의 돌고래 훈련은 전통적인 동물 훈련 관행에서 유래했지만, 마린스튜디오의 홍보 자료는 과학의 역할에 중점을 두었고, 훗날 B. F. 스키너B. F. Skinner의 조작적 조건형성을 돌고래 훈련에 적용하면서 과학의 역할이 충분히 입증되었다. '교육받은 고래'로 알려진 플리피Flippy는 1950년대 초에 유명세를 얻었고, 플리피의 묘기를 볼 수 있도록 1,000석의 관중석을 갖춘 경기장이 건립되었다. 플리피의 행동 개시를 알리는 깃발이 올라가면 녀석은 종이로 싼 둥근 고리를 향해 점프하여 고리를 통과했고, 저녁밥 종을 울렸으며, 몸통을 가로 방향으로 통 돌리듯 굴리는 배럴롤barrel roll 묘기를 선보였다. 마지막으로는 여성 한 명과 작은 개를 실은 서핑보드를 몸에 연결하여 수조 주위를 끌고 다니는 묘기까지 선보였다. 훗날 마린랜드Marineland라 개명한 마린스튜디오는 캘리포니아에 공원을 개장했고, 1954년 마이애미 해양수족관Miami Seaquarium이 개장하면서 경쟁상대를 만나게 된다. 10년 후에는 시월드Sea World라는 해양공원이 샌디에이고에 문을 열게 된다.

새로운 해양공원의 방문객들은 영화로도 해양포유류를 볼 수 있었다. 1946년《밤비Bambi》의 제작자들은 디즈니 단편영화《메트로폴리탄 극장에서 노래하고 싶었던 고래The Whale Who Wanted to Sing at the Met》를 제작했다. 미국의 배우이자 가수인 넬슨 에디Nelson Eddy가 친근하고 노래 재능이 뛰어난 주인공 고래 윌리Willie 역을 맡았다. 윌리는 음악을 감상할 줄 아는 청중 앞에서 오페라 공연을 하는 것이 꿈이다. 윌리가 노래하는 것을 들은 선원들은 감탄하지만 오페라단 단장인 테티 타티Tetti-Tatti는 고래가 노래를 할 수 있다는 것을 의심스러워한다. 그는 윌리가 오페라 가수를 삼켰다고 단정 짓고는 고래 뱃속에 갇힌 가수를 구하려고 윌리를 작살로 찌른다.《밤비》처럼 이 영화도 비극이다. 하지만《밤비》와 달리 주인공은 죽었어도 내레이터가 재빨리 윌리가 천국에서도 노래를 할 것이라고 관객을 안심시킴으로써 슬픔을 비껴간다. 1963년에 나온 영화《플리퍼Flipper》역시 고래에 대한 인식의 변화를 보여준다. 플리퍼라는 고래와, 그를 작살로 인한 부상에서 구해주는 소년 샌디Sandy는 돌고래가 적이 아니라 친구가 될 수 있다고 어부인 아빠를 설득한다.

돌고래 쇼는 관객에게 큰 기쁨을 선사했다. 관객은 돌고래를

1938년 돌고래의 식사시간을 보여주는 마린스튜디오의 엽서. 돌고래 쇼의 인기로 마린랜드로 개명한 마린스튜디오는 1950년대와 1960년대 인기 있는 관광명소로 탈바꿈했다.

친근하고 지적 능력을 갖춘 존재로 다시 보게 되었다. 이 해양공원 뒤편에서 행해진 돌고래 연구는 수컷 돌고래가 공격적인 성행동을 드러낸다는 것을 밝혀냈고, 때로는 돌고래의 뇌를 상대로 침습적 실험을 시행하여 많은 실험용 돌고래를 사지로 몰아넣기도 했다. 수중 물체 탐지를 위해 돌고래가 사용하는 수중음파 탐지 능력과 음향을 이용한 상호 소통 능력은 군 연구자들을 고래목 동물 연구로 이끌었다. 이들의 연구는 돌고래와 다른 해양포유류를 신체 대비 뇌가 인간보다 더 큰, 고도의 지적 능력을 지닌 동물로 보는 대중의 과학관에 일조했다. 일부 미래학자들은 인간이 돌고래와 소통하는 법을 배우게 되면 외계 생명체와의 만남을 대비할 수 있으리라 예언했다. 더 현실적인 관측자들은 산업용 고래 수렵을 지속해야 하는가를 비판하는 근거로 고래의 지능을 들었다.

1970년대 초 냉전시기에 자금지원으로 시작된 존 릴리John Lilly의 돌고래 실험은 매우 의심스러운 연구로 변질되었다. 릴리가 돌고래들과 LSD**10**를 함께 복용하는 실험이 포함되어 있었던 것이다. 『인간과 돌고래Man and Dolphin』(1961)라는 저서를 포함한 그의 연구를 통해 수많은 저자뿐 아니라 많은 사람들은 고래류가 고도의 지적 능력, 심지어 인간보다 더 높은 수준의 고유한 의식을 갖추었을 가능성까지 받아들이게 되었다. 맨해튼 프로젝트Manhattan Project**11**에 참여했던 물리학자였다가 원자폭탄을 비판하는 쪽으로 돌아선

10 향정신성 마약류.
11 제2차 세계대전 중 미국 육군의 원자탄 개발 계획의 암호명.

레오 실라르드Leo Szilard의 단편소설 「돌고래의 목소리The Voice of the Dolphin」(1961)는 돌고래가 인간을 핵감축으로 인도하는 내용을 담고 있는 이야기다. 환경활동가 스콧 맥베이Scott McVay는 릴리의 첫 책인 『인간과 돌고래』, 그리고 1969년에 나온 그의 두 번째 저서 『돌고래의 생각The Mind of the Dolphin』을 읽고 인간의 생존을 고래의 생존과 연계해 이해해야 한다고 촉구했다. 맥베이는 생물학자 로저 페인Roger Payne과 함께 팀을 이루어 혹등고래의 노래를 기록하고 분석했다. 그 결과물인 앨범 《혹등고래의 노래Songs of the Humpback Whale》(1970)는 이 활동가들의 논쟁을 잊을 수 없는 음악으로 바꾸었고 노래를 들은 수백만의 사람들은 이 소리를 도움을 요청하는 다급한 외침으로 해석하게 되었다. 1975년에 나온 수필과 시 모음집 『바다의 마음Mind in the Waters』은 고래를 지적 능력을 사용하여 도구를 조종하고 다른 존재를 죽이는 동물 대신 사유와 소통을 수행하는 평화로운 동물로 제시했다. 새로 부상하던 환경운동은 고래를 잔혹한 산업 때문에 멸종 위험에 처한, 무고하면서도 지적인 야생동물의 상징으로 이용했다.

고래류 생존의 선두주자로 등장한 고래가 있다. 바로 회색고래, 일명 귀신고래다. 회색고래는 그 어떤 포유류보다 멀리까지 이동하는 동물로서 멕시코 북서부의 바하칼리포르니아주Baja California까지 가서 조용한 석호lagoon[12]에서 어떤 방해도 받지 않고 새끼를

[12] 사주砂洲로 바다와 격리된 호수나 늪지대.

낳아 기른다. 이들은 목재 포경선 시대에 비교적 늦게 집약적 포획 대상이 되었다. 1845년, 극지방의 바다로 향하던 미국 선박이 멕시코의 마그달레나만Magdalena Bay에 진입했을 때 수많은 고래들이 분수공으로 물을 내뿜는 모습을 보면서부터였다. 곧 어선의 선원들은 왜 회색고래가 '바다의 악마devilfish'라는 별명을 얻게 되었는지 알게 되었다. 어미 고래가 새끼와 자신을 보호하기 위해 물불 가리지 않고 싸우기 때문이었다. 곧이어 고래잡이들은 새끼 고래를 작살로 찌르면 어미 고래를 얕은 물로 유인하여 쉽게 죽일 수 있다는 것을 알아냈다. 석호 고래잡이는 1950년대 말에 본격적으로 실행되었고 10년 만에 회색고래 개체 수는 약 90퍼센트나 감소했다. 회색고래가 이렇게 포경에 취약하다는 점이 결과적으로는 이들을 구원했다. 회색고래가 극도로 줄어들었다는 인식이 생겨나자 1938년에 국제 규정으로 이들을 보호하게 된 것이다. 국제포경위원회가 1985년, 영리 포경 긴급 중지 조치를 시행하기 거의 반세기 전의 일이다. 1950년, 1만 명의 방문객이 캘리포니아주 샌디에이고의 카브리요 국립 기념공원Cabrillo National Monument에서 이동하는 회색고래를 보게 되었고, 5년 후 선상 고래관광을 통해 사람들은 이 고래를 더 가까이서 볼 수 있게 되었다. 1967년, 환경 보호론자이자 저술가인 웨슬리 막스Wesley Marx가 이들을 주제로 글을 썼을 당시 남은 회색고래는 약 6,000마리 정도로 추산되었다. 성체가 된 암컷 고래가 1,000마리까지 줄어들었을 때의 시각에서 보면 개체 수가 어느 정도 회복된 셈이었다. 현재 미국고래협회는 회색고래 개체 수를 1만 9,000마리에서 2만 3,000마리 정도로 추산하고 있다. 원래 숫자와 거의 가까워진 상태다. '기적적인 회복'이라 할 수 있는 변화다.

웨슬리 막스의 『허약한 바다The Frail Ocean』(1967)는 바다를 무한한 프런티어로 취급하던 고삐 풀린 10년의 세월 속에서 바다에 대한 새로운 태도를 낳았다. 일부 환경 보호론자들은 고래 살해 자체에 초점을 맞추었던 반면 막스는 카리스마 넘치는 이 거대 해양포유류에 대한 우려를 바다에 대한 더 넓은 우려와 통합시켰다. 그는 오염과 그로 인한 서식처 악화에 주의를 환기시키면서, 회색고래가 남획에서 보호를 받아도 이들이 새끼를 낳아 기르는 고립된 석호가 염전이나 항구 혹은 다른 산업으로 오염되면 결국 고래가 제대로 살아가지 못하리라는 경고를 던졌다. 막스는 또한 준설이나, 강과 바다가 만나는 어귀의 매립이 귀중한 영리용 종의 주요 양식장을 훼손했다는 데 주목했고, 하수와 터지지 않은 포, 바다에 버린 다른 물질로 인한 위협뿐 아니라 수은과 DDT[13]가 어류와 바닷새의 몸에 축적될 위험에 대한 주의도 환기시켰다. 막스의 경고 대상이 된 지역은 대부분 연안의 바다였다. 먼 바다는 오염의 여파에 영향을 받지 않는다는 인식이 여전히 지배적이었고, 고래 이외의 공

---

13 dichloro-diphenyl-trichloroethane의 약자. 유기염소 계열의 살충제이자 농약(편집자 주).

해자원은 국제적인 협력을 통해 보호보다는 공정한 할당이 이루어져야 한다는 주장만 넘쳐났다.

환경 보호론자들의 관심을 바다로 돌린 한 가지 쟁점이 있었다. 1967년에 영국 콘월Cornwall 랜즈엔드Land's End의 연안 휴양지 32 킬로미터 해역에서 토리 캐년Torrey Canyon호라는 유조선이 좌초되면서, 급속히 팽창하던 영리 석유산업이 지니고 있던 괴멸적 위험이 드러났다. 좌초된 지 3일 이내에 배에서 나온 기름띠가 250평방킬로미터 이상 퍼져 처음에는 인근 해변, 다음 주에는 프랑스 북서부의 브르타뉴Brittany반도까지 뻗어 나갔다. 막스가 『허약한 바다』 재판을 통해 보고한 바에 따르면 토리캐년호의 기름 유출이 일어난 지 단 2년 만에 캘리포니아주 샌타바버라Santa Barbara 연안에서 10킬로미터 떨어진 석유굴착용 플랫폼 아래서 엄청난 석유가 분출되었다. 여기서 분출된 기름은 연안 해역 2,000평방킬로미터가 넘는 곳까지, 그리고 해변 48킬로미터 반경까지 퍼져 나갔다. 환경에 대한 관심이 점점 고조되어가던 시절, 기름을 뒤집어쓰고 죽어가는 새들과 폐기물로 뒤덮인 해변 장면은 대중의 눈길을 사로잡았고, 관측자들은 이 유출을 환경문제에 대한 국민적 관심을 촉발시킨 사건으로 평가했다.

고래 보호에 대한 열렬한 관심이 고조되고 해변까지 쏠려왔던 기름 유출에 대한 분노가 들끓었는데도 불구하고 바다는 주류 환경보호운동의 관심에서 차차 밀려났다. 레이첼 카슨의 『침묵의 봄Silent Spring』(에코리브로, 2011)과 다른 사건들이 불러일으킨 환

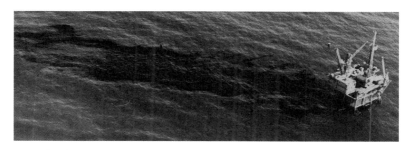

1969년 1월 28일, 캘리포니아 샌타바버라 연안 10킬로미터 해역에서 발생한 석유굴착용 플랫폼 석유분출. 당시의 관점에서 볼 때 미국 최대의 기름유출 사건이었다.

경보호 운동의 질풍 때문이었다. 1970년에 제정된 지구의 날Earth Day **14**, 그리고 살인적인 스모그와 1969년 쿠야호가강Cuyahoga River의 화재 **15** 같은 내륙의 재난은 환경문제에 대한 관심을 깨끗한 민물, 공기 그리고 다른 육지 문제에 국한시키는 예상치 못한 결과를 낳았다. 남획이나 해양 투기처럼 관심을 불러일으켰을 법한 해양 문제에 대한 해석은 우려나 행동으로 이어지지 못했다. 어획고 폭락은 어획량 규제가 아니라 새로운 어종과 개체를 찾아가도록 어부들을 유도하는 과학자들의 노력으로 귀결되었다. 해양화학자들은 희석만이 오염의 해결책이라는 오랜 금언을 여전히 믿었고, 결국 공해가 온갖 종류의 폐기물을 버릴 만한 안전한 장소라는 확신은 사라지지 않았다.

DDT의 위험을 알린 카슨의 『침묵의 봄』이 인간의 건강에 대

14 바다의 날이 아니라 땅의 날이란 의미.
15 강이 석유로 심하게 오염된 나머지 불이 붙은 사건.

다가가기 쉬운 바다

한 위협에 기댔듯, 오염된 해산물 섭취에서 오는 건강상의 위험은 온통 육지 중심이었던 환경운동에 반기를 드는 또 하나의 예외였다. 1956년 첫 진단이 나온 신경 질환인 미나마타Minamata병이 메틸수은에 오염된 생선을 먹어서 생긴다는 확정적 판단이 나왔다. 1966년 국제 해양 개발위원회International Council for the Exploration of the Sea는 해양 환경과학 연구단체인 어업개선위원회Fisheries Improvement Committee를 발족시켜 해양 오염과 조개류 소비의 안전성 문제를 다루게 했다. 원래 조개류 연구의 목적은 환경문제가 아니라 수경재배였지만. 기름유출과 적조현상, 연안해역의 오염으로 과학 연구가 시작되었고, 이러한 연구를 통해 미래의 사고를 방지하거나 바람직하지 않은 화학물질이나 유기물의 유입을 통제하는 조치가 나오기도 했다. 주류 환경 단체들은 너무 늦게 바다로 시선을 돌렸다. 여기서 주목할 만한 예외적 단체는 그린피스Greenpeace였다. 나중에는 시셰퍼드Sea Shepherd가 고래 살해를 끝내는 운동에 전념했다. 시에라클럽Sierra Club, 오듀본협회Audubon Society 그리고 야생협회Wilderness Society 같은 오래된 환경단체들은 여전히 육지 중심의 단체였다. 새로 생긴 다른 환경단체들도 마찬가지였다. 1970년 제1회 지구의 날과 1990년의 20주년 지구의 날 사이에 환경단체가 관심을 쏟았던 급박한 환경문제는 에너지, 대기오염, 열대우림 파괴, 토양침식, 오존층 고갈, 산성비 등이었다. 요컨대 환경단체들은 대부분 육지 지향적인 난제에 에너지를 쏟았다.

1960년대의 공식적인 환경운동은 정부가 삼림을 보존하고 자원을 관리하여 미래의 사용을 확보하려 여러 조치를 시행했던 육지 중심의 운동이었다는 점에서 19세기의 환경보존운동과 별반 다르지 않았다. 이와 동시에 낭만주의에 영향을 받은 환경 보호론자들은 도시생활에 지친 사람들과 미래 세대가 회복력이 남아 있는 야생지역을 경험할 수 있도록 이곳을 보존해야 한다고 역설했다. 삼림과 산에 대한 초기의 관심은 사막과 늪지와 평야와 다른 유형의 육지 환경까지 포함하는 쪽으로 확대되었으나 바다까지 넓어지지는 못했다. 바다는 계속해서 시간을 초월한 공간, 인간의 영향에서 벗어난 공간으로 남아 있었다. 20세기 유럽과 북아메리카의 수산학자들과 관리자들은 어장의 합리적 이용을 위해 과학적 보존을 옹호했지만 어업계는 최대한의 어획량을 확보하기 위해 해양을 관리할 수 있다는 확신을 버리지 않았다. 훼손되지 않은 해역을 보존하자는 주장을 나서서 내놓는 일은 벌어지지 않았다. 바다가 '프런티어'일 뿐 아니라 보호가 필요한 '야생지'라는 인식이 등장했는데도 변화는 없었다. 프런티어라는 딱지 때문에 바다가 육지와 공기, 민물처럼 보호가 필요하고 보호받을 가치가 있는 공간이라는 인식이 100년이나 지연되었다. 아주 최근 들어서야 바다가 야생보호구역이라는 인식이 열매를 맺고 있다.

바다는 기록보관소이자 역사다

시간은 바다와 같다. 인간보다 먼저 지구로 왔던 모든 것을 담고 있다가 조만간 밀려드는 파도에 인간을 실어 쓸어버릴 것이고 인간이 존재했던 흔적을 깡그리 없애버릴 것이다. 오늘 아침 바다가 새의 발자국을 지웠듯이.

– 레이첼 카슨 (1950)

프롤로그에 소개했던 비문碑文 형식의 시에서 데릭 월컷Derek Walcott
은 바다를 기념비와 전투, 순교자들과 추억, 역사의 재료인 모든 것
을 잠가놓은 '잿빛 창공'으로 묘사한다. 그의 묘사는 바다를 역사적
증거와 기념비뿐 아니라 역사 자체를 저장하는 기록보관소로 제시
한다. 파도가 모래 위의 발자국을 지워버린다는 카슨의 표현은 월
컷의 이미지보다 더 익숙할 것이다. 얼핏 보기에 그녀의 비유는 시
간을 초월한 바다를 암시하는 듯 보인다. 그러나 발자국을 지워버
리는 파도를 시간에 비유할 때 카슨이 의미하는 것은 시간을 초월
한 바다가 아니라 인간과 바다가 한데 엮인 역사다. 바다는 인간의
발자국을 새들의 발자국만큼 쉽게 지울 것이다. 그녀에게 시간은
바다를 닮았으면서도 바다와 모든 다른 것들을 담고 있다. '인간보
다 먼저 지구로 왔던 모든 것을 담고 있는 바다는 조만간 밀려드는
파도에 인간을 실어 쓸어버릴 것이다.' 월컷 역시 바다와 시간 간의
관계를 상정하지만 그는 "바다는 역사다."라고 주장한다. 어떻게 바
다가 역사일 수 있을까?

바다가 역사라는 수수께끼는 인간과 자연 간의 상호관계라
는 더 큰 수수께끼의 부분집합이다. 환경사가 윌리엄 크로넌William
Cronon은 시카고와 그 내륙지역 간의 관계를 이용하여, 인간 이전에
존재했고 인간과 동떨어진 '최초의 자연first nature'으로부터 인간 활
동의 족적을 떼어내려는 시도가 얼마나 무익한가를 지적했다. 리처
드 화이트Richard White는 컬럼비아강의 역사를 통해 이 강을 '자연
기계organic machine'로 규정했다. 여기서 자연기계란 인간에 의해 변

형되고 기술로 새겨진 체제임에도 불구하고 계속해서 그 자연성을 드러내는 체계를 뜻한다. 바다도 이와 마찬가지로 '제2의 자연second nature'이다. 믿을 수 없을 정도로 넓고 범접하기 어려운 바다를 상대로 한 정의 치고는 좀 기이하긴 하지만 사실이다. 내가 이 책에서 개진하는 주장은 오늘날의 바다는 인간의 바다라는 것, 그리고 바다에는 생명체가 바다에서 진화하기 시작할 때부터 시작된 인류와 관련된 역사가 존재한다는 것이다.

　　오늘날 우리는 바다의 제3의 발견 한가운데에 있을 수도 있다. 이러한 발견은 바다와 심해를 더 가시화하고 문화적으로 접근 가능한 것으로 바꿔온 변화에서 비롯됐다. 15세기와 16세기의 항해자들은 상품과 인간, 사상을 전 세계로 유통시키는 연결성을 바다에서 발견했다. 이 최초의 발견으로 바다의 변화가 시작되었다. 바다를 인간 활동의 장에서, 지식을 가진 자들이 통제할 수 있는 텅 빈 공간으로 변모시킨 변화는 18세기에 완성되었다. 오늘날까지 바다의 경제적 중요성이 지속되고 확장을 거듭하고 있음에도 불구하고, 19세기와 20세기 초 대부분의 사람들은 바다가 일하는 공간에서 오락과 휴식의 공간으로 바뀌는 변화를 체험했다. 이러한 변화는 바다를 인간 활동의 영향을 받지 않는 곳으로 보는 인식을 촉발시켰고 바다는 이제 시간을 초월한 공간이 되었다. 전후에 나타난 프런티어 비유는 바다의 무한한 자원, 그리고 과학과 기술을 적용하여 만들어 낼 수 있는 새로운 용도의 무한한 가능성에 대한 인식을 강화했다. 환경보호 활동가들이 처음으로 바다에 주목하기 시작했을 때 시간을 초월한 바다의 속성은 극소수의 사람들만 주목했던 근본적인 모순을 제기했다. '역사 밖에 위치한 장소인 바다가 어떻게 거대한 변화 및 급박한 문제와 결부될 수 있는가?' 하는 모순이 그것이다. 아주 최근에 와서야 바다 자체와, 바다가 인간 세계에서 수행하는 역할이 주류 매체와 보통 사람들의 관심을 끌게 되었다. 이러한 변화는 바다에 대한 문화적 인식에 변화가 나타나면서 함께 등장했고, 이로써 바다에 결부된 시간 초월성과 인간과의 분리성은 이제 다시 뒤집히기 시작했다.

우주탐사는 오랫동안 해양 붐 조성자들의 활동과 경합을 벌이는 활동으로 인식되었고, 바다를 새롭게 평가하는 데 예기치 않게 일조했다. 역설적이게도 우주탐사에서 비롯된 새 평가는 우주 및 바다에서 떨어질 줄 몰랐던 프런티어 비유를 약화시키는 결과를 낳았다. 나사NASA의 시선은 지구를 향해 있지 않았지만 아폴로 우주비행사들은 지구는 단 하나라는 인식을 불러일으킨, 잊지 못할 이미지를 널리 유통시켰다. 1968년에 촬영한 '지구돋이Earthrise'는 죽은 달의 지평선 위로 지구가 떠오르는 강렬한 광경을 보여줌으로써 환경에 대한 사유에 엄청난 영향을 끼쳤다. 우주에서 찍은 지구돋이와 다른 이미지들은 지구의 경계가 절대로 넓지 않다는 사실을 부각시켰고, '지구라는 우주선Spaceship Earth'의 기술 중심적 비유를 생태학적 비유로 바꾸어놓았다. 1972년에 지구 전체를 찍은 최초의 사진은 지구의 바다가 육지보다 훨씬 더 넓다는 사실을 새삼 일깨워줌으로써 보는 사람들에게 충격을 안겼다. '푸른 구슬 같은 지구Blue Marble'라 불린 이 이미지는 검고 생명 없는 우주를 배경으로 찍힌 파란 지구의 모습을 선명하게 드러냈다. 아서 C. 클라크는 이렇게 말했다. "이 땅을 지구라 부르다니 참 어울리지 않는 이름이다. 지구는 아무리 봐도 바다인데."

바다가 지구의 특징으로 새롭게 부각되어 바다에 대한 문화적 관념까지 영향을 끼치는 데는 많은 세월이 소요되었다. 육지 환경보존운동의 손아귀에서 지구라는 우주선Spaceship Earth 관념은 육지자원의 유한함을 숙고하는 계기를 제공했지만 환경상의 우려에도 아랑곳없이 인간이 기술로 자원을 통제할 수 있다는 낙관론은 바꾸어 놓지 못했다. 1970년의 제1회 지구의 날 이후 10년 동안 바다는 점차 소수 활동가와 우려 가득한 과학자들의 관심 대상이 되었다. 1972년, 델타 코퍼레이션Delta Corporation이라는 작은 단체가 바다를 보호하기 위해 설립되었지만, 1989년까지 '바다'라는 단어는 단체명에 포함되지 못했다. 1989년에 해양보존센터Center for Marine Conservation로 개명한 델타 코퍼레이션은 2003년이 되어서야 해양보전센터Ocean Conservancy라는 이름의 단체로 안정을 찾았다. 그해 해양보전센터는 환경보호 활동의 전선에서 다른 해양 중심 단체인 미국의 블루프런티어캠페인Blue Frontier Campaign과 협력했다. 돌고래에게 해를 끼치지 않고 참치를 잡자는 운동은 1990년대에 들어서야 견인력이 생겼다. 화물선 평형수에 전 세계 항구의 외래종 해양생물을 들여오지 못하게 막는 노력도 마찬가지였다. 그러나 이러한 활동은 바다 자체에 환경상의 주의를 기울이는 운동에 비해

1972년 12월 7일, 달을 향해 가던 아폴로 17호 승무원들이 찍은 지구 전경.

당장 시급한 특정 사안에만 초점을 맞추어서 지속성을 담보할 수 없었다.

바다에 대한 간헐적이고 단편적인 주목의 악순환을 붕괴시킨 것은 두 가지 문제였다. 첫 번째 문제는 1990년대에 수백 년 된 북대서양의 대구 어장이 조업을 중단한 충격적 사건이었다. 조업 중단 자체도 물론 큰 사건이었지만 더욱 심각한 문제는 어획 압력이 사라지면 다시 어류 개체 수가 회복되리라는 전문가들의 예상이 전혀 실현되지 않았다는 것이다. 10년 이상 연구와 고민을 거듭한 끝에야 이 일의 심각성이 드러났다. 대서양 대구의 남획이 귀중한 수익 자원만 줄인 것이 아니라 생태계를 아예 변화시켰다. 그 이후 수많은 연구를 거치면서 바다 곳곳에 어종 개체 수의 감소가 나타난다는 사실이 확인되었다. 최근 몇 년 동안 어장 관련 문제가 전문가 독자층을 넘어 관심을 끌고 있다. 의도치 않은 어획, 저인망 어선에 의한 해저 손상, 먹이사슬 붕괴 등의 뉴스가 주류 매체에 등장하고 있고 어업과 과학계 외부에서도 논의되고 있다. '오늘 갓 잡은 생선 메뉴'로 해파리를 내놓는 식당을 빗댄 농담은 복잡한 생태 및 경제적 바다의 현실에 대한 사회적 인식이 확대되고 있음을 시사한다. 대구어장의 파괴와 남획이 해양 환경에 끼친 대규모 영향의 결과는 어류가 무한하며 바다는 인간 활동의 영향에서 자유롭다는 기존의 고집스러운 편견을 마침내 잠식해 들어갔다. 두 번째 사건은 지구의 기후변화 논쟁이다. 이 문제를 연구하는 과학은 기후변화로 인해 바다가 전 지구에 미치는 영향이 얼마나 큰지를 보여준다. 바다와 연안지역 또한 기후변화로 인해 예상되는 지구적 여파의 목록에 빈번히 등장한다. 지구온난화에서 나오는 과도한 열의 90퍼센트 이상을 바다가 흡수하여 해수의 온난화, 많은 종의 서식처 변화 및 종의 멸종을 초래한다. 바다가 여분의 이산화탄소를 흡수할 때 초래되는 해양산성화ocean acidification는 이미 바닷물의 화학 성분을 바꾸기 시작했고, 많은 바다 생명체가 골격을 만드는 데 필요한 탄산칼슘의 양을 눈에 띄게 감소시켰다. 전문가들은 굴과 조개 같은 조가비류, 깊고 얕은 해역의 산호, 심지어 아주 작은 석회질 플랑크톤 같은 해양 먹이사슬의 바닥에까지 기후변화가 미치는

해양 생물학자이자 사진작가인 한스 힐러트Hans Hillewaert의 삽화. 해양학자 대니얼 폴리Daniel Pauly가 남획으로 해양 먹이사슬이 붕괴되었다는 것을 발견한 데에서 영감을 받았다. 북해 생태계를 사례로 사용했다.

심각한 여파를 우려한다. 이러한 결과의 심각성 때문에 지구공학 편을 드는 자들은 이들의 대규모 이동이 필요하다는 논란 많은 제안까지 내놓는다. 이산화탄소를 줄이거나 흡수하기 위해 바다에 철이나 광물 먼지를 뿌리자는 생각은 언뜻 보기에 쉬워 보여 매력적인 해결책으로 보이나 이러한 개입의 결과는 입증된 바 없고 의도치 않은 해로운 결과가 닥칠 위험도 크다. 많은 과학자들과 환경 보호론자들은 전 지구를 대상으로 한 실험을 원하지 않는 반면 기술 낙관론자들은 이 분야 연구가 없다는 점을 오히려 우려한다.

많은 곳에서 이미 두드러지게 나타나고 있는 해수면 상승은 특정 해안에 더 많은 영향을 끼칠 것이다. 해수면 상승은 수온이 높은 바다에서 생겨나는 폭풍우의 강도 증가와 결합되어 예기치 못한 변화를 일으킬 것이고 세계 전역은 이러한 변화에 근원적으로 적응하는 대책을 세워야 할 것이다. 저지대 도서 국가 국민이 생존을 위해 새 땅으로 이주해야 할 필요성도 여기에 포함된다. 오늘날 지구상의 사람들은 대부분 지면의 10퍼센트 정도를 차지하는 연안 근처에 살고 있다. 유일하게 아프리카 대륙만 내륙 거주민이 연안 및 주요 강가의 거주민보다 많지만 이곳에서도 농민들이 해안 도시로 이주하고 있기 때문에 균형추의 방향은 이미 바뀌고 있다. 전 세계 바다의 해수면 상승으로 도시 연안지역에는 인구가 더욱 집중될 것이고 그나마 일부는 사라질 것이다. 물가와 물 위에서의 오락 활동이 크게 늘어나면서 고래관광, 보트 타기, 스포츠 낚시, 서핑, 스쿠버다이빙, 어업 같은 전통적 해안지역의 용도, 그리고 풍력 발전과 액화천연가스 터미널이라는 새로운 용도 간에 경쟁이 생겨났다.

　　남획과 기후변화의 사례들은 바다가 인간의 활동에 대응하여 변했고 지금도 급속도로 변하고 있음을 입증한다. 일부 전문가들은 인간의 활동이 지구에 미친 영향이 인류세Anthropocene라는 새로운 지질학 시대를 만들 만큼 크다고 주장한다. 인간의 활동이 초래한 기후변화는 바다의 온도 및 산도와 해수면에 영향을 끼친다. 남획과 해저 저인망 어업은 해양생태계를 근본적으로 바꾸어 놓았다. 바다의 다른 용도들도 마찬가지로 지울 수 없는 영향을 끼쳤다. 더 깊은 심해와 먼 해역은 인간의 영역으로 옹골차게 끌려 들어갔다. 오랫동안 폐기장으로 사용되어 온 바다 - 해수면과 해안, 심지어 깊은 해저까지 - 에는 이제 비닐이 잔뜩 숨어있다. 비닐은 생분해가 되지 않는다. 나일론 재질의 버려진 유망은 아직도 어류를 괴롭히고 있다. 해양 동물은 이런 비닐이나 나일론 물질을 먹이로 오인하여 집어 삼키고, 쓰레기에서 나온 화학물질도 바닷물로 스며들어간다. 점점 더 깊은 해저에서 석유시추가 성공하면서 생선과 기름 같은 상이한 자원 사용자들 간의 경쟁이 심화되고 있다. 2010년, 딥워터호라이즌호의 멕시코만 기름 유출사고 같은 재난은 과거의 해양 재난에 맞먹는 충격파를 던졌고 경제 및 환경 생태계의 피해에 대한 의식을 높인다. 해양 석유시출은 이문利文이 충분히 남는 한 지속될 뿐만 아니라 더욱 확대된다. 비판자들이 지구 기후 문제를 악화시킨다고 지적해도 소용없을 것이다. 세계 전역의 바다 중 기름을 캐내기 위해 사용하는 지진 기술이 발생시키는 소음에 영향을 받지 않는 구역은 없다. 거대한 유조선과 컨테이너 선박, 그리고 해군 작전에 사용되는 소나 역시 엄청난 소음을 일으킨다. 인간이 만들어내는 소음과 음향은 바다를 거대한 그물처럼 뒤덮어 음향에 의존하여 생존을 도모하는 해양포유류와 어류에게 피할 수 없는 타격을 입힌다. 인간의 귀로는 인식조차 못할 이 소음은 먹이를 찾는 행동을 비롯한 동물의 행동을 교란시켜 고래와 돌고래가 대규모로 좌초하는 결과를 초래한다.

전후에 상상했던 바다의 미래주의적 쓰임새는 실현되지 못한

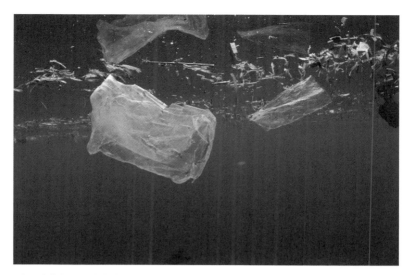

인도네시아 북술라웨시North Sulawesi의 부나켄 국립해양공원Bunaken National Park의 바닷속을 촬영한 사진. 비닐봉지는 이것을 먹이로 오인하는 바다거북을 위험에 빠뜨린다. 비닐봉지는 바닷속 수많은 위험 중 하나다.

부분이 많다. 하지만 바다는 경제적으로 여전히 중요하다. 어류는 여전히 널리 소비되는 유일한 주요 수렵 대상이고 세계 대부분의 지역에서 중요한 단백질 공급원이며, 수경재배가 남획의 위기를 해결해줄지도 분명하지 않다. 동물 사료 및 비료 같은 해양생명체의 용도도 더욱 확대되었다. 생물자원 탐사자들bioprospector은 해조류와 박테리아와 무척추동물 같은 해양 유기체로부터 쓸모 있는 화합물을 찾고 있다. 해적은 다시 한 번 거대 화물선과 요트와 크루즈선박까지 위험에 빠뜨리는 등 항해자들을 위협하고 있다. 극지방의 온난화는 고위도 생태계에 눈에 띄는 영향을 끼쳐, 신화로 남았던 북서항로를 열어젖혔고 국제 해양법 체제에서 아직 통치 대상이 아닌 북극해 지역의 석유시추와 영리 어업을 가능하게 하고 있다. 육상 기반의 경제활동에 비해 바다 기반의 경제활동을 수량화하기 위한 별도의 통계는 없으나, 수많은 연구들은 바다와 관련된 산업과 활동이 지역 층위에서 세계적 층위까지 상당수 국가들의 중요한 몫을 차지한다는 것을 입증했다.

해양 환경 위기에 대한 많은, 아니 대부분의 분석과 미사여구를 제공해온 이들은 과학자들과 정책 전문가들이었다. 위기를 파악하고 해결하는 데 있어 가능한 최상의 기술과 과학이 필요한 점은 틀림없다. 그러나 바다가 육지처럼 보호가 필요하고 보호할 만한 가치가 있다는 사회적 인식이 오래 지연된다는 것은 좋은 과학이 아무리 많아도 소용없다는 방증이다. 인간과 바다의 관계를 조명하기 시작하는 움직임은 변화를 겪고 있고 이 변화는 더욱 확대되어야 한다.

한 가지 중대한 변화는 오랫동안 불투명한 영역으로 남아 있던 바다가 이제 누구나 명확히 볼 수 있는 공간이 되었다는 사실이다. 인터넷에 접근할 수 있고 바다에 관심이 있는 사람은 누구나 바다의 규모를 파악할 수 있고 탐사가 가능한 깊은 영역까지 들여다볼 수 있다. 놀라운 화질의 수중 촬영 장면들은 서식처에 살고 있는 해양 동물뿐 아니라 지구상 가장 깊은 바다에 있는 동물까지 보여준다. 상어와 바다거북 개체의 전자추적이 인터넷 기반의 어플리케이션 기술과 결합되어, 사람들은 바닷속에서 이들을 추적해볼 수 있게 되었다. jellywatch.org[1]같은 시민 참여형 과학 참여 기회를 통해 바다를 방문한 이들은 과학적 용도로 해양 동물을 관찰한 보고서를 쓰라는 요청을 받기도 한다. 해류 애니메이션은 해류 현상을 훨씬 두드러지게 보여주기 때문에, 이를 체험하는 사람들은 바다가 질감 살린 해수면으로 가득 찬 공간이던 초창기 세계지도를 연상시키는 이미지를 만나게 된다. 부표와 원격조종장비, 위성과 무인수중잠수정 같은 기술은 소화가 불가능할 만큼 많은 양의 데이터를 수집한다. 이 데이터들은 전 세계 항해 기간 동안 모은 정보를 다 합쳐 놓은 양을 훨씬 상회한다. 하늘 높이에 있는 비행기를 탄 여행자들은 그들 아래에 있는 지형을 보여주는 스크린을 통해 바다의 윤곽, 해저 지형들의 이름까지 볼 수 있게 되었다. 대서양 대구어장이 폐쇄되기 전에 비행기를 타고 하늘을 날았던 사람들이 초창기 스크린에서 보았던 광경이라고는 푸르고 텅 빈 바다뿐이었던 시절에 비하면 비약적 발전이다.

　　바다가 점점 더 우리 눈에 띄는 영역이 되면서 바다와 관계를 맺을 가능성이 있는 사람 역시 변화를 겪는다. 전문가뿐 아니라 보통 사람들도 바다를 지구와 삶의 필수적인 부분으로 인식할 수 있게 되었다. 우리는 이제껏 수송 경로나 국력의 신장, 자원의 보고, 전쟁의 무대나 향수와 오락의 장소 등 바다를 인간의 이익과 필요에 대한 효용 위주로 생각하는 데 익숙했다. 이제 우리는 바다를 그

1　자신이 목격한 해양 생명체의 사진이나 정보를 담은 보고서를 올릴 수 있는 참여형 웹사이트(편집자 주).

자체로 인정하는 첫 단계 언저리에 와 있다. 인간이 바다의 존재 자체에 얼마나 크게 의존하고 있는지 인식하고 인정하는 단계 말이다. 최근 들어 바다 관련 환경문제들이 분명 주목을 끌고 있기는 하지만, 과거에도 이러한 관심은 많았다. 문제는 그것이 관심에 그칠 뿐 문화적, 사회적 견인력이 전혀 없었다는 것이다. 변한 것은 무엇인가? 바다가 더 눈에 띄게 된 것은 중요한 변화지만 바다의 제3의 발견은 바다의 역사를 복원하는 일에 달려있다.

수산학은 얼핏 보기에는 바다의 역사 복원에 불필요해보이지만, 과거 어획 통계의 패턴에 대한 관심을 불러일으킴으로써 역사적으로 중요한 혁명적 통찰을 보탰다. 1995년에 대니얼 폴리Daniel Pauly는 자신과 비슷한 연구자들과 그 이전 세대의 연구자들의 문제를 지적했다. 연구자들은 누구나 자신이 경력을 시작했을 때 존재했던 어류 규모와 종의 구성을 연구의 출발점으로 삼는 오류를 저지르고 있다는 것이다. 그는 이러한 오류를 '기준점 이동 증후군shifting baseline syndrome'이라 불렀고, 이 오류를 제거하고 시간의 틀을 더 길게 보는 방법을 찾는 노력을 기울여야 한다고 주장했다. 가령 1950년대를 기준점으로 볼 경우 20세기 전반기의 어장 고갈은 도외시하게 된다. 1920년대에 잡히던 참다랑어의 규모나 17세기에 배 한척으로 잡던 카리브해 바다거북의 숫자는 일화로만 존재하지만, 과거의 바다에 대한 이러한 사실을 그냥 무시하는 것은 해결책이 아니다. 과학자들은 그동안 연구를 시작할 때 수집한 정보만 이용함으로써 이 같은 오류를 저질러 왔다. 기준점 이동 개념은 남획

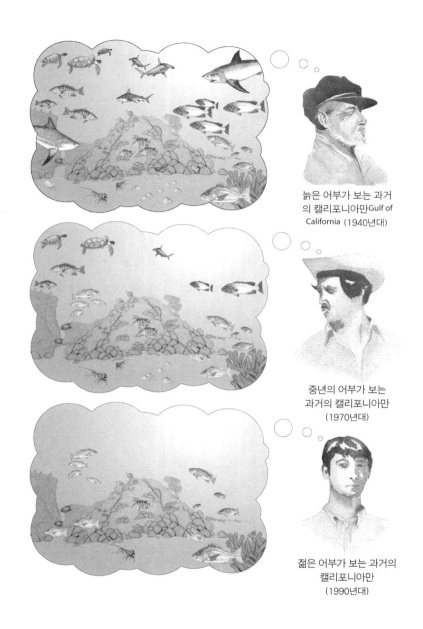

늙은 어부가 보는 과거
의 캘리포니아만Gulf of
California (1940년대)

중년의 어부가 보는
과거의 캘리포니아만
(1970년대)

젊은 어부가 보는 과거의
캘리포니아만
(1990년대)

기준점 이동이란 각 세대가 이미 생명체가 감소한 해양생태계의 실태를 보지 못하
고 그것이 원래의 상태라고 생각하는 편견을 뜻한다.

바다는 기록보관소이자 역사다

과 해양생태 복원에 대한 논의의 틀을 다시 세우고, 해양생태계의 역사성을 부각시키고, 고려해야 할 시간의 범위를 확대하고, 오랜 세월에 걸쳐 인류가 바다를 알아온 방식의 변화를 설명하기 시작했다.

오늘날의 지구 기후 역학에 대한 지식에는 엘니뇨El Niño라는 역사적 현상과의 씨름도 포함되어 있다. 엘니뇨는 태평양 적도 지대에서 해수면 온도가 차고 더워지기를 반복하는 패턴 중 해수면이 더워지는 현상으로서 거의 세계 전역에 여파를 미치고 있다. 엘니뇨는 상이한 지역의 가뭄이나 온난한 겨울 혹은 극도의 폭우를 초래한다. 엘니뇨 현상은 수천 년 동안 발생해왔다. 콜럼버스 이전에 페루에 존재하던 모체Moche 문명 같은 고대 문화권에서는 폭우로 인한 환경상의 파괴를 완화시키려 인간을 희생 제물로 바쳤다는 증거도 있다. '엘니뇨'라는 이름은 '남자아이'를 뜻하며, 스페인 식민지 정착민들과 태평양 남동부 해안의 어부들이 크리스마스 즈음에 도착한 난류가 폭우를 몰고 와 어류를 몰아낸다는 것을 인식하고 있었음을 드러낸다. 전 지구의 바다에서 일어나는 현상에 대한 지식은 옛 사람들의 일과 생활을 통해 존재해왔다. 특히 1998년부터 1999년의 엘니뇨, 즉 기록상 가장 강력한 엘니뇨가 닥친 이후, 이 현상의 패턴은 오늘날 과학자들의 주목을 끌었다. 과학자들은 최근에 발생한 몇 차례의 엘니뇨 현상이 20세기 중 가장 강력했다는 데 주목하고 있다.

다소 갑작스럽지만 바다는 이제 해양 산성화와 영양종속trophic

cascade**2**에 주목하는 자연과학자뿐 아니라 고고학자, 지리학자, 문학 연구자, 역사학자들의 관심사가 되었다. 인간의 선사시대 및 해양 역사의 증거는 해저에 숨겨져 있고, 정부들은 알려진 지역을 보호 하려 움직이고 있으며, 수중고고학자들은 고대 연안 거주지가 가라 앉은 해저 구역을 발굴하여 조사할 수 있기를 희망하고 있다. 지리 학자들은 전 세계 사람들이 의존해 왔던 바다 관련 문화적 인식 간 의 차이를 탐구해왔고 역사학자들은 해양 환경, 그리고 이 환경과 연관된 인간의 활동이 연구할 만한 가치와 필요가 있다는 것을 새 롭게 인식하고 있다.

윤리는 바다에 대한 새로운 문화적 인식을 등장시킨다는 면 에서 역사에 합류하고 있다. 해양생태학자이자 환경운동가인 칼 사 피나Carl Safina는 1949년에 알도 레오폴드Aldo Leopold가 에세이집 『모 래땅의 사계A Sand County Almanac』에서 제시한 '땅의 윤리'에 맞먹는 '바다의 윤리'를 포용해야 한다고 주장한다. 이 윤리는 자연이 인간 을 위한 효용과 상관없이 존재할 권리를 인정한 개념이다. 레오폴 드의 윤리적 촉구는 1960년대의 공식적 환경운동에 지대한 영향을 끼쳤다. 물론 사피나의 중점은 육지였기 때문에 운동의 방향은 육 지에서 한 치도 벗어나지 못했다는 한계가 있을 수밖에 없었다. 오 늘날의 바다에는 어장뿐 아니라 보호구역도 포함된다. 이는 건강한 해양생태계야말로 기후변화라는 도전에 맞서 회복 탄력성이 있다

---

2 먹이사슬을 통해 서로 연관된 종들이 연쇄적으로 흥망성쇠하는 현상.

는 인식을 반영한다. 보호구역은 살아있는 동물을 보호할 뿐 아니라 가라앉은 문화유산 또한 품고 있는 곳이다. 이는 바다를 역사적 유물로 보는 인식을 보여주는 또 하나의 징후다. 지정학적 측면에서도 바다는 그 어느 때보다 더 중요하다. 해양 정책, 해양법 그리고 해양 공간 계획을 둘러싼 논의의 속도가 빨라지고 있음을 고려하면 쉽게 알 수 있는 현실이다.

바다는 인간보다 훨씬 긴 자연사의 주인공이지만 바닷속 생명의 기원, 특히 인간 종의 출현은 바다 역사가 가진 현재 내러티브의 출발점이다. 이 내러티브에는 인간이 포함되어 있을 뿐 아니라 적극적으로 개입하고 있다. 인간은 늘 바다 옆에서 바다와 함께 살아왔다. 인류 전체가 바다와 직접적인 연관을 맺고 살았던 것은 아니지만, 교역, 문화적 신념과 기후 등 바다와 연관을 맺고 있는 요소의 영향을 받으며 살아온 것만큼은 확실하다. 15세기에 바다를 처음 발견한 이후 인간과 바다의 인연은 일과 놀이, 야망과 상상력을 수단으로 하는 세계무역, 제국건설, 자연의 산업화와 상품화를 통해 더욱 단단해졌다. 바다에 대한 지식은 그 속에 들어있는 자원과 바다의 새로운 용도에 영감을 주었고 바다를 늘 새롭게 쓰도록 해 주었다. 전통적인 해양 활동이 새로운 지식으로 확대되고 증강될 때도 마찬가지였다.

인문학은 흔적이라고는 남기지 않는 바다의 속성을 다룰 때 도움이 된다. 오늘날 미국 서부 전역에는 과거의 서부 개척자들이 이동로인 오리건 가도Oregon Trail에 아로새겨놓은 마차바퀴자국이 군데군데 깊게 패여 있다. 그러나 마차의 바퀴와 달리 배의 흔적은 덧없이 사라져버렸다. 바다에 있다고 누구나 과거를 감지해내는 것은 아니다. 폭풍우나 기름유출 같은 연안의 사건들은 인간이 바다에 끼친 여파를 가끔씩 분명하게 드러내지만 그렇다 해도 바다는 자신에게 남긴 자취를 모두 지워버린다. 해양 물리학자나 해양 화학자는 온도 차이나 해류, 세밀한 입자량을 측정함으로써 거대하고 흔적 없는 바다를 이해 가능한 것으로 만들지만 역사학자들은 기록 등을 사용하여 해상과 수중에서 벌어졌던 활동, 어부의 그물이 배로 끌어올려지거나 배의 흔적이 사라지자마자 혹은 밀물이 발자국을 지우자마자 관찰자들의 눈에서 사라져버린 활동을 복원한다.

풍력 발전용 터빈이 모여 있는 앞에 레크리에이션용 범선이 떠 있다. 21세기 바다라는 공간에 대한 다양한 용도들이 서로 경쟁을 벌이고 있는 실례다.

바다는 기록보관소이자 역사다

1859년, 다윈은 인간이 자연의 일부라는 것을 가르쳐주었다. 일부 언어 속에서, 그리고 많은 낭만주의자와 항해자의 마음속에서 바다와 배는 여전히 여성적인 문화의 유물로 남아 있다. 1941년에 바다에 대한 첫 저서인『바닷바람을 맞으며』를 펴낸 것을 시작으로 레이첼 카슨은 글에서 의인화를 피하려 무던히 애썼다. 바다가 중립이라는 것을 일깨워주려 함이다. 1734년부터 선박 관련 소식을 제공해 온 영국의 전문지『로이드 해사일보Lloyd's List』는 2012년에 278년이나 이어져 온 전통적 편집 관행을 바꾸면서 전통주의자들의 공분을 샀다. 선박을 가리키는 여성형 대명사 'she'를 중성적이고 사무적인 느낌의 대명사 'it'으로 바꾼 것이다. 바다와 선박을 여성으로 보는 고정된 시각은 선박을 냉정한 자연의 바다의 힘에 종속된 생명력 없는 기술로 보는 상충된 시각과 긴장관계에 있다. 이 명백한 갈등을 해소하는 방법은 바다를 '제2의 자연'으로, 자연의 힘과 인간의 구성물의 융합, 즉 인간의 바다로 보는 것이다.

지질학 시대를 염두에 둘 경우 우리는 바다에게 우리가 필요한 것보다 우리에게 바다가 더 필요하다는 것을 깨닫게 된다. 사실 바다는 인간이 전혀 필요하지 않다. 과학자들은 인간만 지구상에서 사라져도 암초와 대부분의 해양 종이 회복되리라 예측한다. 카슨은 상호 연결된 물리적이고 생물학적인 세계의 경이로움과 신비에 대한 자신의 연대기를 통해 긍정적인 변화가 가능하다는 낙관주의가 퍼져 나가기를 바랐고, 많은 독자들은 적극적인 환경보호에 대한 그녀의 메시지에 깊은 감명을 받았다. 그러나 그녀가 들려주는 이야기

속 인간은 포식자나 파괴자로 등장했다. 그 신호를 따라갈 경우 환경 이야기는 대부분 불가피한 쇠퇴와 종말의 이야기로 끝난다.

우리가 바다의 과거를 인식할 때까지, 바다와 인간 사이에 맺어진 불가분의 관계를 인식할 때까지 인간과 바다의 관계는 더 나은 쪽으로 전진하지 못할 것이다. 인문학의 중요성, 그리고 '프런티어'나 '야생지' 같은 비유의 힘은 기대를 버릴 수 없게 만든다. 시간을 초월한 장소, 인간과 동떨어진 공간으로 바다를 보는 인식은 이제 벗어던져야 한다. 바다에 대한 이해와 지식을, 역사 및 인류와 결부된 이해와 지식으로 바꾸어야 한다. 긍정적 변화의 토대는 새로운 비전과 비유를 통해서만 마련된다.

감사의 말

이 책은 코네티컷 대학교University of Connecticut 해양연구프로그램 Maritime Studies Program의 일환으로 지난 10여 년간 매진했던 연구와 강의의 산물이다. 코네티컷 대학의 교수님들은 나의 관심사와 질문을 다양한 학문 분야로 확장시키라고 독려해주셨고 각자의 전문 지식을 아낌없이 제공해주셨다. 코네티컷대학교 인문학연구소 Humanities Institute의 연구비 덕에 책을 위한 여정을 떠날 수 있었고 그 결실이 책이 되었다. 함께 공부했던 학생들을 통해 현대 세계에서 바다의 중요성이 커졌다는 것을 확신했기 때문에 가능했던 일이다. 해양 수몰 구역의 고고학 연구로 도움을 주신 러스 라이컨 Russ Lycan 교수님께 특히 감사드린다. 청어의 일종인 멘헤이든 연구로 도움을 주신 네이선 애덤스Nathan Adams 교수님께도 심심한 감사를 드린다. 해양사 강좌를 수강해주었던 학생들에게도 고마움을 전한다. 이들 덕에 초창기의 논지를 발전시켜 지금 이 책에 담긴 형태의 주장과 이야기를 마무리할 수 있었다.

코네티컷 대학교 외에도 다른 기관의 많은 선생님들께서도 내가 이 책과 관련된 연구를 시작할 무렵 당신들의 연구뿐 아니라 나의 연구에 관해 걸음마 단계부터 함께 의견을 교환해주셨다. 당사자들은 짐작도 못하시겠지만 이 책에 이분들이 끼친 영향은 그야말로 어마어마하다. 케이티 앤더슨Katey Anderson, 매튜 번사이드 Matthiew Burnside, 피터 드레이코스Peter Drakos, 카멜 핀리Carmel Finley, 앤 다우너 헤이즐Ann Downer Hazel, 크리스천 제닝스Christian Jennings, 조이 맥캔Joy McCann, 마이클 리디Michael Reidy, 데이비드 로빈슨David Robinson, 조시 스미스 낸시 쾀 위컴Josh Smith Nancy Quam-Wickham 선생님께 감사드린다. 미스틱 항구박물관Mystic Seaport Museum의 관계자 선생님들께도 감사드린다. 이분들은 공공역사 강좌를 제공해주셨고, 연구 및 강의 협력에 도움을 주셨을 뿐 아니라 코네티컷 대학교와 양해각서를 체결함으로써 협력 프로그램 개발에 많은 지원을 해 주셨다. 탁월한 통찰을 제공해주신 역사학자 일라이사 엥글먼Elysa Engelman 교수님께 특히 큰 은혜를 입었다. 2014년 여름, 연구 조교로 일해주신 윌리엄스 칼리지Williams College의 마이아 사카 셰퍼Maia Sacca-Schaeffer 교수님께도 감사드리고 싶다.

코네티컷 대학의 에이버리포인트Avery Point 분교의 정기 글쓰기 모임 - 이따금씩 파이어하우스Firehouse에서도 모임을 열었다 - 의 일원으로 활동한 경험은 기적 같은 행운이었다. 팸 베도어Pam Bedore, 수전 라이언스Susan Lyons, 그리고 아니타 더너Anita Dunner 선생님처럼 정기적인 모임 멤버들과도 마스티프 시간이었지만 이따금씩 나오셨던 다른 분들과도 즐거운 시간을 보냈다. 글쓰기 과정과 다양한 우리의 프로젝트뿐 아니라 다른 많은 주제에 관해 광범위한 논의를 함께 해 주시고, 조용히 집중할 수 있는 시간을 마련해주신 데 대해 프로그램 관계자분들께 심심한 감사를 드린다. 간식으로 제공해주셨던 초콜릿과 쿠키 맛도 물론 근사했다. 코네티컷 대학이 지원하고 에이버리포인트 분교에서 학기마다 여러 차례 제공하는 글쓰기 집중 프로그램을 통해 책을 집필하는 데 큰 도움을 받았다. 글쓰기에 대한 이러한 방식의 제도적 지원은 세심한 연구 및 집필과 대학 내 행정업무를 병행해야 하는 연구자들의 고단한 일상에서 언제나 중요한 부분은 학문이라는 당연한 진실을 새삼 일깨워준다. 이 책에 수록된 삽화 및 도해용 사진 비용의 일부를 지원해주신 코네티컷 대학교의 교양 및 과학 칼리지 도서 기금College of Liberal Arts and Sciences Book Fund측의 지원에 감사드린다. 특히 책의 주제가 될 만한 이미지를 계속 바꾸는 와중에 탁월한 자료를 찾는 데 늘 아낌없는 노력을 기울여주신 조지 토르 코시오Jorge Torre Cosio 교수님께 큰 빚을 졌다.

가까이 있건 멀리 떨어져 있건 동료 연구자들과 생각을 나눌 기회를 누릴 수 있다는 것은 학문을 하는 자의 가장 큰 특권이다. 바다를 역사적 관점으로 보는 글을 써보겠다는 나의 생각이 발전을 거듭하는 동안 10년 이상이라는 세월이 흘렀다. 그 기간 동안 나는 초빙되거나 강좌를 진행했던 많은 기관에서 이 책에 수록된 내용 중 일부를 발표했다. 발표를 들은 청중 연구자들은 내 의견에 의문을 제기하고 나의 논지를 예리하게 다듬어주었으며 나의 전문이 아닌 분야에서 안내자 역할을 해주셨다. 아래의 관련기관 관계자들께 감사드린다. 유럽환경사학회European Society for Environmental History(2011년 투르쿠Turku), 과학사협회History of Science Society와 스크립스해양학연구소Scripps Institution of Oceanography의 공동후원으로 이루어진 2012년 샌디에이고San Diego의 블루마블Blue Marble 지역봉사활동, 캘리포니아 대학교 샌터바버러 캠퍼스University of California Santa Barbara의 멜론 소여 세미나Mellon Sawyer Seminar(2014년), 코넬대 지구분쟁 지역 프로젝트Cornell Contested Global Landscapes Project(2014년), 스웨덴 왕립과학아카데미Royal Swedish Academy of Sciences의 275주년을 기념하기 위해 조직한 해양연구 심포지엄Maritime Research Symposium에 참석해주셨던 과학자 및 그 외 관계자분들, 스탠퍼드 대학교Stanford University의 2015년 수중워크숍Underwater Realm Workshop에서 만났던 연구자분들, 2015년 메모리얼 대학교 해양 기술Memorial University Arts on Oceans에 참여해주신 교수님들과 관계자분들, 2016년 스웨덴의 왕립기술학회Royal Institute of Technology에서 만났던 연구자들, 튀빙겐Tübingen의 동유럽 역사 및 지역연구Institute for Eastern European History and Area Studies 컨퍼런스에 참가한 연구자들, 2016년에 방문했던 뮌헨의 레이첼 카슨 센터Rachel Carson Center의 연구자들, 에든버러 대학교University of Edinburgh의 인문학고등학술연구소Institute for Advanced Studies in the Humanities에서 2017년에 개최한 오래된 연대 및 심해 워크숍Deep Time, Deep Waters Workshop에 참가해주셨던 연구자분들께도 고마움을 전한다.

이 책 중 세 장과 다른 장의 일부는 주로 내 연구를 기반으로 쓴 것이나, 책에서 다룬 시간과 공간의 범위가 굉장히 크기 때문에 바다의 역사를 재구성하는 나의 작업은 다른 많은 분들의 학문적 성과와 노력이 없었다면 불가능했을 것이다. 수많은 동료 연구자들이 귀한 시간을 내어 원고를 읽어주시고 내용상의 오류와 미진한 부분을 찾아내도록 도움을 주셨다. 이분들의 조언을 통해 책의 내용을 보강할 수 있었다. 남은 잘못은 전적으로 나의 책임이다. 만나기 전부터 이미 흥미로운 방식으로 내 연구와 일맥상통하는 연구를 해 오셨고 그 덕에 수많은 격려와 도움을 제공해주셨던 존 길리스John Gillis 교수님께 특별히 감사 인사를 드리고 싶다. 책을 읽고 도움과 아이디어를 제공해 주신 다른 분들은 아래와 같다. 자코비나 아치Jacobina Arch, 피터 오스터Peter Auster, 매리 K. 버코 에드워즈Mary K. Bercaw Edwards, 커크 도시Kurk Dorsey, 아니타 더너Anita Dunner, 존 얼랜드슨Jon Erlandson, 마르타 핸슨Marta Hanson, 페넬로페 하디Penelope Hardy, 제니퍼 허버드Jennifer Hubbard, 스티븐 존스Stephen Jones, 브렌던 케인Brendan Kane, 애덤 쿨Adam Keul, 수전 라이언스Susan Lyons, 비제인(윌리엄) 핀치Vijay(William) Pinch, 마이클 로빈슨Michael Robinson, 낸시 슈메이커Nancy Shoemaker, 티모시 워커Timothy Walker, 그리고 대니얼 지자미아Daniel Zizzamia 교수님께 모두 감사드린다. 맥주와 좋아하시는 안주가 갚아야 할 빚으로 고스란히 남았다. 빚을 갚을 행복한 시간을 고대한다.

마지막으로, 그리고 정말 진심으로 늘 가족에게 감사한다. 부모님은 나와 형제들을 이리호Lake Erie 강변에서 길러주셨다. 나는 이곳에서 작은 배를 모는 법을 배웠고 바다 이야기를 읽으며 상상력을 키웠다. 나는 2003년에 코네티컷으로 이사 올 때까지는 바다 근처에 살아본 적이 없지만 내 아이들 새드Thad와 메그Meg는 해변에서 자랐고, 내 조카 해너Hannah와 랜든Landon과 잭슨Jackson 또한 내 가장 중요한 독자들이 미래에 인간과 바다의 관계를 새로이 만들어갈 세대라는 것을 일깨워준다. 나의 형제들과 그 반려자들인 애니Annie와 더그Doug, 진Jeanne과 제프Jeff, 존John과 앨리사Alisa의 사랑과 지원에 감사드린다. 무엇보다 남편 대니얼Daniel에게 고맙다. 남편은 내게 바다를 알려주고 바다를 존중하도록 가르쳐준 장본인이다. 그의 지혜와 넓은 지식, 생생한 호기심과 현실을 잃지 않는 사고방식, 유머, 삶에 대한 열의, 멋진 음식, 능숙한 정보기술, 그리고 무엇보다 깊이를 헤아릴 수 없는 무한한 애정 덕분에 이 책을 쓸 수 있었다.

처음 읽는 바다 세계사

1판 1쇄 발행 2019년 9월 2일
1판 3쇄 발행 2021년 9월 3일

발행인 박명곤 **CEO** 박지성
기획편집 채대광, 김준원, 박일귀, 이은빈, 김수연
디자인 구경표, 한승주
마케팅 유진선, 이호, 김수연
재무 김영은
펴낸곳 (주)현대지성
출판등록 제406-2014-000124호
전화 070-7791-2136 **팩스** 031-944-9820
주소 경기도 파주시 회동길 37-20
홈페이지 www.hdjisung.com **이메일** main@hdjisung.com
제작처 영신사 월드페이퍼

ⓒ 현대지성 2019

Inspiring Contents

현대지성은 여러분의 의견 하나하나를 소중히 받고 있습니다.
원고 투고, 오탈자 제보, 제휴 제안은 main@hdjisung.com으로 보내 주세요.